HEATH

CURSO PARA HISPANOHABLANTES

CUADERNO DE ACTIVIDADES

McDougal Littell

Evanston, Illinois • Boston • Dallas

Illustration Credits

Hannah Bonner
Carlos Castellanos
Michael Lenn
June Rhoda
George Ulrich

For permission to use copyrighted materials, grateful acknowledgement is made to the copyright holders listed on page 375, which is hereby considered an extension of this copyright page.

Printed in the United States of America.

ISBN-13: 978-0-618-08599-6 ISBN-10: 0-618-08599-8

15 16 17 18 1689 14 13 12 11

4500328908

CONTENIDO

INTRODUCCIÓN

Este **Cuaderno de actividades** es para estudiantes de ***Tu mundo.*** Los estudiantes hispanohablantes de este curso probablemente hablan español en casa, lo entienden bastante bien y tienen destrezas limitadas al leerlo y escribirlo. Algunos de estos estudiantes hispanohablantes tal vez habrán completado el equivalente de un año de español en la escuela secundaria en Estados Unidos; otros tal vez sean estudiantes hispanohablantes que hayan venido a este país después de haber completado tres o cuatro años de escuela primaria en sus países de origen. La mayoría de estos estudiantes necesitará ayuda en el uso de acentos escritos, el deletreo, la lectura y la redacción en español. El enfoque de este cuaderno se dirige precisamente a esas necesidades específicas.

PARA LOS ESTUDIANTES

Organización

Este cuaderno empieza con una sección introductoria, **Antes de empezar,** que incluye un breve enfoque sobre la lengua y cultura hispana en EE.UU. y unos formularios que ayudan a analizar y evitar errores de deletreo y a facilitar la corrección de composiciones. A continuación hay ocho unidades con tres lecciones cada una. El contenido de cada lección refuerza la materia correspondiente en el texto del (de la) estudiante y presenta otros conceptos esenciales para los estudiantes hispanohablantes. En cada lección se encuentran las secciones **¡Escuchemos!, ¡Practiquemos!** y **¡Leamos!,** y algunas lecciones incluyen además la sección **¡Escribamos!**

¡Escuchemos!

Esta sección está dividida en tres partes que contienen las páginas de actividades que acompañan el programa de audio CD. La primera parte, **¡El mundo al punto!**, es un programa de radio que presenta interesante información cultural de todas partes del mundo hispanohablante. Al escuchar este programa, los estudiantes desarrollarán su destreza auditiva mientras que, a la vez, tendrán la oportunidad de aprender mucho de su propia cultura. La segunda parte, **Acentuación / Pronunciación y ortografía,** le provee al estudiante práctica auditiva sobre los conceptos de acentuación, pronunciación y ortografía presentados en clase. La tercera parte, **Dictado,** les permite a los estudiantes desarrollar aún más sus habilidades auditivas mientras practican las reglas de acentuación, pronunciación y deletreo que han aprendido.

¡Practiquemos!

Esta sección está compuesta de una gran variedad de ejercicios de gramática. Estos ejercicios hacen un repaso de los puntos fundamentales que se presentan en cada lección del texto. Las estructuras se practican bajo situaciones controladas que han sido seleccionadas para darles amplia oportunidad a los estudiantes de expresar deseos y anhelos, hacer recomendaciones y expresar opiniones. A veces las actividades se basan en dibujos para apoyar la comprensión.

¡Escribamos! (Lecciones 1 y 2)

En esta parte se les pide a los estudiantes que practiquen varios tipos de redacción utilizados en la vida real. Empiezan por hacer tareas sencillas: tomar mensajes telefónicos, dejar un recado para un pariente, escribir unos apuntes. Luego pasan a redacciones un poco más complicadas: cartas informales de agradecimiento, cartas para invitar, para rechazar una invitación, para expresar el pésame. En cada caso los estudiantes estudian la organización, el estilo, el lenguaje, las fórmulas de cortesía y el protocolo que se usan en cada redacción.

¡Leamos!

Esta sección está dividida en dos partes, **Tesoros de la literatura contemporánea** y **Verifiquemos e interpretemos.** La primera parte, **Tesoros de la literatura contemporánea,** consta de textos literarios provenientes de todas partes del mundo hispanohablante. Se empieza con textos escritos en español en Estados Unidos, por tener temas más familiares y fáciles de comprender para los estudiantes hispanohablantes en este país. Pero pronto se pasa a incluir una gran variedad de autores y poetas de varios países hispanos. Todas las lecturas vienen acompañadas de actividades para anticipar lo que van a leer. La segunda parte, **Verifiquemos e interpretemos,** ofrece actividades para discutir y analizar lo recién leído.

AL ENSEÑAR CADA PARTE DE UNA LECCIÓN

¡Escuchemos!

Esta sección está dividida en tres partes que contienen las páginas de actividades que acompañan el programa de audio CD: **¡El mundo al punto!, Acentuación / Pronunciación y ortografía** y **Dictado.**

¡El mundo al punto!

Esta primera parte tiene el formato de un programa de radio que presenta interesantes temas culturales de diversas regiones del mundo hispano. Los programas incluyen a hispanos reconocidos como Gloria Estefan, Raúl Juliá, Lucila Campos, Jon Secada, Emiliano Zapata, entre otros, y temas muy variados como el primer poema escrito de Estados Unidos, el éxito de dos cantantes latinos en Estados Unidos, los manatíes en peligro de extinción, la maravilla de Machu Picchu, y muchos más. Al escuchar cada programa, los estudiantes desarrollarán su destreza auditiva mientras que, a la vez, tendrán la oportunidad de aprender mucho de su propia cultura. La comprensión auditiva se comprueba con ejercicios de opción múltiple o marcando si la oración presentada es **cierta**, **falsa** o si el contexto no da suficiente información. Si la oración es falsa, los estudiantes tienen que escribir la información correcta.

Acentuación/Pronunciación y ortografía

Esta parte presenta de una manera sistemática reglas de silabeo, acentuación, pronunciación y ortografía, y les provee a los estudiantes práctica auditiva sobre estos conceptos. Aquí también se les proporciona numerosos ejercicios para escuchar y escribir palabras que se deletrean con las letras **b** y **v**; **c**, **s** y **z**; **q**, **k** y **c**; **g** y **j; ll** e **y**; **r** y **rr**; **x**; y palabras que se pronuncian de la misma manera o casi de la misma manera pero se deletrean de una manera distinta: **a / ah / ha, ay / hay** y **está / esta / ésta.**

Dictado

Esta parte les permite desarrollar sus habilidades auditivas y practicar la acentuación, la pronunciación y el deletreo mientras escuchan dictados de temas culturales relacionados con el mundo hispano.

Sugerencias para trabajar con *¡Escuchemos!*

- Permitir que los estudiantes escuchen **¡El mundo al punto!** y hagan la actividad individualmente para verificar que entendieron.
- Luego, pedirles a los estudiantes que comparen sus respuestas en grupos de tres o cuatro para confirmar que las contestaron correctamente.
- Repasar las respuestas correctas en clase después de que los estudiantes hayan trabajado en grupos pequeños. Se pueden escribir las respuestas en una transparencia y pedirles a los estudiantes que corrijan sus propias tareas o que intercambien y que corrijan las de otro(a) estudiante.
- Variar el modo en que se les pide a los estudiantes que trabajen con los discos compactos. Por ejemplo, se les puede permitir a los estudiantes que trabajen solos en algunos ejercicios, en parejas en otros y grupos de tres o cuatro en otros.

¡Practiquemos!

Esta sección pone en práctica los conocimientos gramaticales adquiridos en la sección **Nuestro idioma por dentro** del libro de texto, cuyos propósitos son entender las nociones básicas de la lengua, distinguir entre las formas coloquiales de expresión y el español general, distinguir las formas de expresión del español y del inglés, y encaminar a los estudiantes hacia el dominio del español escrito.

Sugerencias para trabajar con *¡Practiquemos!*

- Repasar con la clase la sección **Nuestro idioma por dentro** del libro de texto.
- Pedirles que hagan los ejercicios individualmente, luego que comparen sus respuestas con un(a) compañero(a) de clase.
- Asignar los ejercicios como tarea en casa.
- Repasar las respuestas correctas.
- Dos o tres veces por semana déles una prueba de dos o tres preguntas para verificar la comprensión.
- Al terminar las pruebas, dé las respuestas correctas.

¡Escribamos! (Lecciones 1 y 2)

En esta sección los estudiantes hacen uso del **Diario interactivo**, que es un cuaderno personal en el cual practican la redacción, desarrollando tópicos seleccionados por el (la) maestro(a) o por el (la) estudiante mismo(a). La intención de este **Diario interactivo** es brindar la posibilidad de escribir libremente y sin presiones. La otra parte de la sección es **Correspondencia práctica**; aquí los estudiantes investigan la organización, el estilo, el lenguaje o las fórmulas de cortesía y protocolo que se usan para completar varios tipos de redacción utilizados en la vida real. Por ejemplo, aprenden a tomar mensajes telefónicos, escribir cartas informales entre amigos, resumés y cartas de solicitud de empleo. Cada una incluye ejemplos y/o un modelo, y un tema para que los estudiantes pongan en práctica la materia presentada.

Sugerencias para trabajar con *¡Escribamos!*

- Pedirles a los estudiantes que lean las explicaciones de **Correspondencia práctica** como tarea al completar la primera lección de cada unidad. Luego, en clase, contestar cualquier pregunta que los estudiantes tengan sobre lo que leyeron.
- Pedirles a los estudiantes que hagan los ejercicios en clase, limitándoles el tiempo para hacerlo. Pueden hacerlos solos, en parejas o en grupos de tres.
- Asignar el ejercicio del **Diario interactivo** como tarea.
- No tomar mucho tiempo para corregir y calificar los ejercicios de redacción. Los estudiantes se beneficiarán más si estos escritos se evalúan de una manera global, enfocándose sólo en si cumplieron o no con lo que se les pidió, y no con un enfoque detallado en cada error de gramática u ortografía.

¡Leamos!

Esta sección consta de textos literarios provenientes de muchas regiones del mundo hispano. Se empieza con textos escritos en español en Estados Unidos, por tener temas más familiares y fáciles de comprender para los alumnos hispanohablantes en este país. Pero pronto se pasa a incluir a una gran variedad de autores y poetas de varios países hispanos. Todas las lecturas vienen acompañadas de actividades para anticipar lo que van a leer y otras para discutir y analizar lo que han leído.

Sugerencias para trabajar con ¡Leamos!

- Pedirles a los estudiantes que contesten individualmente las preguntas de **Para anticipar**. Luego, en grupos de dos, que comparen sus respuestas e informen a los demás de sus conclusiones.
- Leerles un párrafo a la vez en voz alta mientras ellos leen en silencio. Luego hacerles muchas preguntas para verificar que entendieron.
- Pedirles a voluntarios que lean un párrafo a la vez en voz alta mientras el resto del grupo lee en silencio. Luego hacerles muchas preguntas para verificar que entendieron. Variación: Pedirles a ellos que hagan las preguntas.
- Pedirles que lean un párrafo a la vez en silencio y que preparen dos o tres preguntas sobre lo que leyeron. Luego pedirles que hagan sus preguntas a los demás para verificar que entendieron.
- Pedirles que lean el poema en silencio. Luego hacerles preguntas para verificar que entendieron.
- Pedirles que lean la lectura en casa como tarea y que vengan a clase con respuestas escritas a las preguntas que aparecen al final de la lectura.
- Hacer los ejercicios de **Verifiquemos e interpretemos** individualmente a veces y en grupos otras veces. Recordar que es importante siempre repasar las respuestas/conclusiones de los grupos pequeños.
- Siempre hacer el ejercicio de escritura al final de cada lectura. Puede hacerse individualmente o en grupos de dos o tres. Si el tiempo permite, es mejor hacerla en clase pero puede hacerse en casa como tarea.

APÉNDICES

Clave de respuestas

Esta clave de respuestas para los ejercicios del **Cuaderno de actividades** compone el Apéndice A. Le permite a Ud. pedirles a los estudiantes que ellos mismos corrijan su propio trabajo en vez de siempre tener que depender de Ud. para hacerlo. Para aquellos profesores que no deseen que los estudiantes tengan la clave, estas páginas están perforadas y pueden ser removidas el primer día de clase.

Reglas de acentuación en español

En el Apéndice B se encuentra un resumen de las reglas de acentuación en español que se presentan en detalle en este **Cuaderno de actividades.**

Formulario diagnóstico

El Apéndice C contiene copias adicionales de la tabla de anotaciones para mejorar el deletreo del estudiante. La tabla se usa para anotar errores de deletreo que el estudiante comete constantemente y ayuda a superar los errores más comunes.

¡Buena suerte!

Fabián A. Samaniego

Francisco X. Alarcón

Ricardo Otheguy

Cecilia Rodríguez Pino

ANTES DE EMPEZAR

La presencia hispana en Estados Unidos

Según el censo, el número de hispanos en Estados Unidos es más de 30 millones, alrededor del 11 por ciento de la población entera. Como es de esperar, la mayoría está en California (10,6 millones), Texas (5,9 millones), Nueva York (2,8 millones) y la Florida (2,4 millones). Pero lo sorprendente es que el número de hispanos tuvo un gran aumento en muchos otros estados, por ejemplo, Illinois (1,3 millones), Nueva Jersey (1 millón), Arizona (1.269.000), Nuevo México (736.000), Colorado (594.000), Massachusetts (437.000), Pennsylvania (334.000), Washington (360.000) y Connecticut (288.000).

En algunas ciudades de Estados Unidos el número de niños hispanos matriculados en las escuelas públicas ya representa una mayoría; se anticipa que este fenómeno será la norma en un gran número de ciudades. A la vez, muchos acuerdos interamericanos hacen que el comercio internacional de Estados Unidos vaya enfocándose más y más en Hispanoamérica. Esto le da una importancia imprescindible a la enseñanza de la lengua española en Estados Unidos. No cabe duda que los hispanohablantes en Estados Unidos, con su conocimiento y aprecio por la cultura hispana, y con la ventaja de haber ya internalizado muchos de los matices más difíciles de la lengua, podrán facilitar la comunicación a cualquier nivel con nuestros vecinos hispanoamericanos.

Los antropólogos han descubierto que cuando una lengua muere, también deja de existir su cultura. Si se espera que la cultura hispanoestadounidense siga viva y vibrante, es esencial que los jóvenes hispanos en este país reconozcan que la lengua española es parte de nuestra identidad y de una rica herencia cultural que compartimos con otros pueblos. Nuestra lengua es el puente que nos une tanto con nuestro pasado como con nuestro futuro. Ya que Estados Unidos es actualmente el quinto país más grande de habla española, a través del conocimiento y el desarrollo de nuestra lengua materna podremos confirmar nuestro lugar en el siglo XXI.

Formularios diagnósticos

A continuación se encuentran unos formularios diagnósticos que ayudarán al instructor y al estudiante a decidir si esta clase es la apropiada, a analizar y evitar los errores más comunes de deletreo y a corregir las composiciones.

El primer formulario está diseñado para ser completado por los estudiantes el primer día de clase. Les da a los instructores un perfil general del uso del español que tiene cada estudiante fuera de clase y una muestra de su nivel de redacción en español. Esta información ayudará a los instructores a aconsejar a los estudiantes sobre el nivel en que deben estar, las áreas específicas de la lengua en que necesitan atención inmediata y en las que necesitarán atención especial durante el curso. De esta manera, el instructor puede organizar el curso para satisfacer las necesidades individuales de los estudiantes.

Para un análisis más comprensivo existe la **Prueba de ubicación,** un componente de dos partes que tiene como propósito facilitarles a los maestros de español de escuelas secundarias e intermedias, un método objetivo y sistemático, y al mismo tiempo sencillo y práctico, de ubicar a los estudiantes en clases de español para hispanohablantes o de español como lengua extranjera.

El segundo formulario que se incluye aquí es una tabla modelo que los instructores pueden pedirles a los estudiantes que utilicen frecuentemente, quizás después de escribir cada composición. Tomando en cuenta el concepto de que los estudiantes deben asumir cierta responsabilidad por sus conocimientos, esta tabla fue construida para ayudarlos a analizar y a resolver los problemas específicos de deletreo que tengan. Por cada palabra problemática que encuentren, los estudiantes escriben individualmente en la tabla el deletreo normativo de la palabra, el deletreo original que incluye errores, las razones posibles por la confusión y una regla o apunte que los ayude a recordar el deletreo normativo.

Al final de la sección hay una tabla con diversos símbolos que facilitan la corrección de las composiciones. Estos símbolos se pueden usar para entrenar a los estudiantes a corregir sus propios errores en todas las composiciones: las del **Cuaderno de actividades,** las del texto y las de los exámenes.

UN CUESTIONARIO DIAGNÓSTICO

Completa este cuestionario y entrégaselo a tu profesor(a) de español el primer segundo día de clases. La información que se pide aquí informará a tu profesor(a) de tus antecedentes con la lengua española para saber si esta clase es apropiada para ti. Contesta todas la preguntas en tu mejor español usando oraciones completas, pero no te preocupes si cometes algunos errores. Lo importante es que tu profesor(a) obtenga una buena idea de cómo hablas, escribes y lees español al empezar la clase.

Nombre: ______________________ **Fecha:** ____________

Antecedentes personales y de educación

1. ¿Dónde naciste? ______________________

¿Cuánto tiempo has vivido en Estados Unidos? ______________________

2. ¿De dónde son tus padres? ______________________

¿Dónde han vivido la mayor parte de su vida? ______________________

3. ¿Son tus padres hispanohablantes nativos? ¿Hablan tus padres español en casa? ______________________

4. ¿Les contestas a tus padres en español? sí _______ no _______

5. ¿Hablas tú español con tus amigos? ¿Sobre qué temas y cuándo?

____

____

6. ¿En qué situaciones prefieres hablar español? ¿Y en cuáles inglés?

____

____

7. ¿Piensas que el español que hablas es mejor (igual o peor) que el inglés que hablas? ¿Por qué piensas eso? ______________________

____

8. ¿Has estudiado español en la escuela? ¿Dónde y cuánto tiempo?

____

9. ¿Lees en español? ¿Qué? ¿Cuándo? ______________________

____

10. ¿Escribes en español? ¿Qué? ¿Cuándo?

11. ¿Cuáles son tus puntos fuertes en español, tanto al escribir como al hablar?

12. ¿En qué áreas necesitas más desarrollo en español: leer, escribir, hablar, etc.? ¿Cómo podrías recibir ayuda efectiva en estas áreas?

13. ¿Qué beneficios piensas obtener al estudiar el español formal?

Composición

Escribe una breve composición sobre tus experiencias con el español. ¿Por qué te interesa estudiarlo? ¿Piensas que el conocer español es una ventaja? ¿Por qué? ¿Qué importancia tiene el español en tu vida?

ANOTACIONES PARA MEJORAR EL DELETREO

Usa esta tabla para anotar errores de deletreo que sigues repitiendo. En cada caso, escribe el deletreo formal, el error que tú tiendes a repetir, la razón por la cual crees que te confundes y algo que te ayude a recordar el deletreo formal en el futuro. Sigue el modelo. Este proceso debe ayudarte a superar los errores más comunes. En el Apéndice C hay más copias de esta tabla.

Nombre: ______________________________ **Fecha:** ______________

Tabla de anotaciones para mejorar mi deletreo

Deletreo normativo	Mi deletreo	Razones de confusión	Lo que me ayuda a recordar el deletreo normativo
asistí	assistí	Escribí dos eses, como en la palabra en inglés	En español nunca se usan dos eses

SIGNOS PARA LA CORRECCIÓN DE COMPOSICIONES

Cuando entregues tus composiciones para ser calificadas, es probable que tu profesor(a) decida sólo indicar los errores y pedir que tú mismo(a) los corrijas. Si así es el caso, esta lista de signos te ayudará a interpretar las indicaciones.

Signo	Significado	Ejemplo
○	Falta de acento	proximo
⊖	No lleva acento	interesánte
d.	Deletreo	vurro
s.	Usa un sinónimo	María estudia mucho. Ella estudia seis horas cada noche.
≡	Necesita mayúscula	Vamos a méxico.
/	Se escribe con minúscula	Los Nicaragüenses son pinoleros.
c.	Concordancia en género y número entre sustantivo y adjetivo, o sujeto y verbo	Un tarde caluroso. Rosa y Pepe vamos juntos.
n.e.	Una forma no-estándar (no necesariamente incorrecta pero no apropiada para este trabajo)	Dudo que haiga tiempo. No teníamos muncho dinero. Van pa la playa.
c.f.	"Cognado" falso	Nosotros realizamos quién era.
( )	No se necesitan (letras/ palabras extras)	Los estudiant(t)es estudiarán las reglas y (luego ellos) pondrán acentos escritos donde se necesite.
——	Algo no está claro en una o varias palabras	
?	Enfatiza que no está claro lo escrito en una o varias oraciones	
√	Muy buena expresión o idea	

CURSO PARA HISPANOHABLANTES

CUADERNO DE ACTIVIDADES

Nombre ______________________________

Fecha ______________________________

¡Escuchemos!

A **¡El mundo al punto!** Escucha a los locutores de este programa de la radio hispana titulado "¡El mundo al punto!", quienes hablarán sobre el primer poema escrito de Estados Unidos. Marca si cada oración que sigue es **cierta (C), falsa (F)** o si no tiene relación con lo que escuchaste **(N/R).** Si la oración es falsa, corrígela. Escucha una vez más para verificar tus respuestas.

C F N/R 1. Roberto Hernández y Alicia Márquez son los conductores del programa de la televisión hispana conocido como "¡El mundo al punto!"

____

____

C F N/R 2. El primer poema sobre algún evento que tuvo lugar en lo que hoy es Estados Unidos fue escrito en inglés en Jamestown, Virginia.

____

____

C F N/R 3. Gaspar Pérez de Villagrá fue un criollo, o sea, un hijo de españoles nacido en el continente americano.

____

C F N/R 4. El poema de Gaspar Pérez de Villagrá trata sobre la exploración y colonización de Nuevo México bajo el mando de Juan de Oñate, entre 1595 y 1601.

____

____

C F N/R 5. Lo que más le impresionó a Roberto Hernández es lo largo del poema.

____

____

C F N/R 6. Originalmente el poema fue publicado por la Universidad Nacional Autónoma de México en 1992.

____

____

Acentuación y ortografía

El silabeo

Todas las palabras se dividen en sílabas. Una sílaba es la letra o letras que forman un sonido independiente dentro de una palabra. Para pronunciar y deletrear correctamente, primero es importante distinguir el número de sílabas en una palabra.

La narradora va a leer las siguientes palabras. Trata de distinguir el número de sílabas en cada una.

Una sílaba	Dos sílabas	Tres sílabas	Cuatro sílabas	Cinco o más sílabas
se	eso	explicas	estudiantes	actividades
en	todas	amigos	impresiones	personalidad
por	hacen	escolar	Venezuela	aprovechando
la	otras	hablando	diferencias	interdependencia

B **Número de sílabas.** Ahora la narradora va a leer las siguientes palabras. Escribe el número de sílabas que cada una tiene. Escucha una vez más para verificar tus respuestas.

1. preguntas ____ **5.** Alejandro ____

2. cuadras ____ **6.** ayudar ____

3. encantado ____ **7.** ves ____

4. carta ____ **8.** compañero ____

Nombre ______________________________

Fecha ______________________________

Separación en sílabas

Hay cinco reglas que gobiernan la separación de una palabra en sílabas. Escucha a los narradores leer las primeras dos; luego haz la actividad que sigue.

Regla N°1. Todas las sílabas tienen por lo menos una vocal.

Una sílaba	**Dos sílabas**	**Tres sílabas**	**Cuatro sílabas**	**Cinco o más sílabas**
son	va-mos	ve-ra-no	Mar-ga-ri-ta	co-rres-pon-den-cia
del	gus-ta	du-ran-te	es-pa-ño-les	a-gri-cul-tu-ra

Regla N°2. La mayoría de las sílabas en español comienzan con una consonante.

moderna: **mo**-**der**-**na** llegada: **lle**-**ga**-**da**
cultural: **cul**-**tu**-**ral** trenes: **tre**-**nes**

Sin embargo, hay sílabas que comienzan con una vocal. Obviamente la primera sílaba de estas palabras tiene que comenzar con una vocal y no con una consonante.

este: **es**-te antes: **an**-tes
estado: **es**-ta-do importante: **im**-por-tan-te

También hay sílabas que constan de una sola vocal.

tarea: ta-re-**a** Isabel: **I**-sa-bel

C **Sílabas.** Ahora escucha a los narradores leer las siguientes palabras e indica con rayas oblicuas (/) cómo se dividen en sílabas. Escribe el número de sílabas que cada una tiene. Ten presente las dos reglas al decidir cómo dividirlas.

MODELO: **G a / l i n / d o** 3

1. a m e r i c a n a s ____
2. g r a n d e ____
3. z o n a ____
4. m e x i c a n o ____
5. c o n s e r v a n ____
6. m u c h a s ____
7. f r a n c i s c a n o s ____
8. c o n ____
9. u n a ____
10. p a r t e ____

D **Dictado.** Escucha el siguiente dictado e intenta escribir lo más que puedas. El dictado se repetirá una vez más para que revises tu párrafo.

El Paso del Norte

Nombre ______________________________

Fecha ______________________________

¡Practiquemos!

1.1 Los verbos y los sustantivos

E **Quiero presentarles a mi papá.** En las siguientes oraciones sacadas de la segunda sección de la fotonovela, escribe una **V** debajo de cada **verbo** y una **S** debajo de cada **sustantivo**.

1. El Sr. Galindo recoge el correo.

2. Papá, ven a conocer a unas amigas.

3. Yo soy Margarita Silva.

4. ¿Son compañeros de clase?

5. Margarita y yo estamos en el mismo año y Tina y Daniel están juntos.

6. Tengo que ayudar a mi mamá a preparar la cena.

1.2 Género: Raíz y terminación

F **Conversaciones.** Completa las conversaciones de Martín, Daniel, Margarita y Tina. Escribe los artículos definidos **el, la, los** y **las** donde sea necesario. Ten cuidado con las contracciones **(al, del).**

1. DANIEL: __________ problema es que __________ día que saqué __________ foto de Margarita en __________ tranvía, __________ cielo estaba muy nublado.

MARTÍN: Sí, échale la culpa a__________ clima. ¡__________ verdad es que tú pusiste __________ mano frente a__________ lente de __________ cámara!

2. TINA: __________ poema que más me gusta d__________ poeta Francisco Alarcón es el que presenta __________ problema de __________ hija que se rehúsa a meter __________ manos en __________ fregadero.

MARGARITA: Pues, a mí generalmente no me gusta __________ tema de __________ liberación de __________ mujer. Pero __________ drama en __________ momento que ella dice "no" es muy especial.

3. MARTÍN: ¿Viste __________ película d__________ atleta que se opuso a__________ sistema y decidieron no darle __________ diploma?

TINA: ¡Claro que la vi! ¿No recuerdas que me llamaste anoche? Yo estaba viendo __________ programa de __________ seres d__________ planeta Venus, quienes le robaron __________ moto a un policía y se la llevaron en __________ nave espacial.

G **Historia de El Paso.** Indica si las siguientes palabras sacadas de la lectura "El Paso del Norte: Una breve historia", son masculinas **(M)** o femeninas **(F)**. Luego escribe una oración original con cada palabra. Usa un adjetivo apropiado con cada una.

MODELO: misiones **F**
Las misiones franciscanas reemplazaron las "rancherías".

1. raíces ______

____

____

2. experto ______

____

____

3. lugar ______

____

____

4. trenes ______

____

____

5. guerra ______

____

____

6. frontera ______

____

____

7. frailes ______

____

____

8. tribus ______

____

____

1.3 Escribir con corrección la *s* que no se te puede essscapar

H **Rescata las que se nos escaparon a nosotros.** En el siguiente párrafo se nos han escapado varias eses **(s)** finales de sílaba. Busca las palabras de donde se han escapado y escríbelas correctamente debajo de la palabra con el error. Tienes que encontrar por lo menos diez eses prófugas.

El Paso es la ciudad gemela de Ciudad Juárez, México. Ambas ciudades comparten su pasado con la hitoria de México. Hata el siglo XIX las dos ciudades, divididas sólo por el Río Bravo, o el Río Grande como lo llaman en Etados Unidos, fueron ocupadas primero por indígena que vivían en "rancherías" o pequeños pueblos dedicado a la agricultura, y luego por los epañoles y sus decendientes. Depué de la independencia de México, empezó una ocupación gradual de eta región por angloamericanos. En 1848, depué de la guerra con México, Etados Unidos compró casi la mitad del terreno que pertenecía a México por quince millones de dólares.

¡Escribamos!

I **Correspondencia práctica: Mensajes.** Al regresar a casa hoy después de las clases, no encuentras a nadie. Mientras te preparas para ir a tu lección de guitarra, el teléfono suena tres veces. Ninguna de las llamadas es para ti, sino para las personas indicadas a continuación. Escribe los comentarios específicos, para explicar los detalles de cada mensaje.

1. Llamada de: el dentista
Llamada para: Papá
Mensaje: Examinación anual
Devolver la llamada: **sí** **no** 383-5367
Volverá a llamar: **sí** **no**
Comentarios: ______________________________
____
____
____

2. Llamada de: Paula
Llamada para: Carolina (tu hermanita)
Mensaje: Invitación a pasar la noche
Devolver la llamada: **sí** **no** 384-9024
Volverá a llamar: **sí** **no**
Comentarios: ______________________________
____
____
____

3. Llamada de: Prof. de inglés
Llamada para: Carmen (tu mamá)
Mensaje: Tus malas notas
Devolver la llamada: **sí** **no** 383-6841
Volverá a llamar: **sí** **no**
Comentarios: ______________________________
____
____
____

Nombre ______________________________

Fecha ______________________________

¡Leamos!

Tesoros de la literatura contemporánea

J **Para anticipar.** Antes de continuar con la lectura, contesta estas preguntas sobre tus actividades en la escuela primaria.

1. ¿Qué tipo de juegos y actividades jugaban tú y tus amigos en el salón de clase? ¿Jugaban las niñas los mismos juegos que los niños? Da ejemplos.

____

____

____

____

2. ¿A qué jugaban en el recreo? ¿Jugaban todos juntos o tenían las niñas sus juegos y los varones los suyos?

____

____

____

____

3. Usa tus cinco sentidos (olfato, vista, oído, tacto y gusto) para recordar tus propias experiencias en los juegos de salón de clase y recreo. Cuéntale a un(a) compañero(a) algunas experiencias memorables referentes a esos juegos.

____

____

____

____

Lectura chicana

Vas a leer un fragmento de la obra *Madreselvas en flor,* escrita por el autor chicano Ricardo Aguilar, quien se crió en la frontera de El Paso, Texas y Ciudad Juárez. En este fragmento del capítulo "Desde que se fue", Ricardo Aguilar describe los juegos y actividades de los niños en la escuela primaria.

"Desde que se fue"

Con un veinte nos llevábamos un sobrecito de papel estraza° que escondía las cinco tarjetas policromadas°. Dependía de la época, del gusto de los promotores; unas veces eran retratos de animales, leones, pericos, la hiena, los elefantes, el ornitorrinco°, los canguros. Nunca nadie terminó de llenar el famoso álbum pues siempre comprábamos repetidas. Cuando a alguien le salía una nueva, repetida, no faltaba quién le ofreciera veinte o treinta repetidas que después él se dedicaba a cambiar.

estraza: tela rústica
policromadas: de diferentes colores luminosos
ornitorrinco: mamífero de Australia

Se trataba de un pasatiempo mayormente masculino. No recuerdo que ninguna niña trajera las famosas tarjetas. También había de banderas y países, de geografía e historia y de muchos otros temas que ya no recuerdo. Lo que sí recuerdo es que todas olían a vainilla o a alfalfa recién cortada por la pegadura. Muchos llegaban a la escuela con verdaderos fajos° de tarjetas, que no les cabían en las bolsas, los traían amarrados con ligas, tan grandes que se tardaba uno todo el recreo para verlas todas. Ellos eran los ricos del salón.

fajos: montones

Por cierto que el recreo era algo muy especial. Atrás de la escuela había un patio del tamaño de una cancha de básquet o un poquitito más. Por un lado quedaba un pasillo largo en donde estaba la tienda de don Guadalupe y por donde se divisaba° la casa de la loca y se encontraba la calle. Cuando salía al recreo ya estaban afuera otros salones. El patio se llenaba de muchachos y muchachas que corrían, chocaban y se pegaban unos contra otros, jugaban a los encantados, al engarrótateme ai, a la roña, al chinchilagua, al básquet, al balero, a los yecks, al trompo, a los juegos de canicas (el ojito, el aro) y a miles de cosas más. Nos contábamos los cuentos más fantásticos, de que en el subterráneo de la escuela había esqueletos que se comían a los malcriados, que ahí habían encerrado al Liñan y al Peña y que por eso estaban medio tocadiscos°. Mucho de lo que decíamos ni entendíamos, pero hablábamos con mucha confianza de cualquier forma, para que supieran que éramos hombres. Otras veces reventábamos de la risa, otras inventábamos. ...Con las actividades del salón crecimos en un ambiente muy peculiar.

divisaba: veía
tocadiscos: medio locos

Nombre ______________________________

Fecha ______________________________

Verifiquemos e interpretemos

K **A ver si comprendiste.** En el siguiente diagrama de Venn escribe en el lado izquierdo todas las actividades y juegos que menciona el autor. Con dos compañeros de clase escriban las actividades que hacían ustedes de niños en el lado derecho del diagrama. En el centro escriban las actividades y juegos que tengan en común con el autor.

Actividades y juegos del autor	Actividades y juegos en común	Mis actividades y juegos
1. ______	1. ______	1. ______
2. ______	2. ______	2. ______
3. ______	3. ______	3. ______
4. ______	4. ______	4. ______
5. ______	5. ______	5. ______

L **Imágenes figurativas.** Cuando Ricardo Aguilar escribe usa muchas imágenes expresivas o figurativas frecuentemente relacionadas a uno o varios de los cinco sentidos: vista, olfato, oído, tacto y gusto. Lee las siguientes frases del fragmento y decide cuáles de los cinco sentidos ha usado el autor en cada una.

Imágenes figurativas	Sentido(s)
1. todas (las tarjetas) olían a vainilla o a alfalfa recién cortada...	**1.** ____________________
2. en el subterráneo de la escuela había esqueletos que se comían a los malcriados...	**2.** ____________________
3. Otras veces reventábamos de la risa...	**3.** ____________________
4. nos llevábamos un sobrecito de papel estraza que escondía las cinco tarjetas policromadas...	**4.** ____________________

M **¡A interpretar!** Con dos compañeros de clase interpreta las siguientes citas del relato. Después de la discusión compartan sus interpretaciones con el resto de la clase. Si hay varias interpretaciones, decidan cuál es la más probable.

1. Se trataba de un pasatiempo mayormente masculino.

____

____

2. Ellos eran los ricos del salón.

____

____

3. Mucho de lo que decíamos ni entendíamos.

____

____

4. Con las actividades del salón crecimos en un ambiente muy peculiar.

____

____

Nombre ______________________________

Fecha ______________________________

N **Los juegos de mi abuelito.** Entrevista a tus padres o abuelos y pregúntales qué juegos jugaban ellos de niños. Léeles el relato de Ricardo Aguilar para ver si recuerdan esos juegos. Después de la entrevista escribe un párrafo describiendo unos de esos juegos. Recuerda usar un lenguaje expresivo y figurativo.

Nombre ______________________________

Fecha ______________________________

¡Escuchemos!

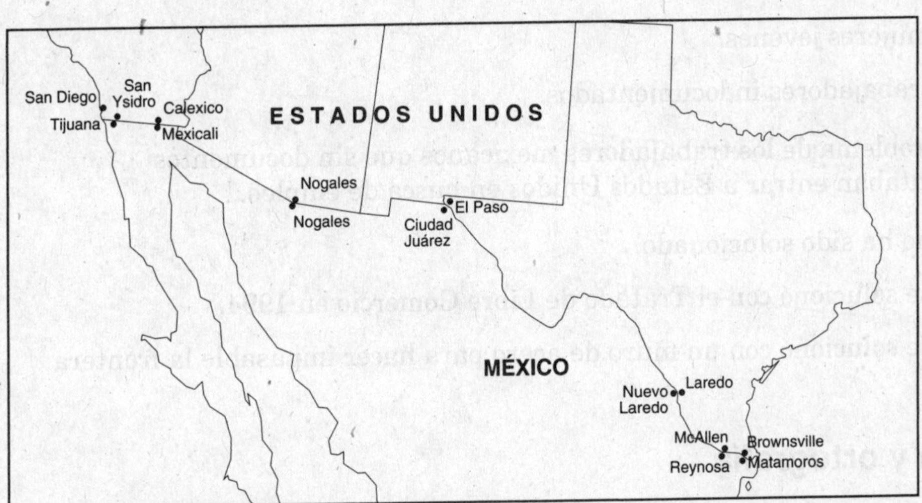

A **¡El mundo al punto!** Escucha a los locutores de este programa de la radio hispana titulado "¡El mundo al punto!", quienes hablarán sobre la frontera entre México y Estados Unidos. Luego, selecciona la opción correcta para completar las oraciones que aparecen a continuación. Escucha una vez más para verificar tus respuestas.

1. Más de 30 millones de personas al año cruzan la frontera entre...

- **a.** Laredo y Nuevo Laredo.
- **b.** Ciudad Juárez y El Paso, Texas.
- **c.** Tijuana y San Ysidro, California.

2. La frontera entre México y Estados Unidos tiene una extensión de casi...

a. cien millas. **b.** mil millas. **c.** dos mil millas.

3. La frontera entre México y Estados Unidos es la única frontera en el mundo...

- **a.** donde muchas personas cruzan la frontera más de una vez cada día porque trabajan en un lado y viven en el otro.
- **b.** donde un país pobre y en desarrollo bordea una nación poderosa y desarrollada.
- **c.** que usa un río para marcar los límites nacionales.

4. En el lado mexicano,...

   a. dos ciudades han alcanzado un millón de habitantes.

   b. una ciudad ha alcanzado un millón de habitantes.

   c. ninguna ciudad ha alcanzado un millón de habitantes.

5. Las "maquiladoras" se establecen en el lado mexicano para aprovechar la mano de obra barata especialmente de...

   a. hombres jóvenes.

   b. mujeres jóvenes.

   c. trabajadores indocumentados.

6. El problema de los trabajadores mexicanos que sin documentos intentaban entrar a Estados Unidos en busca de empleo...

   a. no ha sido solucionado.

   b. se solucionó con el Tratado de Libre Comercio en 1994.

   c. se solucionó con un muro de acero para hacer impasable la frontera.

Acentuación y ortografía

Separación en sílabas: Reglas 3, 4 y 5

En la lección anterior aprendiste las primeras dos reglas sobre la separación de palabras en sílabas. Ahora, escucha a los narradores leer las reglas números 3, 4 y 5 y estudia los ejemplos.

Regla N°3. Cuando la **l** o la **r** sigue una **b, c, d, f, g, p** o **t** forman agrupaciones que nunca se separan o sea, que siempre forman una sílaba.

Escucha cómo estas agrupaciones forman una sílaba en las siguientes palabras.

blanco: **bl**an-co
problema: **pro-bl**e-ma
li**br**e: li-**bre**
prefiere: **pre**-fie-re
ha**bl**amos: ha-**bla**-mos
re**gr**esar: re-**gre**-sar

Regla N°4. Cualquier otra agrupación de consonantes siempre se separa en dos sílabas.

Escucha cómo estas agrupaciones de consonantes siempre se separan en dos sílabas en las siguientes palabras.

e**st**os: **es-t**os
e**nc**anta: **en-can**-ta
co**mb**inar: **com-bi**-nar
pu**ls**era: **pul-se**-ra
o**ft**erta: o-**fer-ta**
i**mp**uesto: **im-pues-to**

Nombre ______________________________

Fecha ______________________________

Regla N°5. Las agrupaciones de tres consonantes siempre se dividen en dos sílabas, manteniendo las agrupaciones indicadas en la regla N°3 y evitando la agrupación de la letra **s** antes de otra consonante.

Escucha cómo estas agrupaciones forman dos sílabas en las siguientes palabras.

com**pl**eto:	**com-pl**e-to	ho**mbr**os:	**hom-br**os
co**mpr**as:	**com-pr**as	encue**ntr**o:	en-cue**n-tr**o

B **Silabeo.** Ahora escucha a los narradores leer las siguientes palabras e indica con rayas oblicuas (/) cómo se dividen en sílabas. Ten presente las cuatro reglas de silabeo que has aprendido.

1. p e r f e c t o

2. t e m p r a n o

3. c o m e r c i a l

4. p u e b l o

5. i n s t a n t e

6. t r i s t e

7. c u a n d o

8. m u e s t r a

C **Dictado.** Escucha el siguiente dictado e intenta escribir lo más que puedas. El dictado se repetirá una vez más para que revises tu párrafo.

La casa en Mango Street

____

____

____

____

____

____

____

____

____

____

____

____

¡Practiquemos!

1.4 Para hablar del sujeto del verbo

D **De compras.** Las siguientes citas las hacen Tina y Margarita mientras andan de compras en un centro comercial. Léelas con cuidado y pon una **V** debajo de cada **verbo** y una **S** debajo de cada **sujeto.** Si el sujeto no aparece, escríbelo entre paréntesis.

1. Tú ya tienes todo, ¿no?
2. Todavía tengo que buscarle un regalo a mi mamá.
3. El lunes es su santo.
4. Los collares están en oferta en esa joyería.
5. ¿Qué piensas de estos collares?
6. Mamá prefiere el rojo.
7. El azul combina bien con su vestido blanco, ¿no?
8. El juego completo te sale en $24.00 más el impuesto.

1.5 Clases de verbos: conjugaciones

E **Los fines de semana.** Lee la siguiente descripción de los fines de semana que pasan los jóvenes de El Paso y subraya todos los verbos. Luego, completa los espacios en blanco con el pasado de los mismos verbos para indicar cómo eran los fines de semana en El Paso hace unos años. Ten cuidado pues los verbos pertenecen a diferentes grupos (diferentes terminaciones), así que algunos habrá que ponerlos con pasado en **-aba** y otros con pasado en **-ía.**

Tina y Margarita van de compras casi todos los fines de semana. Por lo general Tina no compra mucho pero Margarita quiere todo lo que ve. Con frecuencia se encuentran con sus amigos Martín, Daniel y Mateo en el centro comercial. Ellos las invitan con un refresco mientras hablan de las clases o de sus amigos. De los cinco jóvenes, Mateo es el más serio. Él siempre anda de mal humor. Se preocupa por todo. Daniel, al contrario, es un verdadero optimista. Siempre tiene buenas noticias y nada le preocupa. Pasamos los fines de semana muy bien en El Paso, ¿no?

1. ____________ **8.** ____________

2. ____________ **9.** ____________

3. ____________ **10.** ____________

4. ____________ **11.** ____________

5. ____________ **12.** ____________

6. ____________ **13.** ____________

7. ____________ **14.** ____________

1.6 Se-pa-ra las pa-la-bras en sí-la-bas: Es muy fácil

F

Conclusión de la fotonovela. Esta lista de palabras la sacamos de la fotonovela de esta lección. Escríbelas de nuevo separándolas en sílabas según las cinco reglas de silabeo.

1. Margarita ____________

2. contenta ____________

3. muchísimo ____________

4. rebajado ____________

5. compraste ____________

6. libre ____________

7. santo ____________

8. collares ____________

9. particular ____________

10. aretes ____________

11. problema ____________

12. vestido ____________

13. azul ____________

14. blanco ____________

15. completo ____________

¡Escribamos!

Diario interactivo

El **Diario interactivo** es un cuaderno personal en el cual tú escribirás con regularidad a través del curso, desarrollando los temas o tópicos que en esta sección se sugieren o los seleccionados por ti mismo(a) o por tu maestro(a). El formato es de un diario en el que primero se anota la fecha en que se escribe. En español las fechas comúnmente incluyen primero el día y luego el mes y finalmente el año, por ejemplo: 7 de septiembre de 1997.

La intención principal del **Diario interactivo** es darte la oportunidad de desarrollar tu propia capacidad de escribir sin las presiones generalmente asociadas a las tareas regulares de redacción que muchas veces inhiben a los estudiantes. Tu maestro(a) no va a corregir los diarios ni va a darles notas sino sólo va a comentar o expresar opiniones sobre lo que tú escribas. Tu maestro(a) recogerá con regularidad los diarios interactivos y anotará sólo comentarios. Los comentarios son para ti, una indicación de que tu maestro(a) está leyendo el diario, lo cual lo hace un diario interactivo.

Recomendamos que al principio escribas un mínimo de media página en el diario por semana, más adelante este mínimo puede ir aumentando a una página por semana y hasta página y media por semana.

A continuación te damos el tópico para tu primer entrada en tu diario interactivo personal. Ten cuidado de guardar tu diario donde sólo tú sepas dónde está para que otras personas no lo puedan leer a menos que tú les des permiso. También ten cuidado de no usar tu diario personal para otras tareas, sólo para anotar tus pensamientos y para que tu maestro(a) pueda comentarlos.

Nombre ______________________________

Fecha ______________________________

G **Tú y la amistad.** En tu diario interactivo anota la fecha que corresponda y escribe por lo menos media página desarrollando el tema general "Tú y la amistad". Las preguntas que aquí aparecen son sólo para ayudarte a enfocar el tema. No escribas siguiendo el formato de preguntas y respuestas sino que intenta responder con párrafos articulados.

Tú y la amistad

¿Qué significado tiene para ti la amistad? ¿Qué características debe tener un(a) buen(a) amigo(a)? ¿Cómo son las amistades que actualmente tienes? ¿Qué clase de amigos(as) quisieras tener? En tu opinión, ¿eres tú un(a) buen(a) amigo(a)? Explica tu respuesta.

¡Leamos!

Tesoros de la literatura contemporánea

H **Para anticipar.** ¿A quién quieres tanto que te gustaría escribirle un poema para mostrarle tu respeto, admiración y amor platónico? ¿Qué palabras expresivas/poéticas puedes usar para dejarle saber cómo te sientes?

1. Haz una lista de cinco verbos, sustantivos o adjetivos que usarías para explicar el rol o papel que esta persona ha tenido en tu vida.

____

____

____

2. Haz una lista de cinco frases que expresan ternura/cariño/admiración, etc. para mostrarle tus sentimientos a esa persona.

____

____

____

3. ¿Cuáles de las siguientes frases o palabras usarías en un poema para describir a esta persona? ¿Qué otras usarías?

amor de mi vida

alma, inspiración, protector, caballero

portador de...

ternura, corazón

sentimental, cariñoso(a)

____

____

____

____

____

____

Nombre ______________________________

Fecha ______________________________

Lectura chicana

Lee este poema de la poetisa chicana Julia Bencomo Lobaco. Julia le escribió el poema a su abuelo para expresarle lo que siente por él en su corazón.

Abuelo de mi alma

Tú eres la musa quien me enseñó
con palabras
Dándome un lápiz de inspiración
para pintar escenas de la vida
De tus versos tan dulces yo fui aprendiz
Los colores y dolores que compartiste
llegaron a ser brochazos de memorias
hechos poemas
Dime de tus sueños
abuelito de mi alma
protector de nietos
portador de dulces y nieve
hombre que siempre ha sido
caballero de mi corazón

Verifiquemos e interpretemos

I **A ver si comprendiste.** Contesta las siguientes preguntas acerca de ciertas palabras o frases que se encuentran en el poema.

1. ¿Qué es y quién es la musa?

____

____

____

2. ¿Qué es un lápiz de inspiración?

____

____

____

3. ¿Qué es y quién es el aprendiz en el poema?

____

____

____

4. Explica qué son brochazos.

____

____

____

5. ¿Qué es un portador?

____

____

____

J **¡A interpretar!** En el cuadro escribe tu interpretación de los tres versos indicados. Luego, comparte tus respuestas con dos compañeros de clase y escucha sus interpretaciones. Entre los tres, decidan en una interpretación y reporten sus conclusiones a la clase.

INTERPRETACIÓN DEL POEMA *"Abuelo de mi alma"*

	Mi interpretación	Interpretación del grupo	Conclusión del grupo
• "Tú eres la musa quien me enseñó"			
• "De tus versos... yo fui aprendiz"			
• "Dime de tus sueños abuelito de mi alma"			

Nombre ______________________________

Fecha ______________________________

K **Un retrato en verso.** Escribe un poema de dos estrofas en el que expreses lo que sientes por una persona a quien respetas y admiras. Puede ser tu madre o padre, un hermano u otro pariente. Puedes seguir el mismo patrón del poema de Julia Bencomo Lobaco, como te indicamos aquí, o cualquier otro patrón que prefieras.

Título:

1ª estrofa: Tú eres... ______________________________

____

____

____

____

____

____

____

2ª estrofa: Dime de... ______________________________

____

____

____

____

____

____

____

Nombre ____________________

Fecha ____________________

¡Escuchemos!

¡El mundo al punto! Escucha a los locutores de este programa de la radio hispana titulado "¡El mundo al punto!", quienes hablarán sobre la República Dominicana. Luego selecciona la opción correcta para completar las oraciones que aparecen a continuación.

1. Roberto viajó a un país que está en...

a. el mar Mediterráneo.

b. el mar Caribe.

c. el golfo de México.

2. La República Dominicana es parte de una isla llamada...

a. Cristóbal Colón.

b. América.

c. La Española.

3. La República Dominicana comparte la isla con...

a. Puerto Rico.

b. Haití.

c. Cuba.

4. Los taínos eran...

a. indígenas.

b. navegantes.

c. franceses.

5. Roberto dice que los dominicanos comen...

a. hamburguesas.

b. plátanos fritos.

c. helados.

6. Puerto Plata es una ciudad con...

   a. bosques.

   b. lagos.

   c. playas.

Acentuación y ortografía

El acento prosódico o el "golpe"

En español, todas las palabras de más de una sílaba tienen una sílaba que se pronuncia con más fuerza o énfasis que las demás. Esta fuerza o énfasis se llama el acento prosódico o el "golpe".

Ahora escucha al narrador leer las siguientes palabras. Presta atención especial a la sílaba que lleva el acento prosódico o el "golpe".

ver-**dad**	in-te-li-**gen**-te	me-**dia**-no
po-pu-**lar**	**ton**-to	e-le-**gan**-te

B **El "golpe".** Para ver si oyes el "golpe" en las siguientes palabras cuando la narradora las lea, divídelas en sílabas con rayas oblicuas (/) y **subraya** la sílaba que lleva el acento prosódico o el "golpe".

MODELO: p e r s o n a s
per / so / nas

1. d i b u j o s
2. h i s p a n a
3. t r a b a j a d o r
4. e s p e c i a l
5. c u l t u r a
6. p e r e z o s o
7. t a c a ñ o
8. d i f i c u l t a d
9. c o l l a r
10. j o v e n

Nombre ______________________

Fecha ______________________

Reglas de acentuación

Hay dos reglas que indican dónde poner el acento prosódico o el "golpe" en cualquier palabra.

Regla N°1. Las palabras que terminan en **a, e, i, o, u, n** o **s** llevan el acento prosódico o el "golpe" en la penúltima sílaba. Escucha a la narradora pronunciar las siguientes palabras con el "golpe" en la penúltima sílaba.

len-to	ran-**chi**-to	a-me-ri-**ca**-no
cli-ma	ga-**na**-do	a-ni-**ma**-les

Regla N°2. Las palabras que terminan en **consonante**, excepto **n** o **s**, llevan el acento prosódico o el "golpe" en la última sílaba. Escucha a la narradora pronunciar las siguientes palabras con el "golpe" en la última sílaba.

can-**tar**	pro-fe-**sor**	a-gri-cul-**tor**
us-**ted**	o-fi-**cial**	pro-ba-bi-li-**dad**

C **El acento prosódico.** Ahora, escucha a los narradores leer las siguientes palabras, divídelas en sílabas con rayas oblicuas y subraya la sílaba que lleva el acento prosódico o el "golpe" según las dos reglas de acentuación.

1. c a r t a
2. p e r s o n a l i d a d
3. r e s u l t a d o
4. a c a m p a r
5. b a l o n c e s t o
6. l u g a r e s
7. p r a c t i c a r
8. h e r m a n a
9. n a c h o s
10. c a m i n a r

D **Dictado.** Escucha el siguiente dictado e intenta escribir lo más que puedas. El dictado se repetirá una vez más para que revises tu párrafo.

Nuestros amigos dominicanos

Nombre ______________________________

Fecha ______________________________

¡Practiquemos!

1.7 Las personas de los verbos

E **Muchas "personas".** En las siguientes oraciones, que hemos tomado de las fotonovelas de esta unidad, hemos puesto algunos de los verbos en negrilla para que nos indiques en qué persona están. Escribe **1ª**, **2ª** o **3ª** para indicar la persona, y escribe **S** o **P** para indicar si es una persona del singular o del plural. Acuérdate que la persona del verbo está indicada por la terminación y que no siempre vas a encontrar un sujeto explícito que concuerde con el verbo.

MODELO: En casa de los Galindo, Martín y su hermano **juegan** al baloncesto. **3ª P**

1. Hola, Margarita, ¿cómo **estás**? __________
2. Bueno, Margarita, te **toca** a ti. __________
3. La semana que viene **empiezan** las clases. __________
4. **Tengo** ganas de ver a todos mis amigos. __________
5. Los **echo** de menos. __________
6. El Sr. Galindo **recoge** el correo. __________
7. Muchachas, **quiero** presentarles a mi papá. __________
8. Margarita y yo **estamos** en el mismo año. __________
9. Mi amigo **describe** su vida. __________
10. También me **hace** un montón de preguntas. __________

F **Cambiamos de personas.** De las diez oraciones del ejercicio anterior hemos escogido cinco y las hemos alterado, haciendo un cambio en el sujeto. Cambia la persona del verbo para que concuerde con el nuevo sujeto e indica cuál es la nueva persona del verbo.

MODELO: En casa del Sr. Galindo, Martín (jugar) ______________________ al baloncesto.

TÚ ESCRIBES: En casa del Sr. Galindo, Martín juega al baloncesto. **3ª S**

1. Hola, Margarita, hola, Tina, ¿cómo (estar) ____________________ Uds.? __________
2. La semana que viene (empezar) ______________ el campeonato de fútbol. __________
3. Tina y yo (tener) ______________________ ganas de ver a todos nuestros amigos. __________
4. Tú siempre (recoger) ______________________ el correo. __________
5. Margarita (estar) ______________________ en el mismo año. __________

1.8 Tres clases de verbos

G **Conjugaciones.** Las siguientes oraciones ya las conoces bien porque las hemos sacado de las lecturas de esta unidad y porque las hemos utilizado para estudiar el orden de sujeto y verbo. Aquí te las volvemos a poner con el verbo en negrilla, pidiéndote que indiques a cuál de las tres conjugaciones pertenece. Luego, queremos que trates de conjugarlos todos, a ver cuáles de ellos puedes conjugar sin pedir ayuda. Si hay algún verbo que no puedas conjugar, pídele ayuda a tu maestro(a).

MODELO: La región que ahora **ocupan** El Paso-Ciudad Juárez en la meseta central de México estaba ocupada por algunas tribus indígenas.

TÚ ESCRIBES: **ocupar, 1ª conjugación**
ocupo, ocupas, ocupa, ocupamos, (ocupáis), ocupan

1. En 1534 Álvar Núñez Cabeza de Vaca y tres españoles más **llegaron** a la región de Texas.

____

____

____

Nombre ___________________________________

Fecha ___________________________________

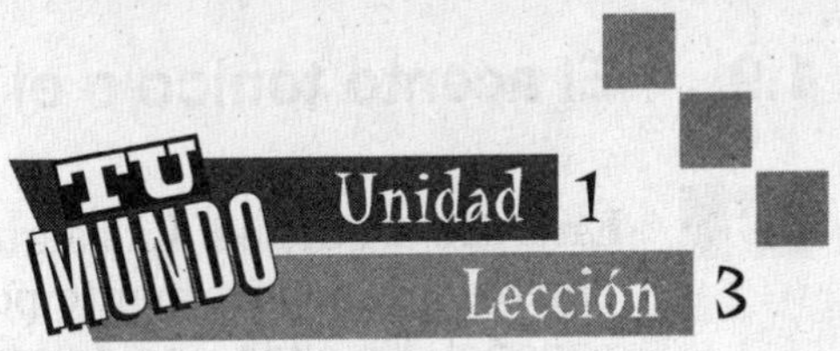

2. En 1581 los frailes franciscanos llegaron a Texas y **empezaron** a fundar muchas misiones.

____

____

____

3. Los españoles dominaron la frontera norte hasta 1821, cuando **ocurrió** la independencia de México.

____

____

____

4. Quizás **podrían** llenarse varias páginas con nombres de identificación.

____

____

____

5. **Existe** un sinnúmero de denominaciones o términos para esta población.

____

____

____

6. La población de origen hispano de Estados Unidos **ha utilizado** diversas denominaciones.

____

____

____

7. Desde la década de los años 60 **surge** el término "nuyorican".

____

____

____

1.9 El acento tónico o el "golpe"

H **Éntrale a golpes.** Las siguientes quince palabras se refieren todas a objetos que seguramente podrás encontrar dentro del aula donde estudias español. En cada una de estas palabras, subraya la sílaba que lleva el acento tónico o "golpe".

1. p u p i t r e
2. l á m p a r a
3. s i l l a
4. l á p i z
5. v e n t a n a
6. p i s o
7. p u e r t a
8. p i z a r r a
9. l i b r o
10. p a r e d
11. r e l o j
12. l i b r e t a
13. c u a d e r n o
14. m e s a

I **Tus propios golpes.** Haz otra lista de catorce palabras que se refieran a objetos que se encuentran en los alrededores inmediatos de la escuela. En cada una de las palabras subraya la sílaba que lleva el acento tónico o "golpe".

1. ____________________
2. ____________________
3. ____________________
4. ____________________
5. ____________________
6. ____________________
7. ____________________
8. ____________________
9. ____________________
10. ____________________
11. ____________________
12. ____________________
13. ____________________
14. ____________________

Nombre ________________________________

Fecha ________________________________

¡Leamos!

Tesoros de la literatura contemporánea

J **Para anticipar.** Las bodas son una parte muy importante de todas las culturas. Piensa en las bodas que has asistido al contestar estas preguntas. Luego compara tus respuestas con las de dos compañeros de clase. Informen a la clase de la boda más interesante.

1. ¿Has asistido a la boda de un pariente? ¿De quién fue, un(a) tío(a), primo(a), hermano(a)?

____

____

____

2. ¿Qué sabes de los novios? ¿Dónde se conocieron? ¿Cómo se conocieron? ¿Cómo decidieron casarse?

____

____

____

3. ¿Qué opinan los padres de la novia del novio y qué opinan los padres del novio de la novia? ¿Aprueban la boda o se oponen? Explica.

____

____

____

4. ¿Qué papel deben hacer los padres en la selección del (de la) novio(a)? ¿Deben hacer un papel grande o pequeño? Explica.

____

____

____

Lectura chicana

Ahora vas a leer un fragmento del cuento "Me fui con Coché", del escritor nuevomexicano, Jim Sagel. Este cuento viene de una colección de cuentos de Jim Sagel llamada *Tú nomás Honey.*

Me fui con Coché

—Abuela —le dije, cuando nos habíamos sentado en la sala después de acabar el almuerzo—, ese retrato de casorio, con el hombre con los guantes blancos—¿no son usted y mi abuelo?

—Sí, mi lindo, esos somos nosotros, en el día de mi casorio. ¿Que te gustan los guantes, eh?

—Pues, sí. Oiga, abuela, ¿que no tenían que pedir la mano de la novia en esos días?

—Oh sí hijito. Era muy diferente entonces. Uno no se juntaba con su novio y ahí nos vamos. No —había muchas reglas, tú sabes. Cuando ya te ibas a casar, tenían que venir los padres de tu novio a la casa a pedirte de tus papaces°. Hasta mandaban una carta primero en veces, muy formal todo. Yo todavía tengo la carta pidiéndome que mandaron.

—Pero era muy diferente entonces, hijo. Los padres decidían todo. Los pobres novios no tenían ningún derecho de nada. Cuando tus papaces decidieron que te ibas a casar, pues ahí te casates. No podías empezar con "pero es muy viejo", o "él es muy fiero°" —¡Oh no! Y nos casaban muy temprano también. Yo no, porque todavía tenía la familia en la casa para cuidar. Pero yo me acuerdo de mana° Amalia. Ella fue una niña cuando la casaron. Yo creo que no tenía más que doce años. Y me acuerdo que allí estábamos afuera jugando juntas con las muñecas cuando su mamá le gritaba: "¡Ya mero llega tu esposo, Lala!" Y ella tenía que dejar la muñeca y entrar a la casa a hacer de cenar para su hombre.

—Luego había mana Susana. Ella ni conoció a su novio antes de casarse con él.

—¿No?

—Oh no, 'jito°. Muchas veces las muchachas no conocían al novio hasta el día del casorio... Pues, en el día del prendorio, aquí viene el novio y resulta que es muy feo....

—¿Qué era ese pren...? ¿Cómo?

—Prendorio, hijo. Eso era como una fiesta que la gente de la novia tenía que hacer en su casa para la familia del novio. Era cuando el novio entregaba las donas° a la novia. Y el novio y toda su familia llegaba en tu casa con la petaquilla°—esa petaquilla que tengo ahora es todavía la misma que me dieron entonces, sabes. Y la madrina le daba la llave de la petaquilla a la novia y luego la novia le daba la llave pa'trás° a ella. Entonces la madrina abría la petaquilla y sacaba las cosas una por una para que las miraran todos.

papaces: padres
fiero: feroz, cruel
mana: hermana
'jito: hijo, hijito

Nombre ______________________________

Fecha ______________________________

—¿Agarró° muchas cosas usted? — °Recibió

—Oh sí. Me dieron dos... tres túnicos, y tijeras, alfileras —oh muchas cosas. Y luego las familias formaban dos líneas en los lados del cuarto y el novio tenía que pasar por la línea de la familia de su novia, y la novia por la del novio, conociendo a su nueva familia, abrazando a cada uno hasta que llegaban a la orilla. Yo me acuerdo que decían: "Éste es tu tío", "Ésta es tu cuñada" y por ahí.

—¡Qué costumbre tan bonita! Así uno sí conociera a todos los parientes.

—Sí, nomás° que muchas veces, como el lugar era tan chiquito, ya casi todos se conocían. Pero lo hacía uno siempre. — °nada más

—¡Qué lindo fuera hacer los casorios hoy en día como los que hacían ustedes entonces!

—Sí 'jito, nomás que yo digo que es mucho mejor que ahora una muchacha está libre de escoger el novio que quiere.

Verifiquemos e interpretemos

K **A ver si comprendiste.** En el siguiente ramo de novia escribe todas las tradiciones y costumbres de boda que la abuela del cuento menciona. En cada flor del ramo escribe una regla / tradición / costumbre que ella describe.

L **¡A interpretar!** Lee las siguientes citas del cuento de Jim Sagel y escribe lo que crees que estará pensando el personaje indicado para cada una de ellas.

Cita	Personaje	Lo que piensa
Todavía tengo la carta pidiéndome.	la abuela	
¡Ya mero llega tu esposo, Lala!	Amalia	
No conoció a su novio antes de casarse con él.	Susana	
¡Qué lindo fuera hacer los casorios hoy en día como los que hacían ustedes entonces!	el nieto	

M **Las costumbres que quiero conservar.** Seguramente hay ciertas costumbres y tradiciones en tu familia que quieres conservar. Escribe un párrafo describiendo esas costumbres y tradiciones y explica por qué son importantes para ti.

Nombre ______________________________

Fecha ______________________________

¡Escuchemos!

A **¡El mundo al punto!** Escucha a los locutores de este programa de la radio hispana titulado "¡El mundo al punto!", quienes hablarán sobre los huracanes. Luego, selecciona la opción correcta para completar las oraciones que aparecen a continuación. Escucha una vez más para verificar tus respuestas.

1. Los huracanes se forman debido al aire caluroso proveniente...

a. de África.

b. del Golfo de México.

c. de Europa.

2. La palabra "huracán" proviene...

a. de los mayas, indígenas que controlaban el sur de México y el norte de Centroamérica.

b. de los indígenas que habitaban las islas del mar Caribe.

c. del árabe.

3. La temporada de huracanes es entre...

a. junio y julio.

b. julio y agosto.

c. agosto y septiembre.

4. El huracán que en 1989 pasó por Puerto Rico con vientos de 125 millas por hora es...

   a. el huracán Andrés.

   b. el huracán Hugo.

   c. el huracán Luis.

5. El huracán que en 1992 azotó el sur de Florida y se considera la tragedia natural más costosa de Estados Unidos es...

   a. el huracán Andrés.

   b. el huracán Hugo.

   c. el huracán Luis.

6. Más de _____ personas murieron como resultado del huracán de 1992 en el sur de Florida.

   a. 4.000 b. 400 c. 40

Acentuación y ortografía

Regla de acentuación N° 3

En la lección anterior aprendiste las primeras dos reglas de acentuación. La tercera regla es muy sencilla.

Regla N°3. Todas las palabras que no siguen las primeras dos reglas llevan **acento ortográfico** o **escrito**. El acento ortográfico se escribe sobre la vocal de la sílaba que se pronuncia con más fuerza o énfasis.

Ahora escucha al narrador pronunciar las siguientes palabras que requieren acento escrito. Nota que las palabras están divididas en sílabas, que la sílaba que lleva el golpe está subrayada y que la sílaba que lleva el acento escrito nunca es la sílaba subrayada.

<u>in</u>-**glés**	**Mé**-<u>xi</u>-co	sim-**pá**-<u>ti</u>-co
fút-<u>bol</u>	**mú**-<u>si</u>-ca	pro-**pó**-<u>si</u>-to

B **Acentuación.** Ahora la narradora va a pronunciar las siguientes palabras que ya están divididas en sílabas. Subraya la sílaba que lleva el golpe según las dos reglas de acentuación y pon acento escrito en la vocal de la sílaba enfatizada.

1. A/fri/ca
2. sa/lu/da/lo
3. tro/pi/co
4. che/ve/re
5. car/bon
6. po/li/ti/ca
7. jo/ve/nes
8. ti/tu/lo
9. e/co/no/mi/co
10. a/zu/car

Nombre ______________________________

Fecha ______________________________

C **Dictado.** Escucha el siguiente dictado e intenta escribir lo más que puedas. El dictado se repetirá una vez más para que revises tu párrafo.

La economía venezolana

¡Practiquemos!

2.1 La diferencia entre el *presente de indicativo* y el *presente de subjuntivo*

D **El país de mis padres y Venezuela.** En el siguiente párrafo, hemos puesto algunos verbos en negrilla. Subraya los verbos que están en indicativo (hay ocho), y pon un círculo alrededor de los que están en subjuntivo (hay cuatro).

El país de mis padres **tiene** lugares muy interesantes, igual que Venezuela. Me **parece** que **tiene** unas cataratas muy grandes, como las del Niágara. Pero no **creo** que **tenga** unas gigantescas, así como las del Salto Ángel. **Dudo** mucho que **haya** una población de alemanes tan grande como la de Venezuela, pero sí **hay** una población de origen indígena. La economía del país **está** basada en el café. No creo que **valga** tanto el café como el petróleo. En ese país **hace** un tiempo muy rico casi todo el año. Pero dudo mucho que **haga** buen tiempo siempre, como en el país de la eterna primavera.

E **Tienes ganas de discutir.** Un venezolano amigo tuyo te dice muchas cosas de su país, basadas en la lectura "Venezuela, ¡un país para querer!" Pero tú te sientes con ganas de discutir, así que lo contradices en todo. Escribe lo que dices tú, usando oraciones completas. Acuérdate de cambiar el verbo en negrilla de indicativo a subjuntivo.

MODELO: Venezuela se **encuentra** frente al mar Caribe. (no creo que)

TÚ ESCRIBES: **No creo que Venezuela se encuentre frente al mar Caribe.**

1. Venezuela **tiene** ciudades muy bellas. (no creo)

____

____

2. La economía **está** basada en el petróleo. (me extraña mucho que)

____

____

Nombre ______________________________

Fecha ______________________________

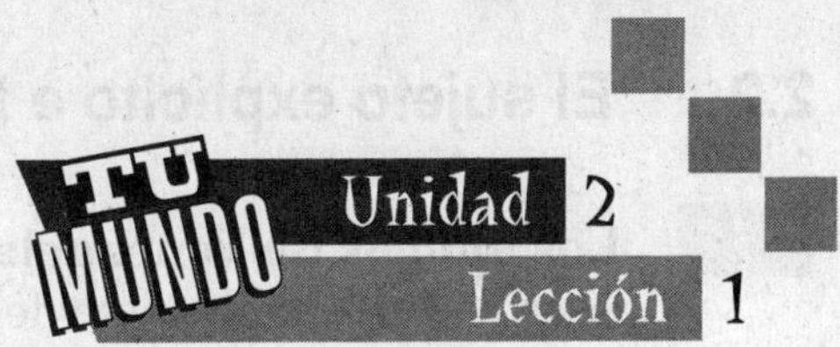

3. El territorio de Venezuela **es** vecino del de Colombia, Brasil y Guyana. (no creo que)

____

____

4. Venezuela **tiene** una numerosa población europea de origen alemán. (dudo mucho que)

____

____

5. Venezuela **es** más grande que Texas. (me extraña mucho)

____

____

6. Las minas de la Gran Sabana se **encuentran** cerca de Icabarú. (no es posible)

____

____

7. El Salto Ángel **es** quince veces más alto que las Cataratas del Niágara. (me cuesta trabajo creer que)

____

____

8. Los llanos de la parte central **sufren** inundaciones seis meses al año. (dudo mucho que)

____

____

9. Los indígenas **viven** en casas puestas sobre pilotes. (es imposible que)

____

____

10. Cuanda **baja** el precio del petróleo **hay** problemas económicos. (no creo)

____

____

2.2 El sujeto explícito e implícito

F **Los amigos de Venezuela.** Al principio de cada una de estas oraciones, escribe **Imp.** si el sujeto del verbo que hemos puesto en negrilla está implícito y **Exp.** si está explícito. Si está explícito subráyalo.

1. ____________ Las arepas **saben** mejor cuando están calientes.
2. ____________ **Vamos** al Parque Central ahora mismo.
3. ____________ ¿Tu hermano ya **está** en la universidad?
4. ____________ **Creo** que vamos a estar juntos este año.
5. ____________ **Son** muy difíciles las clases.
6. ____________ Pero los profesores **conocen** muy bien sus temas.
7. ____________ ¿Me pueden explicar cómo **llego** al metro?
8. ____________ Nosotros **conocemos** el metro muy bien.
9. ____________ Chela **tiene** un hermano en la universidad.
10. ____________ Ayer **comieron** muchísimas arepas.

2.3 El acento tónico (que se oye) y el acento escrito (que se ve)

G **Acentos en la Ocho y la Doce.** Las siguientes palabras se han sacado del cuento de Roberto G. Fernández, "Milagro en la Ocho y la Doce". Te las ponemos en mayúsculas y sin acentos para que tú las copies, poniendo el acento escrito donde corresponde.

MODELOS: MILAGRO; ALLI

TÚ ESCRIBES: **milagro;** **allí**

1. CALLE ____________________
2. OCHO ____________________
3. DOCE ____________________
4. PEQUEÑA ____________________
5. HABANA ____________________
6. GALLOS ____________________

7. AQUI ______________
8. ATAREADA ______________
9. CARRITO ______________
10. INGLES ______________
11. CASADO ______________
12. TRAJIMOS ______________
13. VERDAD ______________
14. CAMINAR ______________
15. MAMA ______________

¡Escribamos!

H **Correspondencia práctica: Cartas informales.** Las cartas informales en español, como cualquier comunicación por escrito, tienden a ser más formales que las cartas informales escritas en inglés. Hay que seguir un formato específico y siempre se debe abrir y cerrar la carta con ciertas fórmulas de cortesía. A continuación aparece una carta modelo con el formato apropiado indicado.

Formato

- **Tu nombre y tu dirección** se escriben al lado inverso del sobre después de la palabra **Remite** según el siguiente modelo:

Rte.: Lorenzo Baca
1127 Fulton St.
San Diego, CA 94118

CARTA MODELO:

Nombre de tu ciudad y fecha → *San Diego, CA*
4 de marzo de 2002

Queridos abuelos: ← **A quien escribes**

¿Cómo están? Yo estoy muy bien pero un poco cansado con todo el trabajo en la escuela.

Las clases empezaron el lunes y ya tengo tarea que hacer en tres de mis seis clases. Mis profesores son muy exigentes, por lo tanto me imagino que voy a estar muy ocupado este año.

¿Cuándo vienen Uds. a visitar? Si vienen en un fin de semana podemos ir a las montañas. Sinceramente, yo necesito unas vacaciones ya, sólo tres días después de empezar las clases. Mamá y papá dicen que si vienen, todos podemos ir a pasar una noche en Big Bear. Es nuestro lugar favorito.

Carolina y yo estamos tomando clases de guitarra. A mí me encantan pero a Carolina no. Dice que quiere volver a sus clases de piano. Papá insiste en que tiene que continuar con la guitarra. No sé. Lo más probable es que ella vuelva al piano dentro de poco.

Bueno, mamá dice que es hora de cenar. Saludos de mamá, papá y Carolina y un fuerte abrazo de

Para cerrar → *Su nieto,*

Firma → *Alex*

Nombre ______________________________

Fecha ______________________________

I **Un fin de semana típico.** Escríbele una carta a un(a) amigo(a) y describe tus clases este año. Menciona a tus profesores favoritos y a tus mejores amigos. No dejes de usar el formulario indicado de una carta informal y de seguir el proceso de redacción recomendado en tu libro de texto.

¡Leamos!

Tesoros de la literatura contemporánea

J **Para anticipar.** Cuando viajamos, ya sea por auto, por bus o por tren, inevitablemente nos fijamos en el paisaje que cruzamos y en el efecto de la temporada. Al contestar estas preguntas piensa en tu medio de transporte favorito y en la temporada en que prefieres viajar.

1. ¿En qué medio de transporte te gusta más viajar? ¿en automóvil? ¿en avión? ¿en barco? ¿en tren? ¿Qué ventajas y desventajas tiene cada uno de estos medios de transporte?

____

____

____

____

____

2. ¿Qué les sucede a la mayoría de los árboles en la región de Nueva Inglaterra de Estados Unidos durante el otoño? ¿A qué se debe esto?

____

____

____

____

____

3. ¿Cuál es tu estación favorita: el otoño, el invierno, la primavera o el verano? ¿Por qué? Da por lo menos tres razones por tu preferencia.

____

____

____

____

____

Nombre ______________________________

Fecha ______________________________

Lectura cubanoamericana

El siguiente poema de Emilio Bejel tiene que ver con la experiencia del poeta como un exiliado que vive fuera de su país natal, Cuba. Aunque nació en Cuba en 1944, ha vivido en Estados Unidos desde 1962. Además de escribir poesía, Emilio Bejel ha ejercido como profesor de literatura latinoamericana en varias universidades norteamericanas. "Tren de New Haven" es un poema inspirado en las memorias que tuvo este poeta en un viaje por tren de Nueva York a New Haven en el otoño.

Tren de New Haven

Ya comenzaba otra vez el otoño en la Nueva Inglaterra
y las hojas iban tomando esos tonos amarillorrojizos
que presagian el desmayo de los árboles
ante los embates de los vientos del norte.
Yo iba en el acostumbrado tren de Nueva York a New Haven
y desde la ventanilla se podían predecir las próximas nieves.
Sentía el olor de mi colonia
confundido con los extraños olores de los demás pasajeros.
Y pensaba en la Cuba de los años cincuenta
y en aquellos niños pobres que pedían limosna
en las calles de Manzanillo
y pensaba en mamá
que me vestía todos los días tan limpio y oloroso
pero me decía que los niños debíamos ser todos iguales
que no era justo que otros niños no tuvieran ni qué comer
mientras yo estaba tan oloroso y limpio
y me decía que no importaba que los niños fueran
        blancos o negros.
El tren local de Nueva York a New Haven
lleva siempre gente con toda clase de olores
y yo miraba por la ventanilla el comienzo del otoño en la
        Nueva Inglaterra.

Verifiquemos e interpretemos

K **A ver si comprendiste.** Contesta las siguientes preguntas sobre algunas de las palabras o frases que se encuentran en este poema.

1. ¿Qué significa el verbo "presagiar"? Es sinónimo de dos de las siguientes palabras. ¿Puedes decir cuáles dos?

   predecir atacar anunciar destruir

2. ¿A qué se refiere "el desmayo" de los árboles? ¿Qué les pasa a muchos árboles en el otoño, en particular en Nueva Inglaterra?

3. Selecciona un sinónimo del sustantivo "embates" de las siguientes palabras:

   silbidos golpes fríos ruidos

4. ¿Qué significa "colonia" en el poema? Da otra palabra que signifique lo mismo.

5. ¿Cómo se les llama a las personas que piden limosna en las calles?

Nombre ______________________________

Fecha ______________________________

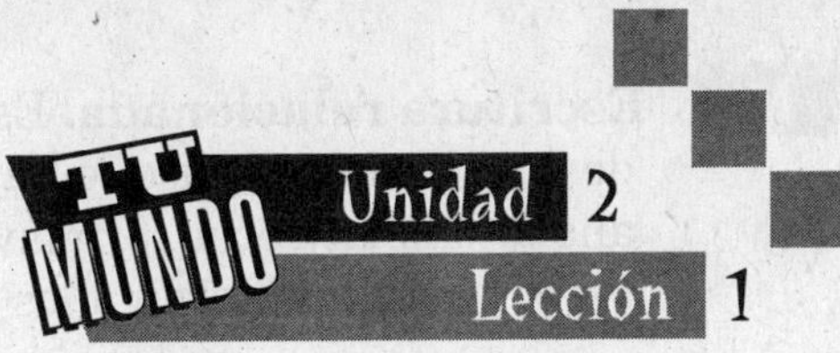

L **¡A interpretar!** En el poema existen dos realidades. Por un lado está el viaje en tren que hace el poeta y por otro, lo que piensa él mismo. Contesta en tus propias palabras las siguientes preguntas.

1. ¿Adónde viaja el poeta?

____

____

____

2. ¿Qué les pasa a los árboles?

____

____

____

3. ¿En qué piensa el poeta?

____

____

____

4. ¿Qué opinaba su mamá?

____

____

____

5. ¿En dónde se encuentra el poeta al final del poema?

____

____

____

6. ¿Qué es lo que hace el poeta?

____

____

____

M **Escritura relacionada.** Escribe un breve poema de dos estrofas sobre uno de los últimos viajes que hayas hecho. Describe brevemente la estación del año (otoño, invierno, primavera o verano) en que este viaje ocurrió usando verbos que se refieran a los cinco sentidos (ver, oler, oír, tocar y saborear).

Título: ____

Nombre ____________________

Fecha ____________________

¡Escuchemos!

A **¡El mundo al punto!** Escucha a los locutores de este programa de la radio hispana titulado "¡El mundo al punto!", quienes hablarán sobre el éxito de dos cantantes latinos en Estados Unidos. Luego, selecciona la opción correcta para completar las oraciones que aparecen a continuación. Escucha una vez más para verificar tus respuestas.

1. Gloria Estefan y Jon Secada son dos cantantes de origen...

a. puertorriqueño. **b.** cubano. **c.** estadounidense.

2. El mambo es un ritmo musical ___ que fue muy popular entre los jóvenes estadounidenses en los años 40.

a. cubano **b.** mexicano **c.** puertorriqueño

3. La cantante cubana Celia Cruz es considerada como la...

a. "Reina del mambo".

b. "Reina de la música cubana".

c. "Reina de la salsa".

4. Como se criaron en Estados Unidos, Gloria Estefan y Jon Secada cantan...

a. únicamente en inglés.

b. en español e inglés.

c. únicamente en español.

5. El álbum *Mi tierra,* de Gloria Estefan, es un homenaje musical...

   a. al país donde nació.

   b. a Estados Unidos.

   c. a la ciudad de Miami.

6. Gloria Estefan y Jon Secada reflejan el medio bilingüe y bicultural que se ha creado en...

   a. el suroeste de Estados Unidos.

   b. Hollywood.

   c. el sur de Florida.

Acentuación y ortografía

Diptongos

Las vocales en español, como en inglés, son **a, e, i, o, u.** En español hay tres vocales fuertes (**a, e, o**) y dos vocales débiles (**i, u**).

La combinación de una vocal débil (**i, u**) con cualquier vocal fuerte (**a, e, o**) o de dos vocales débiles forma una sola sílaba y se llama un **diptongo.** Escucha a la narradora pronunciar las siguientes palabras con diptongos. Fíjate cómo los diptongos siempre forman una sola sílaba.

bue-nos	va-ca-**cio**-nes	de-ma-**sia**-da
a-**gua**	**sie**-te	**cui**-da-do

B **Práctica con los diptongos.** Al escuchar a la narradora leer las siguientes palabras, sepáralas en sílabas con una línea oblicua (/) y subraya la sílaba que lleva el golpe. Ten cuidado de no separar los diptongos en dos sílabas.

1. n u e s t r o	**6.** c u a t r o
2. e s p e c i a l	**7.** r e s t a u r a n t e
3. r e f l e x i o n a r	**8.** i t a l i a n o
4. d i a r i a	**9.** r e a l i d a d
5. q u i e r o	**10.** t i e m p o

Nombre ______________________________

Fecha ______________________________

C **Dictado.** Escucha el siguiente dictado e intenta escribir lo más que puedas. El dictado se repetirá una vez más para que revises tu párrafo.

La llamada

¡Practiquemos!

2.4 Concordancia de sujeto y verbo

D **Concordancia en el Amazonas.** En cada una de las siguientes oraciones, basadas en el informe de Chela sobre la selva del Amazonas, hemos puesto un verbo en negrilla. Subraya el sujeto y al frente de cada oración pon la persona con que concuerda el verbo (**1ª S, 2ª P,** etc.). Si el sujeto está implícito no subrayes nada y pon **Imp.** al frente de la oración. Pero no te olvides de poner la persona del verbo aunque el sujeto esté implícito.

MODELOS: Muchos agricultores **cortan** y **queman** los árboles.
3ª P <u>Muchos agricultores</u>
Hice un viaje con mi familia por el río Amazonas.
Imp. 1ª S

1. ____________________ Mi padre **es** científico ambiental.
2. ____________________ Mi padre **tuvo** que hacer ciertas investigaciones.
3. ____________________ La selva **produce** oxígeno.
4. ____________________ Nosotros **desembarcamos** en uno de los tributarios más importantes.
5. ____________________ El río Negro **desemboca** en la ciudad de Manaus.
6. ____________________ **Vimos** a personas de varios grupos étnicos.
7. ____________________ La riqueza del país **atrae** a personas de negocio.
8. ____________________ Los científicos se **preocupan** por el efecto de la explotación de la selva.
9. ____________________ Muchas especies de plantas **viven** en el Amazonas.
10. ____________________ Las prácticas de algunos agricultores **destruyen** el equilibrio y **amenazan** a algunas poblaciones indígenas.

Nombre ______________________

Fecha ______________________

E **La selva y los sujetos.** Aquí te ponemos las mismas oraciones del informe de Chela. Copia las oraciones cambiando el sujeto según te indicamos y cambiando también la terminación del verbo para que concuerde con el sujeto. Al principio de cada oración, indica la nueva persona del verbo.

MODELO: **Hice** un viaje con mi familia por el río Amazonas. (nosotros)

TÚ ESCRIBES: **1ª P Nosotros hicimos un viaje con mi familia por el río Amazonas.**

1. Mi padre **es** científico ambiental. (mis tíos)

____

____

2. Mi padre **tuvo** que hacer ciertas investigaciones. (yo)

____

____

3. La selva **produce** oxígeno. (los bosques)

____

____

4. Nosotros **desembarcamos** en uno de los tributarios más importantes. (tú)

____

____

5. El río Negro **desemboca** en la ciudad de Manaus. (varios ríos pequeños)

____

____

6. **Vimos** a personas de varios grupos étnicos. (mis amigos)

____

____

7. La riqueza del país **atrae** a personas de negocio. (los productos del país)

____

____

8. Los científicos **se preocupan** por el efecto de la explotación de la selva. (yo)

____

____

9. Muchas especies de plantas **viven** en el Amazonas. (Pedro y yo)

____

____

10. Muchos agricultores **cortan** y **queman** los árboles. (el gobierno)

____

____

2.5 Parece que *usted* es tercera persona: ¿Será verdad?

F

Con dos amigos por la calle Ocho. Vas por la calle Ocho de Miami con dos amigos. Uno es un joven compañero llamado William, que vino de Nueva York, y el otro es un señor de sesenta años que acaba de llegar de Cuba, y se llama Norberto. A William le hablas de tú y a Norberto le hablas de usted, pero usando siempre el mismo verbo que usas con William. ¿Qué dices? Completa los espacios en blanco con la forma apropiada del verbo.

MODELO: Quiero que veas esto, William, ven por aquí. Y usted también, Norberto, __________ por aquí.

TÚ ESCRIBES: **venga**

1. Tú tienes una camisa muy chévere, William. Y usted, Norberto,

__________ una guayabera que le queda muy bien.

2. Oye, William, ¿sabes dónde está el Versalles? ¿Y usted ______________, Norberto? Es un lugar muy famoso en Miami, pero no lo encuentro.

3. Me dijeron que fuiste anoche a ver jugar a los Miami Heat, William, y me enteré de que usted también ______________, Norberto.

4. Escucha, William, y ______________ usted también, Norberto, oigan esa canción cubana que están poniendo en ese restaurante.

5. William, yo sé que quieres seguir viendo cosas, pero no sé si usted ______________ seguir, Norberto.

2.6 Acentuación: Tres reglas que no olvidarás

G **Los acentos escritos en El Paso del Norte.** Con dos compañeros, regresen a la lectura de la unidad anterior, "El Paso del Norte". Busquen y copien veinte palabras de dos o más sílabas (las palabras de una sílaba no cuentan). Decidan por qué cada una de las palabras que copiaron tiene o no tiene acento escrito y pónganlas en una de las cuatro columnas de la página 60.

______________	______________
______________	______________
______________	______________
______________	______________
______________	______________
______________	______________
______________	______________
______________	______________
______________	______________
______________	______________

Regla Nº 1		Regla Nº 2	
(el "golpe" en la penúltima sílaba)	(excepciones: requieren acento escrito)	(el "golpe" en la última sílaba)	(excepciones: requieren acento escrito)

H **Ayuda a Chela a poner acentos escritos.** Las siguientes palabras las sacamos del informe de Chela. Te las hemos puesto todas en mayúsculas para que decidas cuáles llevan acento. Copia cada una de las palabras poniendo acento escrito en las que corresponda. Subraya la sílaba que lleva el golpe en las palabras que no requieren acento escrito.

MODELOS: DURANTE, DIFICIL

TÚ ESCRIBES: **durante** **difícil**

1. VACACIONES ______________
2. VIAJE ______________
3. AMAZONAS ______________
4. INVESTIGACION ______________
5. OXIGENO ______________
6. SALUD ______________
7. DESEMBOCA ______________
8. CIUDAD ______________
9. REGION ______________
10. INDIGENAS ______________
11. ARBOL ______________
12. METAL ______________
13. PIRAÑA ______________
14. NEGOCIO ______________
15. SELVA ______________

Nombre ______________________

Fecha ______________________

¡Escribamos!

Diario interactivo

1 **Tú y los hispanos.** En tu diario interactivo anota la fecha que corresponda y escribe por lo menos media página desarrollando el tema general "Tú y los hispanos". Las preguntas que aquí aparecen son sólo para ayudar a enfocar el tema. No escribas siguiendo el formato de preguntas y respuestas sino que intenta responder con párrafos articulados.

Tú y los hispanos

¿Cuáles son algunas de las impresiones generales que muchas personas no hispanas tienen de los hispanos de tu comunidad? ¿Son positivas o negativas estas impresiones? ¿Por qué es importante que haya una imagen positiva de los hispanos? ¿Cómo contribuyes tú a crear esta imagen?

¡Leamos!

Tesoros de la literatura contemporánea

J **Para anticipar.** Al inicio de todos los años son incontables las personas que se proponen hacer cambios para mejorar su vida: bajar de peso, dejar de fumar, ahorrar más dinero, etc. Muchas veces estas personas hacen una "declaración" ya sea oral o escrita a amigos o familiares para que éstos sean testigos de sus promesas. En inglés estas declaraciones o promesas de Año Nuevo son conocidas como *New Year's resolutions.* Contesta las siguientes preguntas relacionadas a este tema.

1. ¿Qué te prometiste lograr durante este año? ¿Has logrado lo que te propusiste?

   ____

   ____

   ____

2. ¿Cuál ha sido el obstáculo mayor? Explica brevemente.

   ____

   ____

   ____

3. ¿Crees que es buena idea tener testigos de tus promesas? ¿En qué te puede ayudar esto?

   ____

   ____

   ____

4. ¿Qué es lo que más necesitas cambiar para el próximo año?

   ____

   ____

   ____

5. ¿Cuáles serían algunas promesas que les sugerirías a tus familiares y a tus amigos para que se comprometieran a cumplir en el año venidero?

   ____

   ____

   ____

Nombre ______________________________

Fecha ______________________________

Lectura cubanoamericana

Lee este poema escrito por la autora cubanoamericana Uva A. Clavijo que nació en La Habana, Cuba, en 1944 pero ha vivido en Estados Unidos desde 1959. Actualmente esta escritora reside en Miami. Este poema es su declaración de amor por Cuba.

Declaración

Yo, Uva A. Clavijo
que salí de Cuba todavía una niña,
que llevo exactamente
la mitad de mi vida en el exilio,
que tengo un marido con negocio propio,
dos hijas nacidas en los Estados Unidos,
una casa en los "suburbios"
(hipotecada hasta el techo)
y no sé cuántas tarjetas de crédito.
Yo, que hablo inglés casi sin acento,
que amo a Walt Whitman
y hasta empiezo a soportar el invierno,
declaro, hoy último lunes de septiembre,
que en cuanto pueda lo dejo todo
y regreso a Cuba.
Declaro, además, que no iré
a vengarme de nadie,
ni a recuperar propiedad alguna,
ni, como muchos, por eso
de bañarme en Varadero°.

Volveré, sencillamente,
porque cuanto soy
a Cuba se lo debo.

30 de septiembre de 1974

° la playa más famosa y popular de Cuba

Verifiquemos e interpretemos

K **A ver si comprendiste.** Escoge las frases que mejor completen las siguientes oraciones.

1. Una persona que vive en **exilio...**
   - **a.** regresa a su país natal regularmente como turista.
   - **b.** usualmente se asimila completamente a la nueva cultura del país anfitrión y olvida su lengua materna.
   - **c.** fue obligada por razones políticas a vivir fuera de su país de origen y espera regresar a su patria.
2. Una casa **hipotecada** significa...
   - **a.** que está totalmente pagada.
   - **b.** que existe una deuda que se paga mensualmente.
   - **c.** que se alquila.
3. Otro sinónimo de **soportar** es...
   - **a.** mantener. **b.** tolerar. **c.** apoyar.
4. Otro sinónimo de **recuperar** es...
   - **a.** regresar. **b.** recobrar. **c.** olvidar.

L **¡A interpretar!** Para cada uno de estos encabezados, escribe usando tus propias palabras lo que la poetisa cubanoamericana explica haber hecho durante sus años de exilio en Estados Unidos.

marido: ____

____

hijas: ____

____

casa: ____

____

inglés: ____

____

invierno: ____

____

Nombre ______________________________

Fecha ______________________________

Enumera brevemente las tres causas que **no** motivan a la poetisa a regresar a Cuba:

1. ______________________________

____

____

2. ______________________________

____

____

3. ______________________________

____

____

M **Escritura relacionada.** Escribe un breve poema de tres estrofas que sea tu propia declaración o promesa para el próximo año. La primera estrofa puede comenzar con tu propio nombre, "Yo, fulano(a) de tal"; la segunda estrofa puede tener la fórmula, "Declaro, además..."; y la tercera estrofa puede empezar con un verbo en el futuro. Da además un título original a tu poema.

Título original: ______________________________

____

____

____

____

____

____

____

____

____

Nombre ______________________________

Fecha ______________________________

¡Escuchemos!

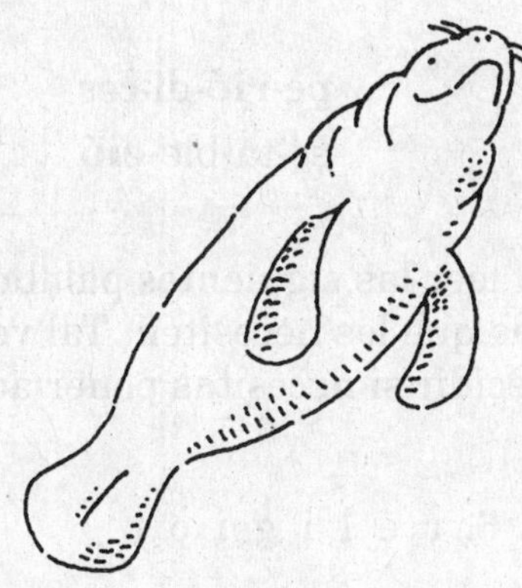

A **¡El mundo al punto!** Escucha a los locutores de este programa de la radio hispana, quienes hablarán sobre los manatíes en peligro de extinción. Marca si cada oración que sigue es **cierta (C), falsa (F)** o si no tiene relación con lo que escuchaste **(N/R).** Si la oración es falsa, corrígela. Escucha una vez más para verificar tus respuestas.

C F N/R **1.** Roberto Hérnandez se trasladó al sur de Florida para hacer este reportaje sobre los manatíes.

____

C F N/R **2.** Los manatíes son animales originalmente del mar Mediterráneo.

____

C F N/R **3.** Cristóbal Colón probablemente vio manatíes durante sus viajes al continente americano.

____

C F N/R **4.** Los manatíes son feroces como los tiburones.

____

C F N/R **5.** Los manatíes pueden permanecer sumergidos en el agua sin respirar durante media hora.

____

C F N/R **6.** Los humanos son el peligro principal de los manatíes.

____

Acentuación y ortografía

Para acentuar un diptongo

Un acento escrito sobre la vocal fuerte (**a, e, o**) de un diptongo o sobre una de dos vocales débiles juntas causa que **toda** la sílaba del diptongo se pronuncie con más énfasis.

Ahora, escucha a la narradora leer las siguientes palabras con diptongos acentuados y fíjate cómo todos llevan un acento escrito sobre la vocal fuerte (**a, e, o**) del diptongo.

ad-mi-ra-**ción**	**duér**-me-te	pe-**rió**-di-cos
na-**ción**	re-**gión**	es-ta-ble-**ció**

B **Acentuación.** Escucha a la narradora leer las siguientes palabras con diptongos y pon acentos en las palabras que los necesiten. Tal vez te ayude subrayar dónde va el golpe antes de decidir si necesitas poner acento escrito o no.

1. e x t i n c i o n
2. a m b i e n t e
3. e s p e c i e s
4. e x p l o t a c i o n
5. t i e r r a
6. r e l i g i o n
7. a g u a
8. p u e r t o
9. d e s t r u c c i o n
10. r i q u e z a

Para romper un diptongo

Para romper un diptongo hay que poner un acento escrito sobre la vocal débil (**i, u**) del diptongo. Esto separa el diptongo en dos sílabas y causa que la sílaba con el acento escrito se pronuncie con más énfasis. Escucha a la narradora leer las siguientes palabras con diptongos separados en dos sílabas y fíjate cómo todas llevan un acento escrito sobre la vocal débil (**i, u**) del diptongo.

sa-b**í-a**	m**a-í**z	mi-ne-r**í-a**
rí-o	e-co-no-**mí-a**	**pa-ís**

C **Más práctica con los diptongos.** Ahora escucha a la narradora leer las siguientes palabras, sepáralas en sílabas con una línea oblicua (/) y pon acento escrito a las palabras que lo necesiten. Presta atención especial a los diptongos que se conservan en una sílaba y a los que se rompen en dos sílabas.

1. m e d i o d i a
2. h a m b u r g u e s a
3. c o l e g i o
4. d e s p u e s
5. l u e g o
6. p r o p i o
7. t e l e v i s i o n
8. p a p e l e r i a
9. r e s p u e s t a
10. l a b i o

Nombre ______________________________

Fecha ______________________________

D **Dictado.** Escucha el siguiente dictado e intenta escribir lo más que puedas. El dictado se repetirá una vez más para que revises tu párrafo.

La maravilla de Miami

¡Practiquemos!

2.7 El *sujeto* y el *objeto* del verbo: El actor principal y el actor secundario

E **Sujetos y objetos del león y las pulgas.** En las siguientes oraciones, que están basadas en el relato "El león y las pulgas", que leímos en esta lección, hemos puesto el verbo en negrilla. Completa el primer espacio en blanco indicando qué palabra es el sujeto y a qué persona pertenece la terminación del verbo. Si el sujeto está implícito, escribe **Imp.** Completa el segundo espacio en blanco con el objeto. Si no hay objeto pon **no hay.** Acuérdate de no incluir las frases que dan información suplementaria en el sujeto ni en el objeto.

MODELO: Las personas inteligentes **protegen** las plantas y los animales.
Sujeto: **Las personas inteligentes, 3ª P**
Objeto: **las plantas y los animales**

1. Los animales **tienen** miedo de su monarca.

   Sujeto: ______________________________

   Objeto: ______________________________

2. Una pequeña colonia de pulgas se **estableció** en el pelaje del león.

   Sujeto: ______________________________

   Objeto: ______________________________

3. Las pulgas **chupaban** la noble sangre del majestuoso león.

   Sujeto: ______________________________

   Objeto: ______________________________

4. Día tras día, el león **sentía** las picadas de las pulgas.

   Sujeto: ______________________________

   Objeto: ______________________________

5. Desgraciadamente, el león a los pocos días **enfermó** muy gravemente.

   Sujeto: ______________________________

   Objeto: ______________________________

6. **Sacamos** una moraleja muy importante de este relato.

   Sujeto: ______________________________

   Objeto: ______________________________

Nombre ______________________________

Fecha ______________________________

7. Al cabo del tiempo, el león **murió**.

Sujeto: ______________________________

Objeto: ______________________________

8. El día de la muerte del león, las pulgas **prepararon** una gran fiesta.

Sujeto: ______________________________

Objeto: ______________________________

9. **Vencieron** al animal más poderoso de la selva.

Sujeto: ______________________________

Objeto: ______________________________

10. Las pulgas **perdieron** el espléndido banquete de todos los días.

Sujeto: ______________________________

Objeto: ______________________________

2.8 Usos del infinitivo de los verbos

F **Verbos en la selva.** En el siguiente párrafo, que hemos tomado de "La selva tropical y yo", que leíste en esta lección, hay once verbos conjugados. Subraya los verbos y cópialos en la primera columna y pon a qué persona pertenecen. En la segunda columna escribe el infinitivo del verbo y pon a cuál de las tres conjugaciones pertenece. El primer verbo aparece como modelo.

Si para el desayuno comes "granola", ésta consiste de coco y anacardo, que también vienen de la selva tropical, como la banana que pusiste encima. El café que tomas y el azúcar que le pones, también son productos de la selva tropical. El autobús que te lleva a la escuela, o tu propio coche, viaja en llantas de caucho, producto de otro árbol de la selva tropical, como también lo son las suelas de zapatos deportivos que probablemente llevas hoy mismo.

MODELO: **comes 2ª S** **comer 2ª**

1. ______________ ______________

2. ______________ ______________

3. ______________ ______________

4. ______________ ______________

5. ______________ ______________

6. ______________ ______________

7. ______________ ______________

8. ______________ ______________

9. ______________ ______________

10. ______________ ______________

2.9 Los acentos escritos más fáciles: Pónselos a las esdrújulas

G **¿Qué hacer con lo que Meche encuentra?** Fíjate lo que le vas a decir a Meche que haga con estas cosas que va encontrando, y fíjate que vas a usar palabras esdrújulas. Pon el acento en la sílaba que corresponde.

MODELO: Encontré una pluma.

Guárdala.

1. Encontré un libro.

   Daselo a Pablo.

2. Encontré una moneda.

   Llevala al banco.

3. Encontré una sortija.

   Muestrala en tu casa.

4. Encontré una hoja de papel.

   Echala a la basura.

5. Encontré un lápiz.

   Pontelo en el bolsillo.

Nombre ______________________

Fecha ______________________

H **Lista con esdrújulas.** Con dos compañeros más, hagan una lista de las diez palabras esdrújulas que más usan ustedes. Pongan el acento en la sílaba que corresponde.

1. ______________ **6.** ______________

2. ______________ **7.** ______________

3. ______________ **8.** ______________

4. ______________ **9.** ______________

5. ______________ **10.** ______________

I **Esdrújulas de la lectura.** Con dos compañeros más, encuentren cinco palabras esdrújulas que se hayan usado en estas dos primeras unidades. Escríbelas a continuación, cerciorándote de poner el acento en la sílaba que corresponde.

1. ______________

2. ______________

3. ______________

4. ______________

5. ______________

¡Leamos!

Tesoros de la literatura contemporánea

J **Para anticipar.** Es costumbre en muchas familias latinas de Estados Unidos regresar a sus regiones o países de origen para visitar a familiares muchas veces mayores de edad (abuelos, tíos, primos, etc.). ¿Cuál es la costumbre dentro de tu familia? Para saberlo, contesta estas preguntas.

1. ¿Dónde viven o vivían tus abuelos? Describe brevemente la región o el país.

____

____

____

____

2. ¿Has visitado alguna vez a tus abuelos o familiares que viven en otra región o país? ¿Cuál fue la última ocasión?

____

____

____

____

3. ¿Cuáles son algunas de las principales diferencias que notas entre la manera en que viven tus padres y la de tus abuelos o familiares?

____

____

____

____

4. ¿Cuáles son algunas de las diferencias que existen entre la perspectiva que tus padres tienen de la vida y la que tú tienes? Explica.

____

____

____

____

Nombre ______________________________

Fecha ______________________________

Lectura cubanoamericana

Lee el siguiente fragmento de la novela titulada *Soñar en cubano* escrita por la autora cubanoamericana Cristina García y que fue originalmente publicada en inglés en 1992 con el título *Dreaming in Cuban.* Esta novela trata de las experiencias de una joven pintora cubanoamericana llamada Pilar Puente que con su madre regresa a Cuba para visitar a su abuela Celia por primera vez. Pilar, como la propia autora de la novela, había salido de Cuba con su familia cuando sólo tenía dos años de edad.

Soñar en cubano
(fragmento)

Abuela me habla mientras pinto. Me cuenta que antes de la revolución Cuba era un lugar patético°, la parodia° de un país. Había un solo producto, el azúcar, y todas las ganancias iban a parar a manos de unos pocos cubanos y, por supuesto, en las de los americanos. Mucha gente trabajaba sólo durante el invierno, cortando la caña. El verano era tiempo muerto, y los campesinos rara vez podían escapar del hambre. Abuela me cuenta que ella se salvó porque sus padres la mandaron a vivir con su tía abuela a La Habana, que la crió con ideas progresistas. La libertad, me dice Abuela, no es otra cosa sino el derecho a vivir decentemente.

Mamá escucha discretamente° lo que decimos, y luego nos pone de vuelta y media con alguna de sus sesenta y pico diatribas° cuando no le gusta lo que escucha. Su favorita es lo de la apremiante° situación de los "plantados", los presos políticos que han estado encarcelados aquí durante casi veinte años: "¿Qué crímenes han cometido?", nos grita acercando su cara a las nuestras. O la cuestión de las expropiaciones: "¿Quién nos devolverá el dinero robado de nuestras casas, de los terrenos que nos han robado los comunistas?" Y la religión: "¡Los católicos son perseguidos, tratados como perros!" Pero Abuela no discute con Mamá. La deja que hable y hable. Cuando Mamá empieza a calentarse demasiado, Abuela se baja de su columpio y se marcha.

Llevamos cuatro días en Cuba y Mamá no ha hecho otra cosa que quejarse y sentarse a fumar cigarro tras cigarro cuando cierra la noche. Discute con los vecinos de Abuela, busca bronca° con los camareros, riñe con el hombre que vende barquillos de helado en la playa. Le pregunta a todo el mundo cuánto ganan y no importa lo que le contesten, siempre les dice: "¡Podrías ganar diez veces más en Miami!"

patético: conmovedor, triste; parodia: imitación burlesca

discretamente: juiciosamente, moderadamente; diatribas: críticas, sermones; apremiante: urgente

bronca: riña

Para ella, el dinero es el fondo de todas las cosas. Además intenta pillar° a los obreros robando para poder decir: "¡Mira! ¡Ésa es su lealtad con la revolución!"

aprehender

El Comité Pro Defensa de la Revolución ha comenzado a montarle broncas a Abuela por culpa de Mamá, pero Abuela les dice que tengan paciencia, que ella se quedará sólo una semana. Yo quiero quedarme más tiempo, pero Mamá se niega porque no quiere dejar en Cuba más divisas°, como si nuestras contribuciones fueran a enriquecer o a arruinar la economía. (Por cierto, a Mamá le dio un ataque de apoplejía cuando se enteró que tenía que pagar una habitación de hotel con sus tres comidas diarias correspondientes durante el tiempo que nos estuviéramos quedando en casa de familiares.) "¡Sus pesos no valen nada! —grita—. ¡Nos permiten que entremos al país porque necesitan de nosotros, y no lo contrario!"...

dinero

Pienso en lo distinta que habría sido mi vida si me hubiera quedado con mi abuela. Creo que soy probablemente la única ex*punky* de toda la isla, que nadie más lleva las orejas agujereadas en tres lugares distintos. Se me hace difícil pensar en mi existencia sin Lou Reed. Le pregunto a Abuela si en Cuba yo podría pintar lo que me diera la gana y me dice que sí, siempre y cuando no atente contra el Estado. Cuba aún está en vías° de desarrollo, me dice, y no puede permitirse el lujo de la disidencia. Y entonces cita algo que El Líder había dicho en los primeros años, antes de que comenzaran a arrestar a poetas: "A favor de la revolución, todo; en contra de la revolución, nada". Me pregunto lo que pensaría El Líder sobre mis pinturas. El arte, le diría yo, es la máxima revolución...

camino

He comenzado a soñar en español, cosa que no me había pasado nunca. Me despierto sintiéndome distinta, como si algo dentro de mí estuviese cambiando, algo químico e irreversible. Hay algo mágico aquí que va abriéndose camino por mis venas. Hay algo también en la vegetación a lo que ya respondo instintivamente: la hermosa buganvilla, los flamboyanes° y las jacarandás°, las orquídeas que crecen sobre los troncos de las misteriosas ceibas°. Y quiero a La Habana, su bullicio y su decadencia y su aquello de fulana. Podría sentarme feliz durante días y días en uno de aquellos balcones de hierro forjado, o quedarme en compañía de mi abuela en su porche, con su vista al mar de primera fila. Me da miedo perder todo esto, perder nuevamente a Abuela Celia. Pero tarde o temprano tendré que regresar a Nueva York. Ahora sé que es allí adonde pertenezco (y no *en vez* de a Cuba, sino *más* que a Cuba). ¿Cómo puedo decirle esto a mi abuela?

árboles de flores rojas

árboles de flores azules

árbol de flores rojas brillantes

Nombre ___________________________

Fecha ___________________________

Verifiquemos e interpretemos

K **A ver si comprendiste.** La abuela y la mamá de Pilar, llamadas Celia y Lourdes respectivamente, tienen posiciones políticas muy diferentes con respecto a Cuba. Abuela Celia nunca salió de Cuba mientras que Mamá Lourdes es una exiliada cubanoamericana que vive en Nueva York. Escribe si estas oraciones corresponden a lo que dicen o piensan la abuela **(A),** la madre **(M)** o Pilar **(P).**

1. Antes de la revolución había mucha hambre en Cuba. ______
2. Los comunistas nos han robado nuestras propiedades. ______
3. La libertad no es otra cosa sino el derecho de vivir decentemente. ______
4. Para ella, el dinero es el fondo de todas las cosas. ______
5. "A favor de la revolución, todo; en contra de la revolución, nada." ______
6. El arte es la máxima revolución. ______
7. He comenzado a soñar en español. ______

L **¡A interpretar!** Contesta las preguntas siguientes sobre el fragmento de *Soñar en cubano* que leíste.

Visión que tiene la abuela de Cuba antes de la revolución:

1. ¿Cuál era el único producto de Cuba?

____

____

2. ¿Quiénes eran los beneficiados?

____

____

3. ¿En qué época del año trabajaba la gente?

4. ¿Cómo vivían los campesinos?

Visión que tiene la mamá de Pilar del gobierno cubano:

5. ¿Quiénes son los "plantados"?

6. ¿Qué les pasa a los católicos en Cuba?

7. ¿Por qué dice la mamá a todo el mundo: "¡Podrías ganar diez veces más en Miami!"

Visión que Pilar comienza a tener al final de su visita:

8. ¿A qué tipo de vegetación comienza a responder Pilar?

9. ¿En qué lugar le gustaría sentarse durante días en La Habana?

10. ¿A dónde sabe que pertenece Pilar al final?

M **Escritura relacionada.** Escribe lo que podría ser una página de tu diario sobre una visita que hiciste a una abuela tuya. Si nunca lo has hecho imagínate lo que sucedería. Intenta describir a tu abuela y también la localidad donde vive. Igualmente escribe sobre lo que tu abuela te diría.

Nombre ______________________________

Fecha ______________________________

¡Escuchemos!

A **¡El mundo al punto!** Escucha a los locutores de este programa de la radio hispana titulado "¡El mundo al punto!", quienes hablarán sobre la televisión en español de Estados Unidos haciendo referencia a la pareja de periodistas del noticiero de mayor popularidad de la televisión hispana: Jorge Ramos y María Elena Salinas. Luego, selecciona la opción correcta para completar las oraciones que aparecen a continuación. Escucha una vez más para verificar tus respuestas.

1. La mayoría de las grandes ciudades de Estados Unidos...

a. no ofrecen televisión en español.

b. ofrecen varios canales de televisión en español.

c. ofrecen por lo menos un canal de televisión en español.

2. Las dos cadenas nacionales de televisión hispana son...

a. Televisa y Univisión.

b. Univisión y Telemundo.

c. Televisa y Telemundo.

3. Jorge Ramos y María Elena Salinas han presentado juntos las noticias de Univisión...

a. desde 1990.

b. desde 1987.

c. desde el año 2000.

4. María Elena Salinas...

   a. nació en Cuba pero ha vivido en Miami desde hace veinte años.

   b. es originaria de Los Ángeles, hija de mexicanos.

   c. nació en México pero ha vivido en Los Ángeles los últimos diez años.

5. El equipo profesional que produce las noticias que presentan Jorge Ramos y María Elena Salinas todos los días en sus noticieros de media hora son el producto del trabajo y el talento de...

   a. una persona, en particular.

   b. ellos mismos.

   c. un gran número de personas.

6. Muchos hispanos prefieren el Noticiero Univisión a los noticieros en inglés de las grandes cadenas norteamericanas porque...

   a. las noticias tienen una perspectiva hispana.

   b. las noticias tienen un énfasis sobre lo que sucede en Miami y Los Ángeles.

   c. dan los resultados de los juegos de fútbol de Sudamérica.

Acentuación y ortografía

Dos vocales fuertes

Como ya sabes, la combinación de una vocal fuerte y una débil o de dos vocales débiles es un diptongo y se pronuncia como una sola sílaba. La combinación de dos vocales fuertes (**a, e, o**) nunca forma un diptongo al estar juntas en una palabra. Dos vocales fuertes siempre se separan y forman dos sílabas.

Ahora escucha a la narradora pronunciar las siguientes palabras con dos vocales fuertes juntas fijándote en cómo siempre forman dos sílabas distintas.

l**e**-**e**r	em-pl**e**-**a**-do	cr**e**-**e**s
ta-r**e**-**a**	i-d**e**-**a**s	nor-t**e**-**a**-me-ri-ca-no

B **Silabeo con vocales fuertes.** Ahora el narrador va a pronunciar las siguientes palabras. Divídelas en sílabas con líneas oblicuas prestando atención especial a los diptongos y a la separación en dos sílabas de palabras con dos vocales fuertes juntas.

1. o e s t e	**6.** c o r e a n o
2. c e r e a l	**7.** b o a
3. c u a t r o	**8.** p a s e a r
4. c a c a o	**9.** d e s i e r t o
5. e u r o p e a	**10.** r e a l i s t a

Nombre ______________________________

Fecha ______________________________

C **Dictado.** Escucha el siguiente dictado e intenta escribir lo más que puedas. El dictado se repetirá una vez más para que revises tu párrafo.

Gabriela Mistral

¡Practiquemos!

3.1 Formas de verbos regulares e irregulares

D **Verbos para hablar de Mistral.** En cada una de las siguientes oraciones, adaptadas todas de la lectura de esta lección sobre Gabriela Mistral, hemos puesto un verbo en negrilla. En el primer renglón debajo de cada oración pon el infinitivo del verbo y la conjugación a la que pertenece. En el segundo renglón, di si el verbo es regular o irregular y conjúgalo en el presente de indicativo.

MODELO: **Enseñó** en escuelas primarias y secundarias.
Enseñar, 1ª
Regular: enseño, enseñas, enseña, enseñamos, enseñan

1. **Nació** en 1889 en el Valle de Elqui, provincia de Coquimbo, en Chile.

____

____

____

2. Su verdadero amor era la enseñanza y se **dedicó** a educar a la juventud.

____

____

____

3. **Sirvió** como directora de escuela.

____

____

____

4. A los treinta y un años, ya **tenía** fama internacional.

____

____

____

5. En 1922, José Vasconcelos la **invitó** a México.

____

____

____

Nombre ______________________________

Fecha ______________________________

6. Pudo sobrevivir al dolor y la soledad que **sentía** gracias a su poesía.

____

____

____

7. Gabriela Mistral **recibió** el Premio Nóbel de Literatura en 1945.

____

____

____

3.2 El pretérito y el imperfecto de indicativo

E **Los cambios en Mateo.** Todo el mundo dice que Mateo ha cambiado mucho. Las cosas que antes hacía ya no las hace. Tú también has notado algunos cambios. En la segunda parte de la oración, completa el espacio en blanco usando el mismo verbo que en la primera, pero cambiándolo del pretérito al imperfecto, o del imperfecto al pretérito. ¿Qué dices?

MODELOS: Mateo antes **jugaba** al fútbol, pero ayer no ______________.

Mateo antes jugaba al fútbol, pero ayer no jugó.

Mateo le **pagó** el cine a las muchachas, pero antes no ______________.

Mateo le pagó el cine a las muchachas, pero antes no pagaba.

1. Mateo **compró** mucha ropa, pero antes no ______________ ropa.

2. Mateo **estudiaba** cuando era joven, pero este año no ______________.

3. Mateo **salía** a ver a sus amigos, pero este fin de semana no ______________.

4. Mateo **tenía** que trabajar con su padre, pero ayer no ______________ que trabajar.

5. Mateo **arregló** el coche cuando se le rompió, pero antes no lo ______________.

3.3 Los diptongos: ¿Ves lo que tiene Mariana que no tiene María?

F

Vocales adyacentes. En estas oraciones, sacadas de la lectura sobre Gabriela Mistral, hemos puesto en mayúsculas algunas palabras que tienen vocales adyacentes. En los espacios que aparecen al final de cada oración separa las palabras en sílabas, escríbelas correctamente e indica si las vocales adyacentes forman un diptongo **(D)** o dos sílabas **(2S).**

MODELO: Yo quiero que tú me lleves al tambor de la ALEGRIA
a - le - grí - a alegría 2S

1. Mistral nació en la PROVINCIA de Coquimbo. ____________ ____________
2. Fue MAESTRA rural. ____________ ____________
3. Enseñó en escuelas PRIMARIAS y secundarias. ____________ ____________
4. A los treinta y un años TENIA fama internacional. ____________ ____________
5. La invitaron a México a cooperar en la reforma educacional de ese PAIS. ____________ ____________
6. Mistral tuvo muchos éxitos en la EDUCACION. ____________ ____________
7. Gabriela Mistral supo sobrevivir al dolor que SENTIA. ____________ ____________
8. Expresó su dolor por medio de la POESIA. ____________ ____________
9. Gabriela Mistral era el nombre LITERARIO de Lucila Godoy Alcayaga. ____________ ____________
10. Mistral tuvo su primer TRIUNFO literario en 1914. ____________ ____________

Nombre ______________________________

Fecha ______________________________

¡Escribamos!

Correspondencia práctica: Nota formal. Cuando es necesario escribir una nota formal, ya sea para invitar, aceptar o rechazar una invitación, para agradecer un favor o para felicitar a una persona, la lengua española escrita tiende a ser más formal que el inglés escrito. En estos casos, hay ciertas fórmulas de cortesía que tienden a usarse al empezar una nota formal de este tipo. A continuación aparecen algunas de estas fórmulas.

Para invitar

El 28 de febrero vamos a celebrar mi cumpleaños y nos encantaría que nos acompañes...

Qué gusto nos daría a mis papás y a mí, por supuesto, si vinieras a pasar Navidad con nosotros...

Para aceptar

No sabes cuánto agradezco tu amable invitación y el gusto que me da saber que podré pasar el mes de julio con ustedes...

Imagina la alegría que sentí al recibir tu invitación. ¿Cómo podría no aceptar?...

Para no aceptar

Acabo de recibir tu amable invitación pero desafortunadamente no podré aceptar...

Imagina la tristeza que me dio al saber que no podré asistir al bautizo de...

Para agradecer

Te escribo para darte las gracias por la exquisita cena que nos preparaste...

Te envío estas líneas para expresar mi profundo agradecimiento por toda tu ayuda la semana pasada...

Para felicitar

Me permito felicitarte hoy en el día de tu graduación...

No te imaginas la alegría que sentí al saber que conseguiste un puesto con...

Te deseo muchas felicidades en la ocasión de tu graduación y que tengas mucho éxito en tu nueva profesión...

G **Nota formal.** Piensa en alguien que recientemente te haya invitado a hacer algo especial o que ha hecho algo especial para ti o que está por hacer algo especial, como graduarse o casarse. Escríbele una carta a esa persona aceptando, rechazando, agradeciendo o felicitándola. Ten cuidado de usar el formato apropiado y tu versión de estas fórmulas de cortesía al empezar tu carta.

Nombre ______________________________

Fecha ______________________________

¡Leamos!

Tesoros de la literatura contemporánea

H **Para anticipar.** ¿Qué tipo de vida prefieres, la vida sencilla del campo o la vida de la ciudad, llena de bienes materiales? Para saberlo, contesta estas preguntas.

1. ¿Qué ventajas y desventajas tienen la personas que viven en el campo que no tienen las personas que viven en la ciudad? ¿Y qué tienen las de la ciudad que no tienen las del campo?

____

____

____

2. ¿Qué es más tranquilo, la ciudad o el campo? ¿Más divertido? ¿Más sano? ¿Más variado? ¿Más complicado? ¿Más elegante? ¿Mejor para niños? ¿Mejor para adultos? Explica tus respuestas.

____

____

____

3. ¿Qué efecto tiene el dinero, o la falta de dinero, en la calidad de vida en el campo? ¿En la ciudad? ¿Es necesario tener bastante dinero para vivir bien? ¿Por qué crees eso?

____

____

____

4. ¿Dónde preferirías vivir? ¿Por qué?

____

____

____

Lectura chilena

Este drama en un acto del dramaturgo chileno Sergio Vodanovic es un comentario sobre lo artificial de las distintas estratas de nuestra sociedad. Lo que empieza como una conversación artificial, pronto se convierte en un juego y luego en una inversión en el rol de las dos protagonistas de la obra.

El delantal blanco
(Primera parte)

(La playa. Al fondo, una carpa. Sentadas frente a ella, la señora y la empleada. La señora lleva, sobre el traje de baño, un blusón de toalla. La tez está tostada por un largo veraneo. La empleada viste su delantal blanco.)

LA SEÑORA: *(Gritando hacia su pequeño hijo que se supone está a la orilla del mar.)* ¡Alvarito! ¡Alvarito! ¡No le tire arena a la niñita! ¡Métase al agua! ¡Está rica...! ¡Alvarito, no! ¡No le deshaga el castillo a la niñita! Juegue con ella... Sí, mi hijito..., juegue...

LA EMPLEADA: Es tan peleador...

LA SEÑORA: Salió al padre... Es inútil corregirlo. Tiene una personalidad dominante que le viene de su padre, de su abuela... ¡sobre todo de su abuela!

LA EMPLEADA: ¿Vendrá el caballero mañana?

LA SEÑORA: *(Se encoge de hombros con desgano.)* No sé. Ya estamos en marzo, todas mis amigas han regresado y Álvaro me tiene todavía aburriéndome en la playa. Él dice que quiere que el niño aproveche las vacaciones, pero para mí que es él quien está aprovechando. *(Se saca el blusón y se tiende a tomar el sol.)* ¡Sol! ¡Sol! Tres meses tomando sol. Estoy intoxicada de sol. *(Mirando inspectivamente a la empleada)* ¿Qué haces tú para no quemarte?

LA EMPLEADA: He salido tan poco de la casa...

LA SEÑORA: ¿Y qué querías? Viniste a trabajar, no a veranear recibiendo sueldo, ¿no?

LA EMPLEADA: Sí, señora, yo sólo contestaba su pregunta. *(La señora permanece tendida recibiendo el sol. La empleada saca de su bolsa de género, una revista de historietas fotografiadas y principia a leer.)*

LA SEÑORA: ¿Qué haces?

LA EMPLEADA: Leo la revista.

LA SEÑORA: ¿La compraste tú?

LA EMPLEADA: Sí, señora.

LA SEÑORA: No se te paga tan mal, entonces, si puedes comprarte tus revistas, ¿eh? *(La empleada se incorpora para ir donde está Alvarito.)* ¡Claro! Tú leyendo y que Alvarito reviente, que se ahogue....

LA EMPLEADA: Pero si está jugando con la niñita...

LA SEÑORA: Si te traje a la playa es para que vigilaras a Alvarito y no para que te pusieras a leer. *(La empleada se incorpora para ir donde está Alvarito.)* ¡No! Lo puedes vigilar desde aquí. Quédate a mi lado, pero observa al niño. ¿Sabes? Me gusta venir contigo a la playa.

LA EMPLEADA: ¿Por qué?

LA SEÑORA: Bueno..., no sé... Será por lo mismo que me gusta venir en el auto, aunque la casa esté a dos cuadras. Me gusta que vean el auto. Todos los días, hay alguien que se detiene para mirarlo y comentarlo... Claro, tú no te das cuenta de la diferencia. Estás acostumbrada a lo bueno... Dime... ¿Cómo es tu casa?

LA EMPLEADA: Yo no tengo casa.

LA SEÑORA: No habrás nacido empleada, supongo. Tienes que haberte criado en alguna parte, debes haber tenido padres... ¿Eres del campo?

LA EMPLEADA: Sí.

LA SEÑORA: Y tuviste ganas de conocer la ciudad, ¿eh?

LA EMPLEADA: No. Me gustaba allá.

LA SEÑORA: ¿Por qué te viniste, entonces?

LA EMPLEADA: Al papá no le alcanzaba...

LA SEÑORA: No me vengas con ese cuento. Conozco la vida de los inquilinos en el campo. Lo pasan bien. Les regalan una cuadra para que la cultiven, tienen alimentos gratis y hasta les sobra para vender. Algunos tienen hasta sus vaquitas... ¿Tu padre tenía vacas?

LA EMPLEADA: Sí, señora. Una.

LA SEÑORA: ¿Ves? ¿Qué más quieren? ¡Alvarito! No se meta tan allá, que puede venir una ola. ¿Qué edad tienes?

LA EMPLEADA: ¿Yo?

LA SEÑORA: A ti te estoy hablando. No estoy loca para hablar sola.

LA EMPLEADA: Ando en los veintiuno...

LA SEÑORA: ¡Veintiuno! A los veintiuno yo me casé. ¿No has pensado en casarte? *(La empleada baja la vista y no contesta.)* ¡Las cosas que se me ocurre preguntar! ¿Para qué quieres casarte? En la casa tienes de todo: comida, una buena pieza, delantales limpios... y, si te casaras... ¿Qué es lo que tendrías? Te llenarías de chiquillos, no más.

continuará...

Verifiquemos e interpretemos

I **A ver si comprendiste.** ¿Cómo se comparan los dos personajes principales? ¿Son totalmente diferentes o tienen algo en común? Usa este diagrama de Venn para comparar a los dos personajes del acto. En la primera columna pon las cualidades / características de la empleada, en la tercera las de la señora y en el centro las cualidades / características que tienen en común.

La empleada	La empleada y la señora	La señora
1. ________	1. ________	1. ________
2. ________	2. ________	2. ________
3. ________	3. ________	3. ________
4. ________	4. ________	4. ________
5. ________	5. ________	5. ________

J **¡A interpretar!** Compara tu diagrama de Venn con los de dos compañeros de clase. Usen sus diagramas y las preguntas a continuación para analizar a las dos personajes.

1. ¿Cuál es la actitud de la señora hacia la sirvienta?

____

____

____

____

2. ¿Cuáles son los temas de la conversación de las dos protagonistas?

____

____

____

____

Nombre ______________________

Fecha ______________________

3. ¿Qué tipo de preguntas le hace la señora a la sirvienta? ¿Por qué crees que le hace esas preguntas?

____

____

____

____

4. ¿De qué manera contesta la sirvienta y por qué contesta así?

____

____

____

____

5. ¿Qué crees que tienen en común las dos mujeres?

____

____

____

____

6. ¿Qué cualidades tiene la sirvienta que crees que debe tener la señora? ¿Tiene la señora cualidades que debería tener la sirvienta? ¿Cuáles son?

____

____

____

____

7. ¿Cómo crees que van a cambiar las cosas en la segunda parte del acto?

____

____

____

____

K **Escritura relacionada.** Imagínate que estás en la playa y escuchas la conversación entre la señora y la empleada. No quieres interrumpir ni meterte en la conversación pero sientes que debes reaccionar a lo que observas. Escríbele una carta a la señora o a la empleada y expresa tus inquietudes, preocupaciones y opiniones sobre lo que escuchaste.

Nombre ______________________________

Fecha ______________________________

¡Escuchemos!

A **¡El mundo al punto!** Escucha a los locutores de este programa de la radio hispana titulado "¡El mundo al punto!", quienes hablarán sobre los anuncios comerciales en español. Luego, selecciona la opción correcta para completar las oraciones que aparecen a continuación. Escucha una vez más para verificar tus respuestas.

1. El premio que otorga anualmente la industria de la publicidad en español en Estados Unidos se llama...

a. "Nosotros".

b. "Se habla español".

c. "Emmy en español".

2. El hecho de que en 1995 el mercado hispano de Estados Unidos tenía un poder de compra anual de 200 mil millones de dólares, ha...

a. interesado principalmente a compañías hispanas del extranjero.

b. llamado la atención de muchas compañías europeas.

c. interesado bastante a grandes compañías estadounidenses.

3. Esthela Alarcón-Teagle, la creadora del anuncio comercial ganador, afirma que...

a. las grandes compañías usualmente no hacen publicidad en español en Estados Unidos.

b. a las cadenas de televisión en español no les interesa tener anuncios de las grandes compañías estadounidenses.

c. las grandes compañías han descubierto el mercado hispano de Estados Unidos y realizan campañas de publicidad en español.

4. Esthela Alarcón-Teagle cree que...

   a. basta con traducir los comerciales del inglés al español.

   b. los anuncios traducidos del inglés usualmente no reflejan la mentalidad hispana.

   c. los comerciales en inglés son siempre mejores.

5. El comercial ganador intenta dar publicidad a ____ del Hospital White Memorial de Long Beach, California.

   a. los servicios de maternidad

   b. los servicios de emergencia

   c. al avanzado equipo de cardiólogos

6. Roberto Hernández, el anfitrión del programa "¡El mundo al punto!" dice que se identifica con ____ que aparece en los comerciales.

   a. el hospital

   b. la madre

   c. el bebé

Acentuación y ortografía

Palabras parecidas

En español, hay palabras que se escriben exactamente iguales excepto una lleva acento escrito y otra no. Estas **palabras parecidas** no siguen las reglas de acentuación y siempre llevan acento escrito para diferenciarse la una de la otra. A continuación aparecen dos listas de palabras parecidas que siempre llevan acento escrito: las **palabras interrogativas** y **palabras monosílabas** o de **dos sílabas**.

Palabras interrogativas		Palabras de una o dos sílabas			
¿cómo?	¿dónde?	el	*(the)*	él	*(he)*
¿cuál(es)?	¿adónde?	mi	*(my)*	mí	*(me)*
¿cuándo?	¿de dónde?	si	*(if)*	sí	*(yes)*
¿cuánto(a)?	¿por qué?	solo	*(alone)*	sólo	*(only)*
¿cuántos(as)?	¿qué?	te	*(you)*	té	*(tea)*
	¿quién(es)?	tu	*(your)*	tú	*(you)*

B **Práctica con palabras parecidas.** Para repasar lo que ya sabes de la gran poetisa chilena Gabriela Mistral, escucha las siguientes oraciones y subraya la palabra entre paréntesis que mejor complete cada comentario.

1. ¿(Donde / Dónde) y (cuando / cuándo) nació?

Lucila Godoy Alcayaga nació en 1889 en el norte de Chile (donde / dónde) se crió y se dedicó a la enseñanza.

2. ¿(Que / Qué) le pasó a los diecisiete años y (como / cómo) sobrevivió?

Su novio se suicidó (cuando / cuándo) ella (solo / sólo) tenía diecisiete años. Ella encontró que (si / sí) escribía poesía, podía sobrevivir a la tristeza y la soledad que sentía.

3. ¿(Cuando / Cuándo) recibió su primer premio?

Recibió su primer premio en 1914 (cuando / cuándo) publicó "Los sonetos de la muerte" bajo el nombre de Gabriela Mistral. Pero (el / él) mejor libro de esta poetisa chilena fue *Desolación,* que se publicó en 1922.

4. ¿(Que / Qué) otros premios recibió?

En 1945 se le otorgó (el / él) Premio Nóbel de Literatura. Ningún escritor latinoamericano había recibido este honor.

5. ¿(Que / Qué) opinas (tu / tú) de su poesía?

En (mi / mí) opinión, Gabriela Mistral está (sola / sóla) entre las personas que han sobrevivido a una gran tragedia y ha expresado su tristeza y desolación en poesía.

C **Dictado.** Escucha el siguiente dictado e intenta escribir lo más que puedas. El dictado se repetirá una vez más para que revises tu párrafo.

Pablo Neruda

Nombre ______________________________

Fecha ______________________________

¡Practiquemos!

3.4 Los sustantivos personales de sujeto

D **La decisión de Miranda**. El siguiente párrafo nos da más datos sobre los problemas de Miranda, el locutor de televisión. Hemos puesto espacios en blanco delante de varios verbos. Completa los espacios en blanco con un sustantivo personal o un sustantivo, si conviene expresar el sujeto. Si el sujeto debe quedar implícito, no escribas nada. Ya te hicimos el primero para que veas qué fácil es.

Miranda está considerando seriamente renunciar a su puesto. ______________ quiere buscar trabajo en otra estación de televisión. ______________ ha consultado con su esposa. ______________ opina que no debe hacerlo, porque ______________ cree que no hay ningún problema y ______________ tiene ya muy buena reputación en la estación. Pero ______________ dice que el jefe le tiene mala voluntad desde el día del problema con Irene y los cables. Claro, ______________ está muy arrepentida, y ______________ también pidió muchísimas excusas al director. ______________ aceptó sus explicaciones, pero de hecho todavía ______________ está disgustado. ______________ insiste que en el futuro le va a ir mal. ______________ dice que ______________ quiere seguir yendo a la estación. ______________ sostiene que es un problema sin importancia. Pero ______________ piensa que no es así. ______________ opina que hay que preocuparse de lo que va a suceder en el futuro.

3.5 Algunos usos del pretérito y el imperfecto

E **El pasado y la pobreza.** En la poesía de Pablo Neruda que leíste en esta lección, hay verbos en pretérito y verbos en imperfecto. En la columna de la izquierda copia los verbos en pretérito. En la columna de la derecha copia los verbos en imperfecto. El primer verbo de cada columna ya está indicado.

Pretérito	Imperfecto
1. nací	1. mirabas
2. ______	2. ______
3. ______	3. ______
4. ______	4. ______
5. ______	5. ______
6. ______	6. ______
7. ______	7. ______
8. ______	8. ______
9. ______	9. ______
10. ______	10. ______
11. ______	11. ______
12. ______	12. ______
	13. ______

Nombre ____________________

Fecha ____________________

F **Cambiando tiempos.** En los renglones que aparecen a continuación queremos que selecciones cinco verbos de cada columna del ejercicio anterior. Luego queremos que cambies los cinco verbos en pretérito al imperfecto y los uses en cinco oraciones originales. Haz lo mismo con los cinco verbos en imperfecto. Cámbialos al pretérito y escribe cinco oraciones más.

Pretérito → Imperfecto

1. ____________________

____

2. ____________________

____

3. ____________________

____

4. ____________________

____

5. ____________________

____

Imperfecto → Pretérito

1. ____________________

____

2. ____________________

____

3. ____________________

____

4. ____________________

____

5. ____________________

____

3.6 Los acentos escritos en *tu* y *tú, el* y *él*

G **La sensibilidad de Margarita**. En la siguiente conversación que sostienen Margarita y Teresa sobre la poesía de esta lección, hemos dejado sin acento todos los casos de **el** y **él, tu** y **tú**. Decide, para cada caso, si debes ponerle acento o dejarlo como está.

MARGARITA: Oye, Tere, ¿(1) **tu** leíste esa poesía de Neruda?

TERESA: Sí, y la verdad es que (2) **el** escribe muy bien, aunque (3) **el** poema está un poco deprimente.

MARGARITA: Yo se lo leí a mi mamá; creo que se lo deberías leer a (4) **tu** mamá también.

TERESA: (5) **El** poeta no es de los favoritos de mi mamá. (6) **El** escribe de una forma que (7) **tu** y (8) **tu** mamá encuentran poética, pero (9) **el** caso es que (10) **el** estilo de (11) **el** no es del gusto de mamá.

MARGARITA: Bueno, eso es (12) **tu** mamá. ¿Pero (13) **tu** qué piensas? ¿Es (14) **tu** estilo?

TERESA: Sí, a mí me gustó la parte en que (15) **el** le habla directamente a la pobreza, y le dice "te vi sacar mis muebles a la calle", y le dice también, "(16) **Tu,** con amor horrible, ibas haciendo un trono desdentado".

MARGARITA: ¿(17) **Tu** entiendes lo que quiere decir (18) **el** con eso de "(19) **el** trono desdentado"?

TERESA: ¡Ay, Marga!, (20) **tu** no tienes en (21) **tu** cabecita mucha imaginación poética. Seguro que el trono desdentado del que (22) **el** habla se refiere a que los pobres se quedan sin dientes y la pobreza reina sobre sus vidas porque no pueden pagar para ponérselos postizos.

Nombre ______________________

Fecha ______________________

¡Escribamos!

Diario interactivo

H **Tú y las estrellas del cine.** En tu diario interactivo anota la fecha que corresponda y escribe por lo menos media página desarrollando el tema general "Tú y las estrellas del cine". Las preguntas que aquí aparecen son sólo para ayudar a enfocar el tema. No escribas siguiendo el formato de preguntas y respuestas sino que intenta responder con párrafos articulados.

Tú y las estrellas del cine

Imagínate que ganaste un concurso y como premio pasaste todo un día con tu actor favorito o actriz favorita del cine. ¿Quién es esa estrella? ¿Cuáles fueron algunas de las actividades que hiciste durante ese día tan feliz para ti?

¡Leamos!

Tesoros de la literatura contemporánea

I **Para anticipar.** Contesta las siguientes preguntas, luego lee la segunda parte de *El delantal blanco* para ver cómo contestan preguntas muy similares las dos protagonistas.

1. ¿Qué cualidades buscas en tu futuro(a) esposo o esposa: que sea guapo(a), inteligente, simpático(a),... que tenga clase, dinero, ambición,...? De todas estas cualidades, ¿cuáles consideras las dos más importantes? ¿Por qué?

2. Si te enamoraras de una persona pobre, ¿te casarías con esa persona o esperarías hasta conocer a otra persona? ¿Por qué? ¿Qué importancia tiene el dinero para ti?

3. ¿Es importante que tu futuro(a) esposo(a) tenga clase, o sea que sepa portarse entre la gente culta, que tenga buen gusto en el vestir, y que tenga aire de distinción?

4. ¿Qué papel hace la ropa que llevamos en determinar quién somos? ¿Crees que si vistes lujosa y elegantemente, cambia tu personalidad? ¿Y crees lo opuesto, que si vistes como una persona cualquiera acabas por ser tal persona? Explica tu respuesta.

Nombre ______________________________

Fecha ______________________________

Lectura chilena

Ésta es una continuación del drama en un acto del dramaturgo chileno Sergio Vodanovic. En esta parte de la obra, la señora y la empleada conversan sobre diferentes perspectivas de dos clases sociales.

El delantal blanco
(Segunda parte)

LA EMPLEADA: Me gustaría casarme...

LA SEÑORA: ¡Tonterías! Cosas que se te ocurren por leer historias de amor en revistas baratas... Acuérdate de esto: Los príncipes azules ya no existen. No es el color lo que importa sino el bolsillo. Cuando mis padres no me aceptaban un pollito porque no tenía plata, yo me indignaba, pero llegó Álvaro con sus industrias y sus fondos y no quedaron contentos hasta que lo casaron conmigo. A mí no me gustaba porque era gordo y tenía la costumbre de sorberse los mocos, pero después del matrimonio, una se acostumbra a todo. Y se llega a la conclusión de que todo da lo mismo, salvo la plata. Yo tenía plata, tú no tienes. Ésa es toda la diferencia entre nosotros. ¿No te parece?

LA EMPLEADA: Sí, pero...

LA SEÑORA: ¡Ah! ¿Lo crees? Pero es mentira. Hay algo que es más importante que la plata: la clase. Eso no se compra. Se tiene o no se tiene. Álvaro no tiene clase. Yo, sí la tengo, podría vivir en una pocilga y todos se darían cuenta de que soy alguien. No una cualquiera. Alguien.

LA EMPLEADA: Sí, señora.

LA SEÑORA: A ver... Pásame esta revista. *(La empleada lo hace. La señora la hojea. Mira algo y se ríe abiertamente.)* ¿Y esto lees tú?

LA EMPLEADA: Me entretengo, señora.

LA SEÑORA: ¡Qué ridículo! Mira a este roto vestido de smoking. Cualquiera se da cuenta que está tan incómodo en él como un hipopótamo con faja. *(Vuelve a mirar en la revista.)* ¡Y es el conde Lamarquina! ¡El conde Lamarquina! A ver... ¿Qué es lo que dice el conde? *(Leyendo.)* "Hija mía, no permitiré jamás que te cases con Roberto. Él es un plebeyo. Recuerda que por nuestras venas corre sangre azul". ¿Y ésta es la hija del conde?

LA EMPLEADA: Sí. Se llama María. Es una niña sencilla y buena. Está enamorada de Roberto, que es el jardinero del castillo. El conde no lo permite. Pero..., ¿sabe? Yo creo que todo va a terminar bien. Porque en el número anterior, Roberto le dijo a María que no había conocido a sus padres, y cuando no se conoce a los padres, es seguro que ellos son gente rica y aristocrática que perdieron al niño chico o lo secuestraron...

LA SEÑORA: ¿Y tú crees todo eso?

LA EMPLEADA: Es tan bonito, señora...

LA SEÑORA: ¿Qué es tan bonito?

LA EMPLEADA: Que lleguen a pasar cosas así. Que un día cualquiera, uno sepa que es otra persona, que en vez de ser pobre, se es rica; que en vez de ser nadie, se es alguien, así como dice usted...

LA SEÑORA: ¿Pero no te das cuenta que no puede ser? Mira a la hija. ¿Me has visto a mí usando alguna vez aros así? ¿Has visto a alguna de mis amigas con una cosa tan espantosa? ¿Y el peinado? Es detestable. ¿No te das cuenta que una mujer así no puede ser aristócrata? A ver... ¿sale fotografiado aquí el jardinero?

LA EMPLEADA: Sí. En los cuadros finales. *(Le muestra en la revista. La señora ríe divertida.)*

LA SEÑORA: ¿Y éste crees tú que puede ser el hijo de un aristócrata? ¿Con esa nariz? ¿Con ese pelo? Mira... Imagínate que mañana me rapten a Alvarito. ¿Crees tú que va a dejar por eso, de tener su... aire de distinción?

LA EMPLEADA: ¡Mire, señora! Alvarito le botó el castillo de arena a la niñita de una patada.

LA SEÑORA: ¿Ves? Tiene cuatro años y ya sabe lo que es mandar, lo que es no importarle los demás. Eso no se aprende. Viene en la sangre.

LA EMPLEADA: *(Incorporándose.)* Voy a ir a buscarlo.

LA SEÑORA: Déjalo. Se está divirtiendo. *(La empleada se desabrocha el primer botón de su delantal y hace un gesto que demuestra estar acalorada.)* ¿Tienes calor?

LA EMPLEADA: El sol está picando fuerte.

LA SEÑORA: ¿No tienes traje de baño?

LA EMPLEADA: No.

LA SEÑORA: ¿No te has puesto nunca un traje de baño?

LA EMPLEADA: ¡Ah, sí!

LA SEÑORA: ¿Cuándo?

LA EMPLEADA: Antes de emplearme. A veces, los domingos, hacíamos excursiones a la playa en el camión de una amiga.

LA SEÑORA: ¿Y se bañaban?

LA EMPLEADA: En la playa grande de Cartagena. Arrendábamos trajes de baño y pasábamos todo el día en la playa. Llevábamos de comer y...

LA SEÑORA: *(Divertida.)* ¿Arrendaban trajes de baño?

LA EMPLEADA: Sí. Una señora que arrienda en la misma playa.

LA SEÑORA: Una vez nos detuvimos con Álvaro en Cartagena a echar gasolina al auto y miramos a la playa. ¡Era tan gracioso! ¡Y los trajes de baño arrendados! Unos eran tan grandes que hacían bolsas por todos los lados, y otros quedaban tan chicos que las mujeres andaban con medio traste afuera. ¿De cuáles arrendabas tú? ¿De los grandes o de los chicos? *(La empleada mira al suelo taimada.)* Debe ser curioso... Mirar el mundo desde un traje de baño arrendado o envuelta en un vestido barato o con un uniforme de empleada, como tú. Algo parecido le debe pasar a esa gente que se fotografía para estas historietas: se ponen un smoking o un traje de baile y debe ser diferente a la forma como se sienten ellos mismos, como miran a los demás... Cuando yo me puse mi primer par de medias, el mundo entero cambió para mí. Los demás eran diferentes, yo era diferente y el único cambio efectivo era que tenía puesto un par de medias. Dime.., ¿cómo se ve el mundo cuando se está vestida con un delantal blanco?

LA EMPLEADA: *(Tímidamente.)* Igual.., la arena tiene el mismo color... las nubes son iguales... Supongo...

LA SEÑORA: Pero no... Es diferente. Mira. Yo, con este traje de baño, con este blusón de toalla, tendida sobre la arena, sé que estoy en mi "lugar", que esto me pertenece. En cambio, tú, vestida como empleada, sabes que la playa no es tu lugar, y eso te debe hacer ver todo distinto.

LA EMPLEADA: No sé.

LA SEÑORA: Mira. Se me ha ocurrido algo. Préstame tu delantal.

LA EMPLEADA: ¿Cómo?

LA SEÑORA: Préstame tu delantal.

LA EMPLEADA: Pero..., ¿Para qué?

LA SEÑORA: Quiero saber cómo se ve el mundo, qué apariencia tiene la playa, vista desde un delantal de empleada.

LA EMPLEADA: ¿Ahora?

LA SEÑORA: Sí. Ahora.

LA EMPLEADA: Pero es que... No tengo vestido debajo.

LA SEÑORA: *(Tirándose el blusón.)* Toma. Ponte esto.

LA EMPLEADA: Voy a quedar en calzones.

LA SEÑORA: Es lo suficientemente largo para cubrirte. Y en todo caso, vas a mostrar menos que lo que mostrabas con los trajes de baño que arrendaban en Cartagena. *(Se levanta y obliga a levantarse a la empleada. Prácticamente obliga a la empleada a entrar a la carpa y luego lanzar al interior el blusón de toalla. Se dirige al primer plano y le habla a su hijo.)* Alvarito, métase un poco al agua. Mójese las patitas siquiera... No sea tan de rulo... ¡Eso es! ¿Ve que es rica el agüita? *(Se vuelve hacia la carpa, y habla al interior de ella.)* ¿Estás lista? *(Entra a la carpa. Después de un instante, sale la empleada vestida con el blusón de toalla. Se ha prendido el pelo y su aspecto ya difiere algo de la tímida muchacha que conocemos. Con delicadeza se tiende sobre la arena. Sale la señora abotonándose aún su delantal. Se va a sentar delante de la empleada, pero se vuelve de inmediato.)* No. Adelante no. Una empleada, en la playa se sienta siempre un poco más atrás de su patrona. *(Se sienta sobre sus pantorrillas y mira divertida en todas direcciones. La empleada cambia de postura con displicencia. La señora toma la revista de la empleada y principia a leerla. En un comienzo hay una sonrisa irónica en sus labios que desaparece al irse interesando en la lectura. La empleada, con naturalidad, toma de la bolsa de playa de la señora un frasco de aceite bronceador y principia a extenderlo con lentitud por sus piernas. La señora la ve. Intenta una reacción reprobatoria pero no atina a decir sino...)* ¿Qué haces? *(La empleada no contesta. La señora opta por seguir la lectura, vigilando, de vez en vez, con la vista, lo que hace la empleada. Ésta se ha sentado ahora, y se mira detenidamente las uñas.)*

continuará . . .

Verifiquemos e interpretemos

J **A ver si comprendiste.** En los cuadros de "mente abierta" que se encuentran a continuación, escribe unas cinco citas de la señora y otras cinco de la empleada que, en tu opinión, muestren sus verdaderas personalidades.

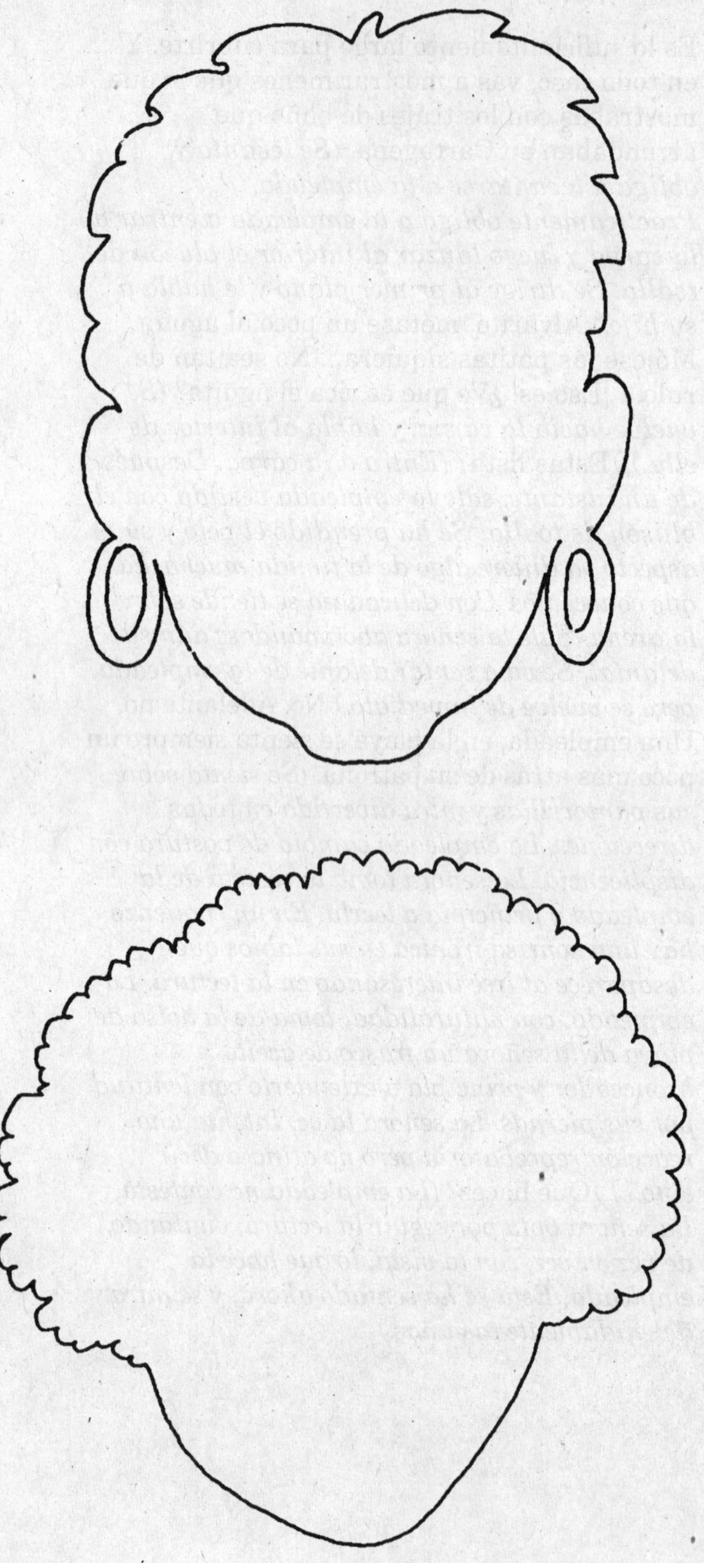

Nombre ______________________

Fecha ______________________

K **¡A interpretar!** ¿Qué piensan tus compañeros sobre tus respuestas de las citas que anotaste? Compara tus diagramas "mente abierta" con los de dos compañeros de clase. Después contesten las siguientes preguntas.

1. ¿Qué influencia tiene la clase social de cada mujer sobre la manera que habla?

____

____

____

____

2. ¿Qué influencia tienen las experiencias y la manera que se crió la señora sobre la manera que actúa? ¿Y la empleada?

____

____

____

____

3. ¿Qué cambios de personalidad crees que habrá cuando cambien de trajes? ¿Cambiará su comportamiento? ¿Cómo?

____

____

____

____

4. ¿Crees que al cambiar de traje también cambiará su manera de pensar y hablar? ¿Por qué sí o por qué no?

____

____

____

____

L **Escritura relacionada.** Escoge una de las citas que dijo la señora o la empleada que te causó una reacción. ¿Cómo reaccionarías a esa frase si alguien te la hubiera dicho a ti? Imagínate que eres la persona a quien se le dirigió esa cita. Escribe un monólogo interior de lo que estarías pensando al oír tal comentario.

Nombre ______________________________

Fecha ______________________________

¡Escuchemos!

A **¡El mundo al punto!** Escucha a los locutores de este programa de la radio hispana, quienes hablarán sobre la celebración mexicana que se conoce como el Día de los Muertos. Marca si cada oración que sigue es **cierta (C), falsa (F)** o si no tiene relación con lo que escuchaste **(N/R).** Si la oración es falsa, corrígela. Escucha una vez más para verificar tus respuestas.

C **F** **N/R** **1.** La celebración mexicana que se conoce como el Día de los Muertos se originó en España.

____

C **F** **N/R** **2.** Aunque esta celebración es muy popular por todo México, ha alcanzado mayor popularidad en los estados de Oaxaca y Michoacán.

____

C **F** **N/R** **3.** La celebración ocurre el primero y el dos de noviembre de cada año.

____

C **F** **N/R** **4.** Los altares familiares incluyen elegantes comidas, bebidas y frutas que los difuntos nunca pudieron comprar.

____

C F N/R **5.** No hay diferencia entre el Día de los Muertos y *Halloween.*

C F N/R **6.** En Los Ángeles más de 200 escuelas incluyen en su programa celebraciones durante el Día de los Muertos.

Pronunciación y ortografía

El sonido /k/ y las letras *c, q* y *k*

Para aprender a deletrear correctamente, es muy importante entender la relación entre la pronunciación y la ortografía. Unos sonidos tienen sólo una manera de escribirse, por ejemplo, el sonido **/f/** que siempre se escribe **f.** Otros sonidos tienen varias maneras de escribirse. Por ejemplo, observa el deletreo del sonido **/k/** delante de las vocales mientras escuchas a la narradora leer las siguientes palabras.

ca	**ca**ja	expli**car**	**ká**rate
co	**co**nfiar	lógi**co**	**ko**ala
cu	**cu**ento	en**cu**esta	**ku**rdo
que	**que**ría	par**que**	**ke**rosén
qui	**qui**ero	a**quí**	**ki**lo

B **Práctica con el sonido /k/.** Ahora la narradora va a leer las siguientes palabras. Escribe las letras del sonido **/k/** y vocales que faltan. Recuerda que el sonido **/k/** puede escribirse **c, q** o **k.**

1. ____ ____ r r e r
2. a ____ ____ ____ l
3. ____ ____ l ó m e t r o
4. e n ____ ____ n t r a r
5. ____ ____ n t e s t a r
6. ____ ____ ____ s t i o n a r i o
7. ____ ____ t c h u p
8. b o s ____ ____ ____
9. ____ ____ j e r o
10. b a n ____ ____ s

Nombre ______________________________

Fecha ______________________________

C **Dictado.** Escucha el siguiente dictado e intenta escribir lo más que puedas. El dictado se repetirá una vez más para que revises tu párrafo.

Chile: tierra de contrastes

¡Practiquemos!

3.7 Para pedir favores y dar órdenes

D **Instrucciones en Miami.** Como hiciste en la unidad anterior, vas por las calles de Miami con William, tu joven amigo de Nueva York, y Norberto, el señor mayor que llegó recientemente de Cuba. Tienes que darles algunas órdenes e instrucciones, igual que en el modelo. Acuérdate que a William lo tratas de tú, pero a Norberto de usted. ¿Qué dices? Escribe tus instrucciones en los renglones que aparecen debajo de cada oración y subraya el verbo correspondiente.

MODELO: William: esperar en esta esquina
Norberto: sentarse en este banco

TÚ ESCRIBES: **William, espérame en esta esquina; Norberto, siéntese en este banco.**

1. William: llamar a tus padres por teléfono
   Norberto: avisarle a su hija que en seguida volvemos

   ____

   ____

   ____

2. William: comprar una guayabera
   Norberto: descansar un poco antes de seguir

   ____

   ____

   ____

3. William: mirar bien los letreros en español
   Norberto: comprarse un periódico en español

   ____

   ____

   ____

4. William: decirme qué más quieres ver
   Norberto: explicarme qué cosas le interesan

   ____

   ____

   ____

Nombre ______________________________

Fecha ______________________________

5. William: cruzar la calle y saludar a otro compañero de Nueva York
Norberto: quedarse un rato más conversando con esa señora de su pueblo

____

____

____

3.8 Los sustantivos personales de objeto

E **El Sombrerón y el actor secundario.** En las siguientes oraciones, tomadas de la historia del Sombrerón, hemos puesto en negrilla un sustantivo para que lo cambies a sustantivo personal, según te indicamos en el modelo. Copia la oración con sustantivo personal en el renglón que aparece debajo de cada oración.

MODELO: El Sombrerón llevaba **un sombrero enorme.**

TÚ ESCRIBES: El Sombrerón **lo** llevaba.

1. Celina siempre ayudaba **a su mamá** a hacer tortillas.

____

2. "¡Debemos esconder **a las niñas!**"

____

3. Celina ya no podía controlar **su curiosidad.**

____

4. Tenía que conocer **al dueño de esa voz.**

____

5. La madre de Celina consultó **a sus vecinos.**

____

6. El Sombrerón no encontró **a la niña** en ninguna parte.

____

7. Todos oyeron **un llanto espantoso.**

____

8. La gente del pueblo vio **una maravilla.**

____

F **Margarita y Tere de muy buen humor.** Las siguientes preguntas surgen entre Margarita y Tere, que están de buen humor y dicen que sí a todo. ¿Cómo contestan, diciendo siempre que sí? Usa bien los sustantivos personales de objeto. Fíjate en el modelo. Escribe la respuesta en el renglón que aparece debajo de cada una de las preguntas.

MODELO: ¿Vas a estudiar la poesía de Neruda?

TÚ ESCRIBES: **Sí, voy a estudiarla.**

1. ¿Vamos a aprender más datos sobre Chile?

____

2. ¿Vas a leer las novelas de la escritora chilena Isabel Allende?

____

3. ¿Quieres escuchar música chilena?

____

4. ¿Piensas visitar Chile algún día?

____

5. ¿Tienes que escribir una composición sobre Gabriela Mistral?

____

Nombre ______________________________

Fecha ______________________________

3.9 Relativos, interrogativos y exclamativos

G **Celina y los acentos.** En las siguientes oraciones, que hemos tomado de la historia del Sombrerón, hemos puesto en mayúsculas varias palabras que a veces llevan acento y a veces no. En el renglón que hay debajo de cada oración, copia la oración completa poniéndoles acentos a las palabras en mayúsculas cuando corresponda.

MODELO: Era tan pequeño QUE cabía en la palma de una mano.

TÚ ESCRIBES: **Era tan pequeño que cabía en la palma de una mano.**

1. Tenía una guitarrita QUE tocaba CUANDO cantaba.

____

____

____

2. CUANTO más crecía, más linda se ponía.

____

____

____

3. Lo raro era QUE la madre de Celina no oía nada.

____

____

____

4. Vio QUE era el Sombrerón.

____

____

____

5. Tan grande fue el amor QUE Celina sentía QUE pronto dejó de comer.

6. ¿QUIENES aconsejaron a la madre de Celina y QUE dijeron?

7. Todo el mundo sabía QUE los fantasmas no podían entrar en las iglesias.

8. ¿DONDE encerraron a Celina?

9. CUANDO llegó la noche, el Sombrerón no encontró a la niña en ninguna parte.

10. ¡QUE llanto espantoso oyeron todos!

Nombre ________________________________

Fecha ________________________________

¡Leamos!

Tesoros de la literatura contemporánea

H **Para anticipar.** Al final de la segunda parte de *El delantal blanco* del dramaturgo chileno Sergio Vodanovic, las dos protagonistas decidieron cambiar de ropa para ver si las haría sentirse diferentes. ¿Cómo crees que les va a afectar el cambio de ropa? Contesta las siguientes preguntas y luego, lee la tercera parte y decide si acertaste o no.

1. Ahora que la señora lleva el delantal, ¿crees que podrá portarse como una empleada? ¿Podrá portarse como señora la empleada? ¿Por qué crees eso?

____

____

____

2. ¿A quién crees que le va a gustar más el juego? ¿Por qué?

____

____

____

3. ¿Cómo te imaginas que van a reaccionar las otras personas en la playa? ¿Van a quedar convencidas de que la empleada es la señora y la señora es la empleada? ¿Querrán las dos protagonistas convencer a todo el mundo? ¿Por qué crees eso?

____

____

____

4. ¿Cómo terminará este juego, en buenas o malas relaciones entre las dos mujeres? Explica tu conclusión.

____

____

____

Lectura chilena

Aquí presentamos el final del drama en un acto del dramaturgo chileno Sergio Vodanovic.

El delantal blanco
(Tercera parte)

(La Señora opta por seguir la lectura, vigilando, de vez en vez, con la vista, lo que hace la empleada. Ésta se ha sentado ahora, y se mira detenidamente las uñas.)

LA SEÑORA: ¿Por qué te miras las uñas?
LA EMPLEADA: Tengo que arreglármelas.
LA SEÑORA: Nunca antes te había visto mirarte las uñas.
LA EMPLEADA: No se me había ocurrido.
LA SEÑORA: Este delantal acalora.
LA EMPLEADA: Son los mejores y más durables.
LA SEÑORA: Lo sé. Los compré yo.
LA EMPLEADA: Le queda bien.
LA SEÑORA: *(Divertida.)* Y tú no te ves nada de mal con esa tenida. *(Se ríe.)* Cualquier se equivocaría. Más de un jovencito te podría hacer la corte... ¡Sería como para contarlo!
LA EMPLEADA: Alvarito se está metiendo muy adentro. Vaya a vigilarlo.
LA SEÑORA: *(Se levanta rápidamente y se adelanta.)* ¡Alvarito! ¡Alvarito! No se vaya tan adentro. Puede venir una ola. *(Recapacita de pronto y se vuelve desconcertada hacia la empleada.)* ¿Por qué no fuiste tú?
LA EMPLEADA: ¿A dónde?
LA SEÑORA: ¿Por qué me dijiste que yo fuera a vigilar a Alvarito?
LA EMPLEADA: *(Con naturalidad)* Usted lleva el delantal blanco.
LA SEÑORA: Te gusta el juego, ¿eh? *(Una pelota de goma, impulsada por un niño que juega cerca, ha caído a los pies de la empleada. Ella mira y no hace ningún movimiento. Luego, mira a la señora. Ésta, instintivamente, se dirige a la pelota y la tira en la dirección en que vino. La empleada busca en la bolsa de la señora y se pone sus anteojos para el sol. La señora dice molesta.)* ¿Quién te ha autorizado para que uses mis anteojos?
LA EMPLEADA: ¿Cómo se ve la playa vestida con un delantal blanco?
LA SEÑORA: Es gracioso. ¿Tú, cómo ves la playa ahora?
LA EMPLEADA: Es gracioso.
LA SEÑORA: ¿Dónde está la gracia?
LA EMPLEADA: Es que no hay diferencia.
LA SEÑORA: ¿Cómo?

LA EMPLEADA: Usted con el delantal blanco es la empleada: yo con este blusón y los anteojos oscuros, soy la señora.

LA SEÑORA: ¿Cómo? ¿Cómo te atreves a decir eso?

LA EMPLEADA: ¿Se hubiera molestado en recoger la pelota si no estuviese vestida de empleada?

LA SEÑORA: Estamos jugando.

LA EMPLEADA: ¿Cuándo?

LA SEÑORA: Ahora.

LA EMPLEADA: ¿Y antes?

LA SEÑORA: ¿Antes?

LA EMPLEADA: Sí. Cuando yo estaba vestida de empleada...

LA SEÑORA: Eso no es un juego. Es la realidad.

LA EMPLEADA: ¿Por qué?

LA SEÑORA: Porque sí.

LA EMPLEADA: Un juego..., un juego más largo..., como el "paco-ladrón". A unos les corresponde ser "pacos"; a otros "ladrones".

LA SEÑORA: *(Indignada.)* ¡Usted se está insolentando!

LA EMPLEADA: No me grites. La insolente eres tú.

LA SEÑORA: ¿Qué significa eso? ¿Usted me está tuteando?

LA EMPLEADA: ¿Y acaso no me tratas de usted?

LA SEÑORA: ¿Yo?

LA EMPLEADA: Sí.

LA SEÑORA: ¡Basta ya! ¡Se acabó este juego!

LA EMPLEADA: ¡A mí me gusta!

LA SEÑORA: ¡Se acabó! *(Se acerca amenazadoramente a la Empleada)*

LA EMPLEADA: *(Firme.)* ¡Retírese! *(La señora se detiene, sorprendida.)*

LA SEÑORA: ¿Te has vuelto loca?

LA EMPLEADA: Me he vuelto señora.

LA SEÑORA: Te puedo despedir en cualquier momento. *(la empleada explota en grandes carcajadas como si lo que hubiera oído fuera el chiste más gracioso que jamás haya escuchado.)* ¿De qué te ríes?

LA EMPLEADA: (*Sin dejar de reír.)* ¡Es tan ridículo!

LA SEÑORA: ¿Qué? ¿Qué es tan ridículo?

LA EMPLEADA: Que me despida... ¡Vestida así! ¿Dónde se ha visto a una empleada despedir a su patrona?

LA SEÑORA: ¡Sácate esos anteojos! ¡Sácate el blusón! ¡Son míos!

LA EMPLEADA: ¡Vaya a ver al niño!

LA SEÑORA: Se acabó este juego, te he dicho. O me devuelves mis cosas o te las saco.

LA EMPLEADA: ¡Cuidado! No estamos solas en la playa.

LA SEÑORA: ¿Y qué hay con eso? ¿Crees que por estar vestida con uniforme blanco no van a reconocer quién es la empleada y quién es la señora?

LA EMPLEADA: *(Serena)* No me levante la voz. *(La señora, exasperada, se lanza sobre la empleada y trata de sacarle el blusón a la fuerza.)*

LA SEÑORA: *(Mientras forcejea.)* ¡China! ¡Ya te voy a enseñar quién soy! ¿Qué te has creído? ¡Te voy a meter presa! *(Un grupo de bañistas han acudido al ver la riña. Lo componen dos jóvenes, una muchacha y un señor de edad madura y de apariencia muy distinguida. Antes que puedan intervenir, la empleada ya ha dominado la situación manteniendo bien sujeta a la señora de espalda contra la arena. Ésta sigue gritando "ad libitum" expresiones como "rota cochina", "ya te las vas a ver con mi marido"..., "te voy a mandar presa"..., "esto me pasa por ser considerada", etc.)*

UN JOVEN: ¿Qué sucede?

EL OTRO JOVEN: ¿Es un ataque?

LA JOVENCITA: Se volvió loca.

UN JOVEN: Debe ser efecto de una insolación.

EL OTRO JOVEN: ¿Podemos ayudarla?

LA EMPLEADA: Sí. Por favor. Llévensela. Hay una posta por aquí cerca.

EL OTRO JOVEN: Yo soy estudiante de medicina. Le pondré una inyección para que duerma por un buen tiempo.

LA SEÑORA: ¡Imbéciles! ¡Yo soy la patrona! Me llamo Patricia Hurtado. Mi marido es Álvaro Jiménez, el político.

LA JOVENCITA: *(Riéndose)* Cree ser la señora.

UN JOVEN: Está loca.

EL OTRO JOVEN: Sólo un ataque de histeria.

UN JOVEN: Llevémosla.

LA EMPLEADA: Yo no los acompaño... Tengo que cuidar a mi hijito. Está ahí, bañándose.

LA SEÑORA: ¡Es una mentirosa! ¡Nos cambiamos de vestido sólo por jugar! Ni siquiera tiene traje de baño... ¡Debajo del blusón está en calzones! ¡Mírenla!

EL OTRO JOVEN: *(Haciéndole un gesto al joven.)* ¡Vamos! Tú la tomas por los pies y yo por los brazos.

LA JOVENCITA: ¡Qué risa! Dice que la señora está en calzones... *(Los dos jóvenes toman a la señora y se la llevan mientras ésta se resiste y sigue gritando.)*

Nombre ______________________________

Fecha ______________________________

LA SEÑORA: ¡Suéltenme! ¡Yo no estoy loca! ¡Es ella! ¡Llamen a Alvarito! ¡Él me reconocerá! *(Mutis de los dos jóvenes llevando en peso a la señora. La empleada se tiende sobre la arena como si nada hubiese sucedido, aprontándose para un prolongado baño de sol.)*

EL CABALLERO DISTINGUIDO: ¿Está bien usted? ¿Puedo serle útil en algo?

LA EMPLEADA: *(Mira inspectivamente al caballero distinguido y sonríe útil con amabilidad.)* Gracias. Estoy bien.

EL CABALLERO DISTINGUIDO: Es el símbolo de nuestros tiempos. Nadie parece darse cuenta, pero a cada rato, en cada momento, sucede algo así.

LA EMPLEADA: ¿Qué?

EL CABALLERO DISTINGUIDO: La subversión del orden establecido. Los viejos quieren ser jóvenes; los jóvenes quieren ser viejos; los pobres quieren ser ricos y los ricos quieren ser pobres. Sí, señora. Asómbrese usted. También hay ricos que quieren ser pobres. Mi nuera va todas las semanas a tejer con las mujeres de poblaciones obreras... ¡Y le gusta hacerlo! *(Transición.)* ¿Cuánto tiempo hace que está con usted?

LA EMPLEADA: ¿Quién?

EL CABALLERO DISTINGUIDO: Su empleada.

LA EMPLEADA: *(Dudando. Haciendo memoria.)* Poco más de un año.

EL CABALLERO DISTINGUIDO: ¿Y así le paga a usted? ¡Pretendiendo hacerse pasar por una señora! ¡Como si no se reconociera a primera vista quién es quién! *(Transición)* ¿Sabe usted por qué suceden las cosas?

LA EMPLEADA: *(Muy interesada.)* ¿Por qué?

EL CABALLERO DISTINGUIDO: *(Con aire misterioso.)* El comunismo...

LA EMPLEADA: ¡Ah!

EL CABALLERO DISTINGUIDO: *(Tranquilizador.)* Pero no nos inquietemos. El orden está restablecido. Al final, siempre el orden se restablece. Es un hecho. Sobre eso no hay discusión. Ahora, con su permiso, señora. Voy a hacer mi "footing" diario. Es muy conveniente a mi edad. Para la circulación, ¿sabe? Y usted quede tranquila. El sol es el mejor sedante. A sus órdenes, señora. *(Inicia el mutis. Se vuelve.)* Y no sea muy dura con su empleada. Después de todo..., tal vez tengamos algo de culpa nosotros mismos... ¿Quién puede decirlo? *(El caballero distinguido hace mutis. La empleada se tiende de espaldas para recibir el sol en la cara. De pronto se acuerda de Alvarito y se incorpora. Mira a Alvarito con ternura, y con suavidad le dice.)*

LA EMPLEADA: Alvarito... Cuidado al sentarse en esa roca..., se puede hacer una nana... Eso es, corra por la arenita... Eso es, mi hijito... mi hijito... *(Y mientras la empleada mira con deleite maternal cómo Alvarito juega a la orilla del mar, se cierra lentamente el telón.)*

Nombre ______________________________

Fecha ______________________________

Verifiquemos e interpretemos

I **A ver si comprendiste.** Completa los siguientes cuadros de secuencia de acciones de esta parte de *El delantal blanco* para mostrar cinco acciones clave en la transformación de la señora en empleada y de la empleada en señora.

J **¡A interpretar!** Compara tus cuadros de secuencia de acciones con los de dos compañeros y pónganse de acuerdo en las cinco acciones que los tres consideren que son las más importantes en cada transformación. Informen a la clase de sus conclusiones.

K **Escritura relacionada.** Aunque el drama termina sin decirnos el resultado final, ¿qué crees que pasará? Haz el papel del dramaturgo Sergio Vodanovic y escribe una breve conclusión a este acto. Usa este espacio para organizar tus ideas. Escribe la conclusión en una hoja aparte.

Nombre ______________________________

Fecha ______________________________

¡Escuchemos!

A **¡El mundo al punto!** Escucha a los locutores de este programa de la radio hispana titulado "¡El mundo al punto!", quienes hablarán sobre la maravilla de Machu Picchu. Luego, selecciona la opción correcta para completar las oraciones que aparecen a continuación. Escucha una vez más para verificar tus respuestas.

1. Machu Picchu es una fortaleza construida en...

a. un desierto cerca del lago Titicaca.

b. un valle junto a la costa del Pacífico.

c. un estrecho altiplano de los Andes.

2. Existe una controversia sobre si el profesor norteamericano Hiram Bingham verdaderamente "descubrió" Machu Picchu en 1911 porque...

a. el investigador alemán Wilhelm von Humboldt ya había explorado estas ruinas.

b. los residentes indígenas ya sabían de su existencia.

c. no tenía permiso del gobierno peruano para explorar esa zona.

3. Machu Picchu era una fortaleza y un centro urbano...

a. tan grande e importante como Cuzco.

b. que parece que nunca tuvo una gran importancia en la cultura inca.

c. que refleja la influencia de la arquitectura española.

4. Se ha descubierto que alrededor de Machu Picchu...

   a. los terrrenos son rocosos y por eso imposibilitaron cualquier cultivo.

   b. no había agua y por lo tanto tampoco existía agricultura.

   c. había terrazas y canales que facilitaban la agricultura intensiva.

5. El sistema de construcción que se empleó en los grandes edificios de Machu Picchu consistía...

   a. en el uso extensivo de madera y es por eso que casi nada queda de los edificios originales.

   b. en moler las piedras y añadir agua hasta formar una especie de cemento.

   c. en labrar grandes piedras y colocarlas una sobre otra sin uso de mortero o cemento.

6. Alicia y Roberto pudieron presenciar el amanecer en Machu Picchu debido a que...

   a. se quedaron en el Hotel de Turistas que hay cerca de las ruinas.

   b. acamparon entre las ruinas una noche.

   c. llegaron por helicóptero desde Cuzco.

Acentuación y ortografía

El sonido /s/ y las letras *s, c* y *z*

En la lección anterior aprendiste que algunos sonidos se deletrean de varias maneras. Observa cómo el sonido **/s/** se puede escribir con **s, c** o **z** mientras escuchas a la narradora leer las siguientes palabras.

sa o **za:**	**sa**car	pa**sa**do	**za**rcillo	pobre**za**
so o **zo:**	**so**nreír	te**so**ros	**zo**na	pere**zo**so
su o **zu:**	**su**spirar	ba**su**ra	**zu**rdo	a**zú**car
se o **ce:**	**se**mana	ob**se**rvar	**ce**ntro	cono**ce**r
si o **ci:**	**si**empre	expre**si**ón	**ci**udad	de**ci**dir

B **Práctica con el sonido /s/.** Ahora la narradora va a leer las siguientes palabras. Escribe las letras del sonido **/s/** y vocales que faltan.

1. n e r v i o ____ ____
2. t r i s t e ____ ____
3. ____ ____ p o n e r
4. u n i v e r ____ ____ d a d
5. m u ____ ____ o
6. ____ ____ p e r v i s a r
7. u t i l i ____ ____ r
8. t e l e v i ____ ____ r
9. r a t o n ____ ____ t o s
10. ____ ____ e ñ o s

Nombre ______________________________

Fecha ______________________________

C **Dictado.** Escucha el siguiente dictado e intenta escribir lo más que puedas. El dictado se repetirá una vez más para que revises tu párrafo.

El imperio de los incas

¡Practiquemos!

4.1 Los adjetivos

D **Calificativos y atributivos en casa de la abuela.** En las siguientes oraciones, basadas en la fotonovela de esta lección, hemos puesto varios adjetivos en negrilla. Debajo de cada uno, escribe si es adjetivo calificativo **(Cal.)** o atributivo **(Atr.)**.

MODELO: Los muebles **sucios** parecen más **viejos**.
Cal. **Atr.**

1. La hermana **mayor** de Meche y Diana no visitó a la abuela.
2. Cuando comparamos a Meche con Diana, Meche parece ser **mayor**.
3. Esas fotos son de cuando tu padre era **joven**.
4. El **viejo** armario albergaba grandes tesoros.
5. La abuelita es **vieja** y está **orgullosa** de sus posesiones.

E **Adjetivos y sustantivos del imperio inca.** En las siguientes oraciones, que hemos tomado de la lectura "El imperio de los incas" de esta lección, hemos puesto muchas palabras en negrilla. Debajo de cada una de ellas escribe **S** si es sustantivo y **A** si es adjetivo.

MODELO: La **lengua** de los **antiguos peruanos** es el **quechua.**

TÚ ESCRIBES: **S** **A** **S** **S**

1. El **gran imperio** de los incas empezó con Manco Capac.
2. El **primer Inca** fundó su **poderoso imperio** en el año 1100.
3. Cuando llegaron los **españoles**, el **imperio incaico** estaba muy desarrollado.
4. La **autoridad imperial** se extendía por **muchos territorios**.
5. La **lengua oficial** del imperio a veces era **difícil** para otras tribus.
6. Como **arquitectos**, los **incas** fueron **excelentes**.

Nombre ______________________________

Fecha ______________________________

F **La misma palabra con dos funciones.** En los dos ejercicios anteriores busca cuatro ejemplos de palabras que se usen a veces en función de adjetivo y otras veces como sustantivo. Escribe frases con esas palabras en la columna correspondiente. Fíjate bien, vas a poner la misma palabra en las dos columnas, pero usada en frases diferentes y con diferente función.

	Palabra usada como sustantivo	Palabra usada como adjetivo
MODELO:	La lengua **oficial** del imperio era el quechua.	El **oficial** miró mi pasaporte.
1.	______________	______________
2.	______________	______________
3.	______________	______________
4.	______________	______________

4.2 Concordancia entre sustantivos y adjetivos

G

Concordancia. En las siguientes oraciones subraya la forma del adjetivo que concuerde en género y número con el sustantivo al que califica o atribuye.

MODELO: Meche y su hermana están ______ de trabajar.

cansado cansada cansados **cansadas**

1. Tenemos dos compañeros que son ______.

   peruano peruana peruanos peruanas

2. Las ______ amistades hay que conservarlas.

   bueno buena buenos buenas

3. El artículo sobre los incas es muy ______.

   interesante interesantes

4. Las fotonovelas de estas lecciones también son muy ______.

   interesante interesantes

5. Era un hombre alto, ______ y muy demacrado.

   flaco flaca flacos flacas

6. El territorio ______ incluye varios países de Sudamérica.

   quechua quechuas

7. Ese coche ______ tuyo no puede cubrir distancias tan ______.

   viejo vieja viejos viejas; largo larga largos largas

8. Parecen estar ______ de trabajar en la ______ obra de teatro.

   cansado cansados; nuevo nueva nuevos nuevas

9. Hola, María, me alegro de verte tan ______.

   contento contenta contentos contentas

10. Siento que te sientas tan ______, Mateo.

    enfermo enferma enfermos enfermas

Nombre ______________________________

Fecha ______________________________

4.3 Acentos, palabras compuestas y prefijos

H **Todo para Saturnino.** Julián quiere que cualquier cosa que uno mencione se haga con Saturnino. Pon lo que dice Julián en los espacios en blanco debajo de cada frase. Cuidado con los acentos.

MODELOS: Pedírselo a José
No se lo pidas a José, pídeselo a Saturnino.

Mandármelo a mí
No me lo mandes a mí, mándaselo a Saturnino.

1. Entregárselo a María

____

____

____

2. Traérselo al profesor

____

____

____

3. Prestármelo a mí

____

____

____

4. Pedírselo a Mateo

5. Comprárselo al dueño de la tienda

6. Insistirle a Meche

7. Llevar a Chelo

8. Decírselo a Margarita

Nombre ______________________________

Fecha ______________________________

¡Escribamos!

Correspondencia práctica: Notas formales difíciles. A veces es necesario escribir cartas más difíciles de redactar debido a la situación: una enfermedad prolongada, un accidente o peor aún, la muerte de un conocido. En la cultura hispana estas notas tienden a ser cortas y muy corteses y tienden a expresarse usando ciertas fórmulas de cortesía. A continuación incluimos algunas de esas fórmulas:

Para un(a) amigo(a) enfermo(a)

Acabo de saber que te rompiste la pierna durante el fin de semana y...

Acaban de avisarme de tu estadía en el hospital y...

Para expresar el pésame

Acabo de enterarme del fallecimiento de...

Recibe mi más sincera condolencia por el fallecimiento de tu muy amado...

I **Malas noticias.** Acabas de enterarte que un buen amigo tuyo que vive en otra ciudad estuvo en un accidente serio en el cual murió la persona que lo acompañaba en el carro. Escríbele una nota a tu amigo dándole a saber que lo acompañas en estos tiempos difíciles.

Querido amigo: ______________________________

____

____

____

____

____

____

____

____

____

____

¡Leamos!

Tesoros de la literatura contemporánea

J **Para anticipar.** César Vallejo escribió este poema después de presenciar la Guerra Civil Española que empezó en 1936. Antes de leer el poema contesta estas preguntas para ver qué sabes de las guerras civiles. Compara tus respuestas con las de dos compañeros de clase.

1. ¿Qué es una "guerra civil"? ¿En qué se diferencia de otras guerras?

____

____

____

2. ¿Por qué no es fácil saber durante una guerra civil quiénes son amigos y quiénes son enemigos?

____

____

____

3. En las guerras civiles, a veces personas de la misma familia acaban por matarse el uno al otro; ¿cómo es posible esto?

____

____

____

4. Si fueras soldado durante una guerra civil en Estados Unidos, ¿podrías matar a otras personas?, ¿a estadounidenses hispanos? Explica tu respuesta.

____

____

____

5. Si vieras a un soldado herido y sospecharas que era de las fuerzas enemigas, ¿cómo reaccionarías? ¿Lo matarías? ¿Lo ayudarías? ¿Lo ignorarías? ¿Por qué?

____

____

____

Nombre ______________________________

Fecha ______________________________

Lectura peruana

Vas a leer un poema escrito por César Vallejo (1893–1938), un poeta peruano considerado uno de los grandes renovadores de la poesía escrita en español. "Masa", el poema que aparece en esta sección, es parte de su libro *España, aparta de mí este cáliz* (1940) que se publicó póstumamente.

Masa

Al fin de la batalla,
y muerto el combatiente, vino hacia él un hombre
y le dijo: "¡No mueras, te amo tanto!"
Pero el cadáver ¡ay! siguió muriendo.

Se le acercaron dos y repitiéronle:
"¡No nos dejes! ¡Valor! ¡Vuelve a la vida!"
Pero el cadáver ¡ay! siguió muriendo.

Acudieron a él veinte, cien, mil, quinientos mil,
clamando: "¡Tanto amor y no poder nada contra la muerte!"
Pero el cadáver ¡ay! siguió muriendo.

Le rodearon millones de individuos,
con un ruego común: "¡Quédate hermano!"
Pero el cadáver ¡ay! siguió muriendo.

Entonces, todos los hombres de la tierra
le rodearon; les vio el cadáver triste, emocionado;
incorporóse lentamente,
abrazó al primer hombre; echóse a andar...

Verifiquemos e interpretemos

K **A ver si comprendiste.** Contesta las siguientes preguntas sobre algunas de la palabras o frases que se encuentran en este poema.

1. ¿Qué significa la palabra "batalla"? Escribe un sinónimo.

2. ¿Usualmente quiénes son los "combatientes" en una guerra? ¿La mayoría de los combatientes son jóvenes o son adultos mayores de cuarenta años? ¿Qué importancia tiene la edad?

3. ¿Qué es un "cadáver"?

4. ¿Qué significa el verbo "acudir"? Escribe una palabra que tenga un significado parecido.

5. ¿Por qué crees que se repite al final de las primeras cuatro estrofas el verso "Pero el cadáver ¡ay! siguió muriendo"?

6. ¿Qué quiere decir "incorporóse"? ¿Qué es lo que hace el cadáver para hacer esto?

Nombre ______________________________

Fecha ______________________________

L **¡A interpretar!** Contesta las siguientes preguntas en los renglones de abajo. Usa tu propio lenguaje al contestar cada una de estas preguntas.

1. ¿Qué simboliza el título del poema, "Masa"?

____

____

____

2. ¿Dónde y cuándo tiene lugar la primera estrofa?

____

____

____

3. ¿Cómo reacciona el cadáver en la segunda estrofa?

____

____

____

4. ¿Cómo interpretas el ruego común que se incluye en la tercera estrofa?

____

____

____

5. ¿Cómo se resuelve el poema? ¿Qué es lo que hace el cadáver del combatiente al final del poema? ¿Por qué crees que hace esto?

____

____

____

M **Masa.** Escribe una breve composición sobre el título de este poema. ¿Por qué crees que escogió el poeta este título? ¿Cómo interpretas el título? ¿Cómo está relacionado el título al mensaje que el poeta quería comunicar en este poema? Usa este espacio para organizar tus ideas. Escribe tu interpretación en hoja aparte.

Nombre ______________________

Fecha ______________________

¡Escuchemos!

A **¡El mundo al punto!** Escucha a los locutores de este programa de la radio hispana titulado "¡El mundo al punto!", quienes hablarán sobre las tumbas reales de Sipán. Luego, selecciona la opción correcta para completar las oraciones que aparecen a continuación. Escucha una vez más para verificar tus respuestas.

1. Las tumbas reales de Sipán han sido identificadas con...

a. la dinastía que estableció el imperio incaico.

b. la cultura moche que floreció en el norte del Perú siglos antes del imperio incaico.

c. una cultura hasta entonces totalmente desconocida.

2. Alicia y Roberto acaban de asistir a una exhibición titulada "Las tumbas reales de Sipán" presentada en...

a. el Museo Nacional de Lima, Perú.

b. el Museo de Bruning de Lambayeque, Perú.

c. el Museo Nacional de Historia Natural del *Smithsonian Institute* en Washington, D.C.

3. La primera tumba fue descubierta y explorada en Sipán por...

a. arqueólogos de la Sociedad Geográfica Nacional de Estados Unidos.

b. *huaqueros,* o sea saqueadores de ruinas precolombinas en el Perú.

c. arqueólogos alemanes que estudiaban esa región.

4. El Dr. Walter Alva, quien localizó y dirigió la exploración científica de las tumbas de Sipán...

   a. es un arqueólogo peruano y director de un museo en Lambayeque, Perú.

   b. es un arqueólogo español radicado en el Perú.

   c. es un arqueólogo de la Universidad de Yale.

5. Lo que más le impresionó a Roberto de la exhibición "Las tumbas reales de Sipán" fue...

   a. la gran cantidad de objetos de oro y plata.

   b. la elegancia de los textiles exhibidos.

   c. el maniquí vestido con réplicas de los objetos encontrados en una de las tumbas.

6. La condecoración que el gobierno peruano concedió al Dr. Walter Alva por su destacada labor en la arqueología fue...

   a. la Orden de los Caballeros de Colón.

   b. la Orden del Sol.

   c. la Orden del Conquistador Pizarro.

Pronunciación y ortografía

B **Repaso de los sonidos /k/ y /s/ y las letras *c, q, k, s* y *z*.** En las lecciones anteriores aprendiste que el sonido **/k/** se escribe con las letras **c, q** o **k** y que el sonido **/s/** se escribe con **c, s** o **z.** Ahora escucha al narrador leer varias palabras con estos sonidos y escribe las letras que faltan en cada palabra.

1. a n ____ ____ ____ n o **6.** ____ ____ n o ____ ____ r

2. a ____ ____ m b r a d o **7.** e s ____ ____ n d e r ____ ____

3. ____ ____ b i o **8.** ____ ____ c h i n o

4. ____ ____ m p o **9.** a u n ____ ____ ____

5. a ____ ____ ____ **10.** e d i f i ____ ____

Nombre ______________________________

Fecha ______________________________

C **Dictado.** Escucha el siguiente dictado e intenta escribir lo más que puedas. El dictado se repetirá una vez más para que revises tu párrafo.

Francisco Izquierdo Ríos

¡Practiquemos!

4.4 Los verbos ecuativos

D **Los verbos del caimán.** En las siguientes oraciones, escribe **Ecu.**, **Tr.** o **Int.** debajo de cada uno de los verbos que hemos puesto en negrilla, para indicar si son verbos ecuativos, transitivos o intransitivos, respectivamente.

1. Tito **era** manco de la mano derecha.
2. Sin embargo, **era** el más travieso del pueblo.
3. Con el muñón, **golpeaba** a todo el mundo.
4. Nunca **estaba** quieto.
5. El maestro **relató** la acción en que Tito **perdió** la mano.
6. El canal **era** tan estrecho, que las ramas **chicoteaban** la canoa.

E **¿Qué encuentras con los verbos ecuativos?** En las oraciones anteriores encontraste cuatro verbos ecuativos. Ponlos en la columna de la izquierda. En la columna de la derecha pon los atributivos que encuentras con estos verbos.

Cuatro verbos ecuativos	**Sustantivos o adjetivos atributivos**
1. ____________	1. ____________
2. ____________	2. ____________
3. ____________	3. ____________
4. ____________	4. ____________

F **¿Qué encuentras con los verbos transitivos?** En las oraciones anteriores encontraste cuatro verbos transitivos. Ponlos en la columna de la izquierda. En la columna de la derecha pon los sustantivos de objeto directo que encuentras con estos verbos.

Cuatro verbos transitivos	**Sustantivos de objeto directo**
1. ____________	1. ____________
2. ____________	2. ____________
3. ____________	3. ____________
4. ____________	4. ____________

Nombre ______________________________

Fecha ______________________________

4.5 Los artículos definidos *el, la, los, las*

G **Arponeamos los artículos.** A continuación vas a leer los dos primeros párrafos del relato “Tito y el caimán”. Con un arpón hemos quitado todos los artículos definidos. Además hemos puesto en *cursiva* varias de las palabras y frases delante de las cuales pueden usarse artículos. A algunas palabras o frases hay que ponerles artículos y a otras no. Consulta con dos compañeros y decidan cuáles pueden quedarse sin artículo y a cuáles hay que ponérselos. Cuando terminen vayan al texto original y vean cómo el autor usó los artículos.

Tito era manco de __________ *mano* derecha. Sin embargo era __________ *más travieso* del pueblo. Un gran pendenciero; con __________ *muñón* golpeaba a todo __________ *mundo*. Nunca estaba quieto.

—¡Manco! ¡Manco! —le decían sus camaradas de __________ *escuela* en son de __________ *insulto*, de __________ *burla*, hasta que una tarde __________ *maestro* les relató en __________ *patio* __________ *acción* en que Tito perdió __________ *mano*.

Tito y Vero fueron a arponear __________ *paiche*, ese pez gigante de __________ *ríos y lagos* de la Amazonia. Iban por __________ río en una pequeña canoa: Tito en __________ *proa* y Vero en __________ *popa*. Con __________ *remos* impulsaban __________ *embarcación* __________ *río abajo*, pasando con __________ *velocidad* de __________ *flecha* en __________ *sectores* correntosos.

4.6 Acentos escritos: *sí - si, sé - se, sólo - solo, aún - aun, más - mas*

H **Los acentos y el ratoncito de papá.** Meche y Diana hablan del ratoncito que su papá tenía cuando era niño. Para saber lo que dicen subraya la palabra correcta de las dos que aparecen entre paréntesis.

MECHE: ¿Qué crees que le pasó al ratoncito de papá?

DIANA: No (1. se / sé). Tal vez (2. se / sé) lo comió un gato o, (3. aun / aún) peor, a lo mejor lo atropelló un carro.

MECHE: ¡Ay, qué cruel eres! (4. Solo / Sólo) en lo negativo puedes pensar. Tal vez (5. se / sé) fue a vivir al campo. (6. Si / Sí) era lo suficiente inteligente para escapar, me imagino que sabía lo que hacía.

DIANA: ¡Ay, Meche! ¡Eres (7. mas / más) tonta que un burro! (8. Solo / Sólo) a ti (9. se / sé) te ocurre tal cosa. Los ratones no piensan, (10. solo / sólo) reaccionan. (11. Mas / Más) que saber lo que hacen, basan todas sus acciones en instintos.

MECHE: ¡Mira qué experta estás! ¿Cómo sabes todo eso?

DIANA: Lo (12. se / sé) porque lo estudiamos en mi clase de biología. Y (13. si / sí) tú estudiaras un poquito (14. mas / más), también lo sabrías.

MECHE: Pues lo que yo sí (15. se / sé) es que nadie sabe lo que le pasó a ese ratoncito. No sabemos (16. si / sí) (17. se / sé) murió o (18. si / sí) todavía vive o (19. si / sí)...

DIANA: (20. Mas / Más) vale que dejemos este tópico porque es obvio que tú sabes (21. mas / más) que todos. (22. Se / Sé) que no me vas a creer (23. si / sí) te digo que los ratones no viven (24. mas / más) de cinco años.

Nombre ______________________

Fecha ______________________

¡Escribamos!

Diario interactivo

1 **Tú y un mal recuerdo.** En tu diario interactivo anota la fecha que corresponda y escribe por lo menos una página completa desarrollando el tema general "Tú y un mal recuerdo". Las preguntas que aquí aparecen son sólo para ayudar a enfocar el tema. No escribas siguiendo el formato de preguntas y respuestas sino que intenta responder con párrafos articulados.

Tú y un mal recuerdo

A todas las personas les ha sucedido algo que quisieran olvidar. Muchas veces es una situación bochornosa o ridícula. En otras ocasiones se trata de hechos que parecen salidos de una verdadera pesadilla. ¿Qué es lo que te sucedió a ti que ahora quisieras que nunca hubiera pasado? ¿Por qué es un mal recuerdo? ¿Cómo podrías haber evitado tú lo sucedido?

¡Leamos!

Tesoros de la literatura contemporánea

J **Para anticipar.** En la mitología y las leyendas hay muchos cuentos de dragones y animales monstruosos. Al contestar estas preguntas, piensa en tu niñez y los cuentos de monstruos que más te gustaban.

1. ¿Cuál era tu cuento favorito de monstruos? ¿Por qué te gustaba?

____

____

____

____

____

2. ¿Era tu monstruo favorito benévolo o malévolo? ¿Por qué? ¿Qué hacía?

____

____

____

____

____

3. ¿Qué le pasó a tu monstruo favorito al final? ¿Murió? ¿Quién lo mató? ¿Cómo lo mataron?

____

____

____

____

____

4. ¿Por qué crees que hay tantos cuentos de monstruos? ¿Habrá monstruos reales en alguna parte? Explica tu respuesta.

____

____

____

____

____

Nombre ______________________________________

Fecha ____

Lectura peruana

En la literatura latinoamericana existen escritores que intentan reflejar en sus obras la rica tradición oral de los pueblos indígenas de América. Uno de estos escritores es el peruano Ciro Alegría (1909–1967), conocido por su novela *El mundo es ancho y ajeno* (1941). Es considerado como el renovador de la novela indigenista en el Perú.

Panki y el guerrero

Allá lejos, en esa laguna de aguas negras que no tiene caño de entrada ni salida y está rodeada de alto bosque, vivía en tiempos viejos una enorme panki°. Da miedo tal laguna sombría y sola, cuya oscuridad apenas refleja los árboles, pero más temor infundía cuando aquella panki, tan descomunal como otra no se ha visto, acechaba desde allí.

panki: boa, serpiente de gran tamaño

Claro que los aguarunas° enfrentamos debidamente a las boas de agua, llamadas por los blancos leídos anacondas. Sabemos disparar la lanza y clavarla en media frente. Si hay que trabarse en lucha, resistiendo la presión de unos anillos que amasan carnes y huesos, las mordemos como tigres o las cegamos como hombres, hundiéndoles los dedos en los ojos. Las boas huyen al sentir los dientes en la piel o al caer aterradamente en la sombra. Con cerbatana°, les metemos virotes° envenenados y quedan tiesas. El arpón° es arma igualmente buena. De muchos modos más, los aguarunas solemos vencer a las pankis.

aguarunas: tribu de indígenas amazonas
cerbatana: tubo para lanzar proyectiles soplando;
virotes: pequeños proyectiles;
arpón: dardo para pescar peces grandes;

Pero en aquella laguna de aguas negras, misteriosa hasta hoy, apareció una panki que tenía realmente amedrentado° al pueblo aguaruna. Era inmensa y dicen que casi llenaba la laguna, con medio cuerpo recostado en el fondo de barro y el resto erguido, hasta lograr que asomara la cabeza. Sobre el perfil del agua, en la manchada cabeza gris, los ojos brillaban como dos pedruscos° pulidos. Si cerrada, la boca oval semejaba la concha de una tortuga gigantesca; si abierta, se ahondaba negreando. Cuando la tal panki resoplaba, oíase el rumor a gran distancia. Al moverse, agitaba las aguas como un río súbito. Reptando por el bosque, era como si avanzara una tormenta. Los asustados animales no osaban° ni moverse y la panki los engullía° a montones. Parecía pez del aire.

amedrentado: atemorizado
pedruscos: piedras pequeñas
osaban: se atrevían
engullía: devoraba

Al principio, los hombres imaginaron defenderse. Los virotes envenenados con curare, las lanzas y arpones fuertemente arrojados, de nada servían. La piel reluciente de panki era también gruesa y los dardos valían como esa nigua°

nigua: insecto

mínima del bosque, y las lanzas y arpones quedaban como menudas espinas en la abultada bestia. Ni pensar en lucha cuerpo a cuerpo. La maldita panki era demasiado poderosa y engullía a los hombres tan fácilmente como a los animales. Así fue que los aguarunas no podían siquiera pelear. Los solos ojos fijos de panki paralizaban a una aldea y era aparentemente invencible. Después de sus correrías, tornaba a la laguna y allí estábase durante días, sin que nadie osara ir apenas a verla de lejos. Era una amenaza escondida en esa laguna escondida. Todo el bosque temía el abrazo de panki.

Habiendo asolado° una ancha porción de selva, debía llegar de seguro a cierta aldea aguaruna donde vivía un guerrero llamado Yacuma. Este memorable hombre del bosque era tan fuerte y valiente como astuto. Diestro en el manejo de todas las armas, ni hombre ni animales lo habían vencido nunca. El guerrero Yacuma resolvió ir al encuentro de la serpiente, pero no de simple manera. Coció una especie de olla, en la que metió la cabeza y parte del cuerpo, y dos cubos más pequeños en los que introdujo los brazos. La arcilla° había sido mezclada con ceniza de árbol para que adquiriera una dureza mayor. Con una de las manos sujetaba un cuchillo forrado en cuero. Protegido, disfrazado y armado así, Yacuma avanzó entre el bosque a orilla de la laguna. Resueltamente entró al agua mientras, no muy lejos, en la chata cabezota acechante°, brillaban los ojos ávidos de la fiera panki. La serpiente no habría de vacilar, sea porque le molestara que alguien llegase a turbar su tranquilidad, porque tuviese ya hambre o por natural costumbre, estiróse hasta Yacuma y abriendo las fauces°, lo engulló. La protección ideada hizo que, una vez devorado, Yacuma llegara sin sufrir mayor daño hasta donde palpitaba el corazón de la serpiente. Entonces, quitóse las ollas de greda° y ceniza, desnudó su cuchillo y comenzó a dar recios tajos al batiente corazón. Era tan grande y sonoro como un maguaré°. Mientras tanto, panki se revolvía de dolor y dando tremendos coletazos. La laguna parecía un hervor de anillos. Aunque el turbión de sangre y entrañas revueltas lo tenía casi ahogado, Yacuma acuchilló hasta destrozar el corazón de la señuda panki. La serpiente cedió, no sin trabajo porque las pankis mueren lentamente y más ésa. Sintiéndola ya inerte, Yacuma abrió un boquete por entre las costillas, salió como flecha sangrienta y alcanzó la orilla a nado.

No pudo sobrevivir muchos días. Los líquidos de la boa de agua le rajaron las carnes y acabó desangrado. Y así fue como murió la más grande y feroz panki y el mejor guerrero aguaruna también murió, pero después de haberla vencido.

Todo esto ocurrió hace mucho tiempo, nadie sabe cuánto. Las lunas no son suficientes para medir la antigüedad de tal historia. Tampoco las crecientes de los ríos ni la memoria de los viejos que conocieron a otros más viejos.

Cuando algún aguaruna llega al borde de la laguna sombría, si quiere da voces, tira arpones y observa. Las prietas aguas negras siguen quietas. Una panki como la muerta por el guerrero Yacuma, no ha surgido más.

asolado: devastado
arcilla: tierra
acechante: vigilante
fauces: boca
greda: tierra
maguaré: animal del Amazonas

Nombre ________________________________

Fecha ________________________________

Verifiquemos e interpretemos

K **A ver si comprendiste.** Usando tus propias palabras en la figura de la boa escribe las características que la describan. Igualmente en la figura que representa a Yacuma escribe varias características que lo distingan a él.

Yacuma

Panki

L **¡A interpretar!** Contesta las siguientes preguntas.

1. ¿Cuándo ocurre la acción que se narra en el cuento "Panki y el guerrero"? ¿Hace pocos años o hace mucho tiempo?

____

____

____

2. ¿Cómo mataban los indios aguarunas a las boas de agua?

____

____

____

3. ¿Qué les hacía la panki a los animales que atacaba?

4. ¿Cómo decide Yacuma acabar con la panki?

5. ¿Qué le pasa al final del cuento a Yacuma?

6. ¿Por qué podemos decir que Yacuma es el héroe del cuento?

M **Leyenda fantástica.** En otras mitologías del mundo aparecen dragones u otros grandes animales feroces. Imagínate que eres un(a) escritor(a) de leyendas fantásticas y estás escribiendo un cuento sobre un animal grande y feroz que aterrorizaba a tu pueblo o ciudad hasta que un día una niña llamada Jazmín decide acabar con este terrible animal. Escribe la sección de este cuento que tiene como subtítulo: "Cómo Jazmín acabó con el monstruo". Usa este espacio para organizar tus ideas. Luego escribe tu cuento en una hoja aparte.

Nombre ______________________________

Fecha ______________________________

¡Escuchemos!

A **¡El mundo al punto!** Escucha a los locutores de este programa de la radio hispana que hablarán sobre la música afroperuana. Marca si cada oración que sigue es **cierta (C), falsa (F)** o si no tiene relación con lo que escuchaste **(N/R).** Si la oración es falsa, corrígela. Escucha una vez más para verificar tus respuestas.

C F N/R 1. La música conocida como afroperuana fue traída al Perú por exiliados cubanos después de 1960.

____

C F N/R 2. Folcloristas como Nicomedes Santa Cruz y Abelardo Vásquez contribuyeron a la difusión de la tradición musical afroperuana.

____

C F N/R 3. La población de origen africano del Perú llega a más de medio millón de personas.

____

C F N/R 4. Celia Cruz es la cantante que interpretó la canción "Toro Mata".

____

C F N/R 5. La canción "Toro Mata" incluye la expresión *"la ponde, ponde, pondé"* derivada de una lengua africana.

____

C F N/R 6. Los músicos afroperuanos inventaron el cajón como instrumento musical porque suena mejor que los tambores.

____

Pronunciación y ortografía

El sonido /g/ y las combinaciones *ga, go* y *gu*

El sonido **/g/** es un sonido fuerte que siempre se escribe **g.** Este sonido sólo ocurre delante de otras consonantes, como en **gr**ande o **gl**obo, y delante de las vocales **a, o, u.** Para conseguir el sonido **/g/** delante de las vocales **e** o **i** hay que escribirlo **gue, gui** como en si**gue,** á**gui**la. En estas palabras, la **u** no se pronuncia. Para conseguir que la **u** se pronuncie en estas combinaciones, hay que escribirla con diéresis (**ü**) como en ver**güe**nza, pin**güi**no. En las siguientes palabras, observa cómo se escribe el sonido **/g/** delante de las vocales mientras escuchas al narrador leer las siguientes palabras.

ga	**ga**lgo	lu**gar**
go	**go**rra	fue**go**
gu	**Gu**adalajara	fi**gu**ra
gue	**gue**rrero	ju**gue**te
gui	**guí**a	al**gui**en
güe	**güe**ro	ci**güe**ña
güi	**güi**ro	a**güi**ta

B **Práctica con el sonido /g/.** Ahora la narradora va a leer las siguientes palabras con el sonido **/g/.** Escribe las letras que faltan.

1. e n t r e ___ ___ r
2. M i ___ ___ ___ l í n
3. t r i á n ___ ___ l o
4. l u e ___ ___
5. i r r i ___ ___ c i ó n
6. ___ ___ b i n e t e
7. s i n v e r ___ ___ ___ n z a
8. ___ ___ ___ r d a r
9. M a r ___ ___ r i t a
10. n o r u e ___ ___

Nombre ______________________________

Fecha ______________________________

C **Dictado**. Escucha el siguiente dictado e intenta escribir lo más que puedas. El dictado se repetirá una vez más para que revises tu párrafo.

El valle de Nasca

¡Practiquemos!

4.7 Los adverbios

D **Los adverbios de Margarita Pareja.** En las siguientes oraciones, basadas en la historia "La camisa de Margarita Pareja", hemos puesto algunas palabras en negrilla. Encima de cada una de ellas, indica si son adjetivo **(Adj.)** o adverbio **(Adv.)**. Acuérdate, los adjetivos pueden ser calificativos o atributivos. No confundas los adjetivos atributivos con los adverbios.

MODELO: **Todavía** se recuerda **constantemente** la **divertida** historia de Margarita Pareja.

TÚ ESCRIBES: **Adv.** **Adv.** **Adj.**
Todavía se recuerda **constantemente** la **divertida** historia de Margarita Pareja.

1. La bordadura era de **puro** oro y plata.
2. Luis Alcázar estaba **enamorado** de Margarita.
3. Luis vivía muy **pobremente**, esperando **siempre** heredar la **enorme** fortuna de su tío.
4. Los jóvenes **ricos** y **nobles** de Lima se enamoraban **constantemente** de Margarita.
5. Margarita había soñado **siempre** con un hombre como Luis.
6. Don Raimundo no hubiera querido **nunca** tener un yerno **pobretón.**
7. Cuando se enteró de la reacción **negativa** de su padre, Margarita se puso **furiosa**.
8. **Todavía** se habla en Lima de la **famosa** camisa de Margarita Pareja.

Nombre ______________________________

Fecha ______________________________

E **Los adjetivos de Margarita Pareja.** En los renglones que aparecen a continuación escribe, en la columna de la izquierda, los nueve adjetivos que encontraste en la actividad anterior. En la columna de la derecha, escribe la palabra a la que califican o atribuyen. El primero aparece como modelo.

	Adjetivos		**Palabra a la que califica o atribuye**
1.	**puro**	**1.**	**oro y plata**
2.		**2.**	
3.		**3.**	
4.		**4.**	
5.		**5.**	
6.		**6.**	
7.		**7.**	
8.		**8.**	
9.		**9.**	

F **Más adverbios.** En los renglones que aparecen a continuación escribe, en la columna de la izquierda, los seis adverbios que encontraste en la actividad D. En la columna de la derecha, escribe la palabra a la que modifican. El primero aparece como modelo.

	Adverbios		**Palabra a la que modifica**
1.	**pobremente**	**1.**	**vivía**
2.		**2.**	
3.		**3.**	
4.		**4.**	
5.		**5.**	
6.		**6.**	

4.8 Las frases preposicionales y la información suplementaria

G **Preposiciones en el valle de Nasca.** En las siguientes oraciones, basadas en la lectura "Los enigmáticos diseños del valle de Nasca", tú y dos compañeros tienen que subrayar por lo menos la siguiente cantidad de frases preposicionales:

- tres frases con la preposición *de*
- tres frases con la preposición *en*
- dos frases con la preposición *por*
- una frase con *desde*

MODELO: Las líneas del valle tienen diseños fabulosos.

TÚ ESCRIBES: **Las líneas del valle tienen diseños fabulosos.**

1. El pueblo nasca se caracterizó por la construcción de templos y acueductos.
2. Las cerámicas nascas son obras de exquisita belleza.
3. Recordamos a los nascas por los fabulosos diseños trazados en las rocas.
4. Los diseños cubren hectáreas de una tierra sumamente árida.
5. Kroeber y Mejía observaron unas líneas en el desierto en 1926.
6. Las líneas sólo pueden contemplarse desde un avión.

H **Frases preposicionales.** Ahora copia las nueve frases preposicionales que subrayaste en el ejercicio anterior en la columna de la izquierda. En la columna de la derecha, escribe la palabra modificada por la frase preposicional. La primera está tomada del modelo anterior.

	Frase preposicional		Palabra modificada
1.	del valle	1.	líneas
2.		2.	
3.		3.	
4.		4.	
5.		5.	
6.		6.	
7.		7.	
8.		8.	
9.		9.	
10.		10.	

Nombre ______________________________

Fecha ______________________________

4.9 ¡Ya sabes poner acentos! Vamos a repasar.

I

Acentos del Perú. Las siguientes oraciones, tomadas de Margarita Pareja y de los nascas, las hemos puesto sin acentos. Cópialas en el renglón que aparece debajo de cada una de ellas cuidando de poner acentos escritos en donde sea necesario.

1. El padre de la joven consulto a medicos y a curanderos.

____

____

2. Don Honorato, el tio de Luis, insistio en una condicion muy dificil.

____

____

3. Margarita tendria que ir a casa de su marido solo con la ropa que llevaba puesta y nada mas.

____

____

4. Don Raimundo pidio regalar a su hija una camisa de novia.

____

____

5. La arqueologa Silverman no tiene duda de que los diseños son de indole religiosa.

____

____

6. El trazado de los diseños no dependio de un alto nivel de habilidades tecnologicas.

____

____

7. ¿Donde vivieron los nascas? ¿En que parte del Peru?

____

____

8. Recordamos de los nascas los enormes triangulos, trapecios y espirales.

____

____

J **Reglas de acentuación.** A continuación hay una tabla para que agrupes las palabras a las que les has puesto acento según la regla que se sigue con cada una. Has puesto acento sobre dieciocho palabras. Escribe todas las palabras que subrayaste en el ejercicio anterior en la columna apropiada. Algunas palabras figuran como modelo.

Palabras que terminan en vocal, **n** o **s** con el golpe en la última sílaba	Palabras que se escriben como otras palabras	Palabras esdrújulas	Palabras con diptongos	Palabras que terminan en consonante con el golpe en la penúltima sílaba
consultó	**sólo**	**médicos**	**tío**	

Nombre ______________________________

¡Leamos!

Tesoros de la literatura contemporánea

K **Para anticipar.** Antes de leer el siguiente cuento basado en la tradición oral afroperuana, contesta las siguientes preguntas sobre la Navidad y cómo la celebran.

1. ¿Cómo se celebra la Navidad en el país de origen de tus padres o abuelos? ¿Existe alguna celebración especial durante esa fecha?

____
____
____

2. ¿Qué es lo que conmemora la Navidad? ¿Dónde y cuándo ocurrió este evento?

____
____
____

3. ¿Celebra tu familia de una manera religiosa la Navidad? ¿Hay alguna otra celebración religiosa que tenga lugar durante estas fechas?

____
____
____

4. En algunos países hispanos, los regalos se entregan a los niños el Día de los Reyes Magos. ¿Sabes en qué fecha ocurre este día? ¿Quiénes eran los Reyes Magos?

____
____
____

5. ¿Cuál es para ti el mensaje más importante de la Navidad?

____
____
____

Lectura peruana

Lee el cuento "Fue en el Perú" escrito por el peruano Ventura García Calderón (1887–1959). Fíjate que en este cuento, situado en el ambiente campesino peruano, aparecen muchas palabras que se derivan del quechua.

Fue en el Perú

"Aquí nació, niñito", murmuraba la anciana masticando un cigarro apagado. Ella me hizo jurar discreción eterna; mas ¿cómo ocultar al mundo la alta y sublime verdad que todos los historiadores falsifican? "Se pusieron de acuerdo para que nadie lo supiera, porque es tierra pobre", me explicaba la vieja. Extendió la mano, resquebrajada como el nogal, para indicarme de qué manera se llevaron al niño muy lejos para que nadie supiera que nació en tierra peruana. Pero un día todo se sabrá. Su tatarabuela, que Dios tenga en su santa gloria, vio y palpó los piececitos helados por el frío de la puna°; y fue una llama de lindo porte la primera que se arrodilló, como ellas saben hacerlo, con elegancia lenta, frotando la cabeza inteligente en los pies manchados de la primera sangre. Después vinieron las autoridades.

°puna: tierras frías de los Andes

La explicación comenzaba a ser confusa; pedí nuevos informes y minuciosamente lo supe todo: la huida, la llegada nocturna, el brusco nacimiento, la escandalosa denegación de justicia, en fin, que es el más torpe crimen de la historia. "Le contaré —decía la vieja, chupando el pucho° como biberón—. Perdóneme, niñito, pero fue cosas de los blancos".

°pucho: colilla del cigarro

No podía sorprenderme esta nueva culpa de mi raza. Los blancos somos en el Perú, para la gente de color, responsables de tres siglos injustos. Vinimos de la tierra española hace mucho tiempo, y el indio cayó aterrado bajo el relámpago de nuestros cañones. Después trajimos en barcos de tres puentes, del Senegal o más allá, con cadena en los pies y mordaza en la boca, a los esclavos africanos, las "piezas de ébano", como se dijo entonces, que bajo el látigo del mayoral, gimieron y murieron por los caminos.

También debía de ser aquella atrocidad cosa de los blancos, pues la pobre india doncella —aseguraba la vieja— tuvo que fugarse a lomo de mula muy lejos, del lado de Bolivia, con su esposo, que era carpintero.

El relato de la negra Simona comienza a ser tan confuso que es necesario resumir con sus propias palabras: "Gobernaba entonces en el departamento un prefeto° canalla y explotador, como esos patrones que hacen trabajar a los hijos del país pagando coca y aguardiente no más. Si los indios se niegan, se les recluta para el ejército. Es la leva, que llaman. Fue así como obtuvieron aquellos indios que horadaron el pecho al Santo Cristo; pero esto fue más tarde y todavía no había nacido aquí."

°prefeto: "prefecto" o gobernador militar

Nombre ___________________________

Fecha ___________________________

"Agarró y mandó el prefeto que los indios no salieran de cada departamento, mientras en la tierra vecina otro gobernador, hereje y perdido como él, no quería que tuvieran hijos, porque se estaba acabando el maíz en la comarca. Entonces huyeron, a lomo de mula, la Virgen María, que era indiecita, y San José que era mulato. Fue en este tambo°, en que pasaron la divina noche. Las gentes que no saben no tienen más que ver cómo está vestida la Virgen, con el mismo manto de las serranas y las sandalias en los pies polvorientos, sangrando en las piedras de los Andes. San José vino hasta el tambo al pie de la mula, y en quechua pidió al tambero que le permitiese dormir en el pesebre".

tambo: "posada" del término quechua *tampu*

"Todita la noche las quenas° de los ángeles estuvieron tocando para calmar los dolores de Nuestra Señora. Cuando salió el sol sobre la puna, ya estaba llorando de gozo porque en la paja sonreía su preciosura, su corazoncito, su palomita. Era una guagua° linda ¡caray!, que la Virgen, como todas las indias, quería colgar ya del poncho en la espalda. Entonces lo que pasó nadie podría creerlo, niñito. Le juro que las llamas del camino se pusieron de rodillas y bajó la nieve de las montañas como si se hubieran derretido con el calor los hielos del mundo. Hasta el prefeto comprendió lo que pasaba y se vino derechito seguido por un cacique indio y el rey de los mandingas, ¡que era un esclavo del mismo amo que mi tatarabuela! Ésos son los Reyes Magos que llaman. El blanco, el indio y el negro venían por el camino, entre las llamas arrodilladas que bajaban de las minas de oro con su barrote de oro en el lomo. Hasta los cóndores no atacaban ya a los corderos.

quenas: flauta, instrumento musical andino

guagua: bebé

"Nunca los indios han vuelto a estar tan alegres como lo estuvieron en la puerta del tambo, bailando el cacharpari° y preparando la chicha° que había de beber el santo niño. Ya los mozos de los alrededores llegaban trayendo los pañales de lana roja y ponchitos de colores y esos cascabeles con que adornan a las llamas en las ferias. Y cuando llegó el prefeto con el cacique y el rey de los mandingas, todos callaron temerosos. Y cuando el blanco dejó en brazos del niño santo la barra de oro puro, nuestro amito sonrió con desprecio. Y cuando los otros dos avanzaron y se quejaron que sólo tenían para regalar collares de guayruros° y esos mates de colores en que sirven la chicha y las mazorcas de maíz más doradas que el oro, Su Majestad abrió los bracitos y habló... La mala gente dirá que no podía hablar todavía. Pero el Niño-Dios lo puede todo, y el rey de los mandingas oyó clarito esta razón: "El color no te ofende, hermano".

cacharpari: baile quechua

chicha: bebida quechua

guayruros: especie de frijol

"Entonces un grito de contento resonó hasta en los Andes, y todos comprendieron que ya no habría amos ni esclavos, ni tuyo ni mío, sino que todos iban a ser hijos parejos del Amo divino, como habían prometido los curas en los sermones. La vara de San José estaba abierta lo mismito que los floripondios°, y los arrieros° que llegaban dijeron que los blancos gritaban en la casa del cura, con el látigo en la mano.

floripondios: árbol de flores del Perú; arrieros: persona que conduce animales de carga

Sin que nadie supiera cómo ni de qué manera se llevaron las autoridades al niño en la carga una mula. La Virgen María y su santo esposo iban detrás, cojeando, con arradados de los pies.

"Y desde aquel tiempo nadie puede hablar de la injusticia en la provincia sin que lo manden a la chirona°. Pero todos sabemos que Su Majestad murió y resucitó después y que vendrá un día por acá para que la mala gente vean que es de color de la tierra como los hijos del país. Y entonces mandarán castigar a los blancos, y los negros serán sus propios amos, y no habrá tuyo ni mío, ni levas, ni prefetos, ni tendrá que trabajar el pobre para que engorde el rico"...

chirona: cárcel

La negra Simona tiró el pucho, se limpió una lágrima con el dorso de la mano, cruzó los dedos índice y pulgar para decirme:

"Un Padrenuestro por las almas del Purgatorio, y júreme, niño, por estas cruces, que no le dirá a nadie cómo nació en este tambo el Divino Hijo de Su Majestad que está en el Cielo, amén".

Verifiquemos e interpretemos

L **A ver si comprendiste.** "Fue en el Perú" es un cuento que pertenece a la tradición oral afroperuana y presenta otra versión de la Navidad. En el siguiente diagrama de Venn compara la versión de la Navidad según la anciana Simona que aparece en este cuento y la historia de la Navidad tradicional más conocida en el mundo. También escribe las características que comparten ambas versiones.

La Navidad

Según la anciana Simona	Lo que ambas tienen en común	Según la historia más conocida
1. ________	1. ________	1. ________
2. ________	2. ________	2. ________
3. ________	3. ________	3. ________
4. ________	4. ________	4. ________
5. ________	5. ________	5. ________

Nombre ____________________

Fecha ____________________

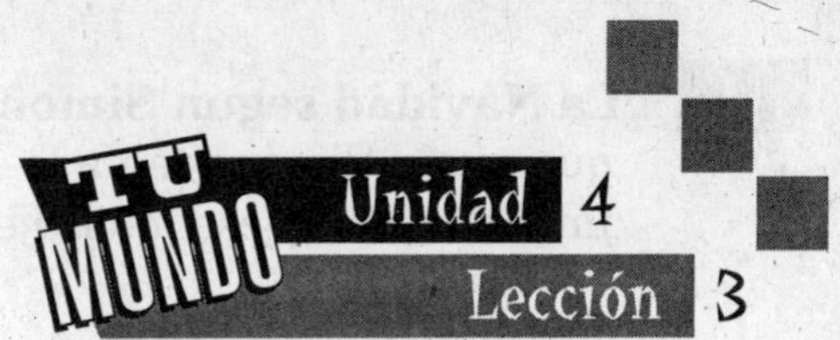

M **¡A interpretar!** Indica la letra que corresponde según el cuento "Fue en el Perú", de Ventura García Calderón.

1. Cuando la anciana Simona estaba contando el cuento...

a. limpiaba la cocina de su casa.

b. tomaba un vaso de chicha.

c. masticaba un cigarro apagado.

2. Según el narrador del cuento, para la gente de color del Perú, los blancos son responsables de...

a. tres siglos injustos.

b. traer la paz y el progreso.

c. establecer la democracia en el país.

3. Según la anciana Simona, la Virgen María era una doncella india y su esposo San José era un carpintero...

a. también indio.

b. blanco.

c. mulato.

4. Según Simona los tres Reyes Magos eran el prefecto militar, un cacique indio y...

a. el alcalde de Lima.

b. el rey de los mandingas.

c. un arriero de las minas de oro.

5. El prefecto militar blanco le puso en los brazos del Niño-Dios...

a. una mazorca de maíz dorado.

b. unos ponchos de colores.

c. una barra de oro.

6. Las autoridades se llevaron al Niño-Dios, a la Virgen María y a San José porque...

a. estaban muy alegres y querían su compañía.

b. el mensaje del Niño-Dios representaba un peligro para los ricos del Perú.

c. querían asegurar que los campesinos no les hicieran daño.

N **La Navidad según Simona.** En tus propias palabras, ¿cuál es el mensaje que según Simona tenía la Navidad para el pueblo del Perú? ¿Cuál es la importancia de ese mensaje? ¿Estás de acuerdo con el mensaje?

Nombre ______________________________

Fecha ______________________________

¡Escuchemos!

A **¡El mundo al punto!** Escucha a los locutores de este programa de la radio hispana titulado "¡El mundo al punto!", quienes hablarán sobre las Olimpiadas de Barcelona. Luego, selecciona la opción correcta para completar las oraciones que aparecen a continuación. Escucha una vez más para verificar tus respuestas.

1. Las Olimpiadas de 1992 se celebraron en Barcelona, la capital de la región autónoma de...

a. Andalucía. **b.** Valencia. **c.** Cataluña.

2. En estos Juegos Olímpicos de verano de 1992 participó otra vez una delegación de Sudáfrica, país que había sido expulsado en 1970 por...

a. no pagar las cuotas debidas al Comité Olímpico Internacional.

b. practicar el sistema racista del *apartheid*.

c. ser un país sin elecciones democráticas.

3. Las cuatro lenguas oficiales de los Juegos Olímpicos de 1992 fueron...

a. el castellano, el inglés, el francés y el alemán.

b. el castellano, el inglés, el francés y el chino.

c. el catalán, el castellano, el inglés y el francés.

4. La apertura de las Olimpiadas de Barcelona coincidió con el final de la Segunda Cumbre Iberoamericana que congregó a...

   a. la mayoría de los jefes de estado de los 19 países iberoamericanos junto con España y Portugal.

   b. los jefes de estado de todos los países de la cuenca del Pacífico.

   c. los presidentes de los países miembros de la Unión Europea.

5. Lo que más emocionó a Alicia de la ceremonia de apertura de las Olimpiadas...

   a. fue la presencia de Nelson Mandela como invitado especial en el estadio.

   b. fue cuando un arquero español disparó una flecha para prender la antorcha olímpica en el estadio.

   c. fueron las palabras de inauguración pronunciadas por el Rey Juan Carlos I de España.

6. Según Pascual Maragall, el alcalde de Barcelona, las Olimpiadas...

   a. afectaron a Barcelona de una manera negativa porque se gastaron miles de millones de pesetas en obras públicas.

   b. no tuvieron mucho impacto en esta antigua ciudad.

   c. transformaron la ciudad de una manera muy positiva.

Acentuación y ortografía

El sonido /x/, la letra *j* y las combinaciones *ge* y *gi*

El sonido **/x/** es un sonido suave que se escribe **j** o **g.** Este sonido suave sólo se escribe **g** delante de las vocales **e** e **i,** como en **ge**nte o **gi**tano. En las siguientes palabras, observa cómo se escribe el sonido **/x/** delante de las vocales mientras escuchas a la narradora leer las siguientes palabras.

ja:	**Ja**lisco	traba**ja**r		
jo:	**jo**yería	hi**jo**		
ju:	**ju**gar	**ju**guete		
je / ge:	**je**fe	e**je**rcicio	**ge**neral	inteli**ge**nte
ji / gi:	**ji**nete	ca**ji**ta	**gi**mnasio	exi**gi**r

Nombre ____________________

Fecha ____________________

TU MUNDO Unidad 5 Lección 1

B **Práctica con el sonido /x/.** Ahora el narrador va a leer las siguientes palabras con el sonido **/x/.** Escribe las letras que faltan.

1. d i ___ ___ r o n
2. v i e ___ ___ t a
3. ___ ___ u l a
4. ___ ___ n e r a c i ó n
5. ___ ___ r a f a
6. ___ ___ g a n t e
7. ___ ___ a n i t a
8. c o n s e ___ ___
9. ___ ___ g u e t e
10. ___ ___ n e a l ó ___ ___ c o

C **Dictado.** Escucha el siguiente dictado e intenta escribir lo más que puedas. El dictado se repetirá una vez más para que revises tu párrafo.

España, tierra de moros

¡Practiquemos!

5.1 Los sustantivos personales de preposición

D **¡Qué ganas de esclarecerlo todo!** Tu amiga, Clara Evidente, tiene la manía de decir "¡claro!" a todo lo que se le dice. ¿Qué dice en estos casos? Escribe el comentario de Clara Evidente en el renglón que aparece debajo de cada oración. Acuérdate de cambiar el sustantivo personal de preposición en los casos que sea necesario.

MODELO: Yo confío mucho en ti.

TÚ ESCRIBES: **¡Claro que confías mucho en mí!**

1. Los niños se molestaron contigo.

____

____

2. Tú confías demasiado en nosotros.

____

____

3. Yo compré los libros para ti.

____

____

4. Nosotros nos acordamos mucho de ti.

____

____

5. Los muchachos se alejaron de ellos.

____

____

6. Tú te acuerdas de las amigas de María.

____

____

Nombre ______________________

Fecha ______________________

7. Mateo espera demasiado de mí.

____

____

8. No nos ocupamos lo suficiente de él.

____

____

9. Ella quiere ir conmigo.

____

____

10. Salimos con los maestros.

____

____

5.2 Los verbos *ser* y *estar*

E **Tierra de moros.** Las siguientes oraciones se han tomado de la lectura "España, tierra de moros". Debajo de cada una de las palabras que hemos puesto en negrilla, escribe si es Objeto **(Obj.)** o Atributo **(Atr.)**.

1. Los musulmanes conquistaron **la Península Ibérica** en el año 711.
2. Su cultura era **una de las más extraordinarias** de la historia del mundo.
3. Los árabes dejaron en la península **una riquísima herencia.**
4. La cultura árabe fue **una de las más literarias** de todos los tiempos.
5. La poesía y el canto eran **muy importantes** para la educación.

F **¿Cómo son?** Describe a los profesores, los estudiantes y las clases de la Escuela Robinson en los renglones que aparecen a continuación.

MODELO: **El señor Arenas es alto.**

Vocabulario útil

guapo	muy buena	alto	desorganizada
estupendo	simpática	moreno	perfeccionista

1. Sra. Estrada

____

____

2. Sr. Arenas

____

____

MODELO: **Los profesores son excelentes.**

Vocabulario útil

simpáticos	excelentes	divertidas	exigentes
interesantes	fantásticas	estupendos	trabajadores

3. profesores

____

____

4. estudiantes

____

____

5. clases

____

____

Nombre ______________________

Fecha ______________________

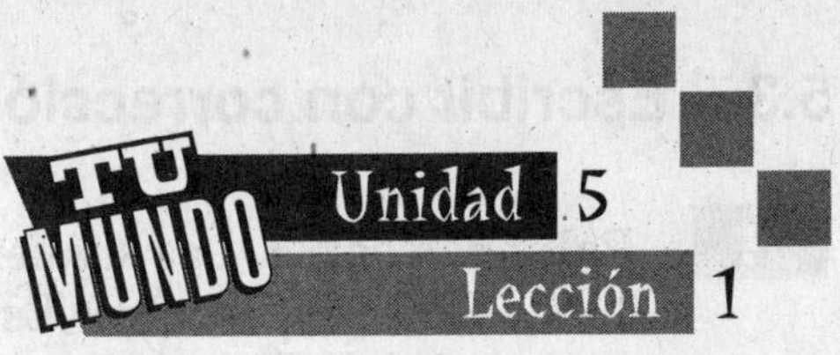

G **¡Qué criticones!** ¿Cómo le contestas a tu compañero cuando critica las cosas de tu escuela?

MODELO: clases: desorganizado / organizado
Tu compañero dice: **Las clases son desorganizadas.**
Tú dices: **¡No! Las clases son organizadas.**

1. estudiantes: tonto / inteligente
   Compañero: ______________________
   Tú: ______________________
2. director(a): antipático / simpático
   Compañero: ______________________
   Tú: ______________________
3. profesor(a) de...: desorganizado / excelente
   Compañero: ______________________
   Tú: ______________________
4. clases: aburrido / interesante
   Compañero: ______________________
   Tú: ______________________
5. tú y yo: feo / guapo
   Compañero: ______________________
   Tú: ______________________
6. profesores: aburrido / divertido
   Compañero: ______________________
   Tú: ______________________
7. colegio: fatal / fantástico
   Compañero: ______________________
   Tú: ______________________
8. exámenes: difícil / fácil
   Compañero: ______________________
   Tú: ______________________

5.3 Escribir con corrección: La *z*

H **Palabras con *z*.** Las siguientes cinco palabras que se escriben con **z** se han usado en la lectura "España, tierra de moros". En los renglones que aparecen debajo de cada palabra copia la frase en la que esa palabra se usa en la lectura. Después, con ayuda de dos compañeros, redacta una oración inventada por ti en la que se use la misma palabra.

MODELO: empezando

TÚ ESCRIBES: **empezando por la expresión "ojalá".**
Me gusta mucho la clase de español, empezando por las lecturas literarias.

1. avanzadas

___

___

___

2. caracterizó

___

___

___

3. empezaron

___

___

___

4. azulejos

___

___

___

5. mezquita

___

___

___

Nombre ______________________________

Fecha ______________________________

¡Escribamos!

Correspondencia práctica: Una carta entre amigos. Las cartas entre amigos en español son muy similares a las cartas en inglés con una excepción: las cartas escritas en español requieren cierto nivel de cortesía. A continuación aparecen varias fórmulas de cortesía frecuentemente usadas en cartas entre amigos.

- **La fecha.** Generalmente se sitúa en la parte superior derecha de la hoja de papel y sigue uno de estos dos formatos:

  El 16 de mayo de 2002 o **16 de mayo de 2002**

- **La dirección.** Como en inglés, no se usa en cartas entre amigos. En el sobre se usan los títulos.

Sr.	señor	**Srta.**	señorita
Sra.	señora	**Sres.**	señores

- **El saludo.** Siempre se cierra con dos puntos.

Querida Teresa:	Querido Julián:
Estimada amiga:	Estimados amigos:
Queridísima abuelita:	Queridísimo Pablo:

- **El cuerpo.** Éste contiene la información que uno quiere comunicarle(s) a su(s) amigo(s). A continuación hay algunos modelos que muestran cómo empezar y terminar el cuerpo de una carta entre amigos.

  Para contestar una carta

  Hoy recibí tu carta y quiero decirte que...

  No sabes cuánto agradezco tu carta de (fecha)...

  Para empezar una carta

  Deseo / Espero que se encuentren todos bien de salud y...

  Les envío estas líneas para avisarles que...

Para terminar una carta

Atentamente,

Afectuosamente,

Recibe un abrazo de tu amigo(a),

- **La firma.** Ésta aparece a la derecha de la hoja de papel, debajo de la oración que termina la carta.

MODELO:

La fecha → 21 de enero de 2002

Estimado amigo: ← **El saludo**

Ayer recibí tu carta y no sabes qué gusto me dio. Saludos a tus padres y a tu hermano. Me alegro de que todos estén bien.

Gracias por los dos artículos que incluiste. No me habías dicho que eras candidato para el puesto de vicepresidente de tu escuela. ¡Te felicito! Y ojalá que ganes.

Yo te tengo noticias interesantes también. ¡Voy a México este verano! Increíble, ¿no? Mi profesora de español lleva a un grupo de turistas cada verano. Ella me dijo que si yo le ayudo a corregir tareas y pruebas de sus estudiantes todo el año, en vez de pagarme me va a regalar un viaje gratis. Como te has de imaginar, estoy muy entusiasmado en mi clase de español este año.

Bueno, parece que se me hace tarde. Todavía tengo que calificar unas tareas que la profesora quiere devolver mañana.

Recibe un abrazo muy fuerte de tu amigo,

La firma → *José*

Nombre ____________________

Fecha ____________________

I **¡A redactar!** Escríbele una carta a un(a) amigo(a) o a un pariente y cuéntale cómo va tu año escolar. También cuéntale sobre tu familia y pregúntale sobre la suya.

¡Leamos!

Tesoros de la literatura contemporánea

J **Para anticipar.** En la obra de muchos poetas existe una preocupación por reflejar la tierra donde nacieron o en la que viven. Por ejemplo, el poeta español Federico García Lorca (1898–1936) en algunos de sus poemas refleja la geografía de Andalucía, la región al sur de España de donde era originario. En "Baladilla de los tres ríos" aparecen tres ríos: el Guadalquivir, que es uno de los ríos más importantes de España, navegable hasta Sevilla, la ciudad más poblada de Andalucía, y que desemboca en el océano Atlántico; el Genil que baja de la Sierra Nevada y confluye con el Guadalquivir; y el Darro, un pequeño río que baja también de la Sierra Nevada más norte del Genil para confluir con este mismo río en Granada, la ciudad natal de García Lorca. La Sierra Nevada es la cadena montañosa que queda al sur y al este de Granada.

Escribe los nombres correspondientes de los puntos geográficos indicados con líneas en este mapa de España. Lee con cuidado el párrafo anterior que te da las claves para hacer este ejercicio.

Nombre ____

Fecha ____

Lectura española

Lee el siguiente poema de Federico García Lorca, el primero de su colección *Poema del cante jondo* (1931) en el que se celebra la tierra y la gente de su región natal: Andalucía.

Baladilla de los tres ríos

El río Guadalquivir
va entre naranjos y olivos.
Los dos ríos de Granada
bajan de la nieve al trigo.

¡Ay, amor
que se fue y no vino!

El río Guadalquivir
tiene las barbas granates°.
Los dos ríos de Granada,
uno llanto y otro sangre.

¡Ay, amor
que se fue por el aire!

Para los barcos de vela
Sevilla tiene un camino;
por el agua de Granada
sólo reman° los suspiros.

¡Ay, amor
que se fue y no vino!

Guadalquivir, alta torre
y viento en los naranjales.
Darro y Genil, torrecillas
muertas sobre los estanques.

¡Ay, amor
que se fue por el aire!

¡Quién dirá que el agua lleva
un fuego fatuo° de gritos!

¡Ay, amor
que se fue y no vino!

Lleva azahar°, lleva olivas,
Andalucía, a tus mares.

¡Ay, amor
que se fue por el aire!

granates: rojas como granadas
reman: avanzan en el agua
fatuo: necio, engreído
azahar: flor del naranjo

Verifiquemos e interpretemos

K **A ver si comprendiste.** En el siguiente diagrama de Venn escribe lo que caracteriza a los tres ríos que se mencionan en este poema y lo que tienen en común. Lee *Para anticipar* que aparece en esta sección ya que te puede ayudar a hacer este ejercicio.

Guadalquivir	Los tres ríos	Darro y Genil
1. ____________	1. ____________	1. ____________
2. ____________	2. ____________	2. ____________
3. ____________	3. ____________	3. ____________
4. ____________	4. ____________	4. ____________
5. ____________	5. ____________	5. ____________

L **¡A interpretar!** Contesta las siguientes preguntas intentando interpretar este poema.

1. ¿Por qué podemos decir que la primera estrofa hace referencia a la agricultura de Andalucía? ¿Cuáles son los tres productos agrícolas que se mencionan ahí?

____

____

____

____

2. ¿Qué tono le dan al poema los versos que forman dos pequeños coros que se repiten a través del mismo: "¡Ay, amor que se fue y no vino!" y "¡Ay, amor que se fue por el aire!"?

____

____

____

____

3. ¿Qué pueden significar los dos versos que dicen: "Los dos ríos de Granada, uno llanto y otro sangre"?

____

____

____

____

4. ¿Cómo se comunica en el poema que el río Guadalquivir es navegable hasta Sevilla?

____

____

____

____

5. ¿Por qué el río Guadalquivir se compara con una "alta torre" mientras que el Darro y el Genil se comparan con "torrecillas"?

____

____

____

____

6. ¿Qué es lo que más te gustó de este poema? Explica.

____

____

____

____

M **Poema sobre tu región.** Escribe un breve poema haciendo referencia a algunas de las características más celebradas del lugar donde vives. Puedes comparar tu pueblo, ciudad o región con alguna localidad vecina. El formato puede ser una balada o canción como el poema "Baladilla de los tres ríos", de Federico García Lorca, donde existe una rima asonante (los sonidos vocálicos son los mismos) entre el segundo y el cuarto verso en cada una de las estrofas de cuatro versos.

El río Guadalquivir
va entre naranjos y ol**ivos.**
Los dos ríos de Granada
bajan de la nieve al tr**igo.**

Nombre ______________________________

Fecha ______________________________

¡Escuchemos!

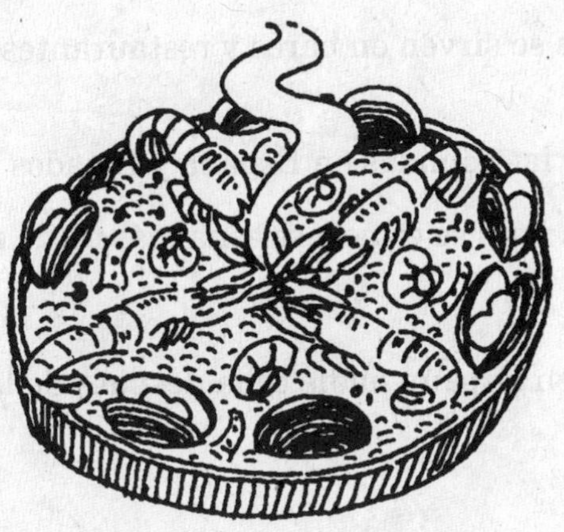

A **¡El mundo al punto!** Escucha a los locutores de este programa de la radio hispana titulado "¡El mundo al punto!", quienes hablarán sobre la cocina española. Luego, selecciona la opción correcta para completar las oraciones que aparecen a continuación. Escucha una vez más para verificar tus respuestas.

1. Muchos investigadores consideran la dieta de los españoles como una de las más sanas del mundo occidental porque...

a. los españoles prefieren consumir productos alimenticios enlatados.

b. los españoles casi no comen carne de cerdo.

c. los españoles enfatizan el consumo de comidas frescas y evitan las latas y los productos demasiado industrializados.

2. También los españoles son los que tienen el más alto consumo ____ de toda Europa.

a. de productos derivados de la leche

b. de productos marítimos

c. de vino

3. La costumbre de tener una secuencia de diferentes platillos que se inicia con una sopa y se termina con un postre es...

a. una costumbre de origen árabe.

b. una costumbre que introdujeron los franceses.

c. una influencia de turistas norteamericanos.

4. La sopa fría que se hace por lo general con trocitos de pan y con aceite, vinagre, sal, ajo, cebolla, jitomates y otros aditamentos se llama...

a. azafrán. **b.** sangría. **c.** gazpacho.

5. La paella valenciana es una mezcla de arroz, azafrán y...

a. huevos, cebolla y papas.

b. mariscos, pollo y otras carnes.

c. variados bocadillos que se sirven en bares y restaurantes en España.

6. Las horas tradicionales de las comidas en España y Estados Unidos...

a. son bastante diferentes pues se come y se cena más tarde en España.

b. son las mismas.

c. son diferentes porque en España nadie cena después de las 9:00 de la noche.

Pronunciación y ortografía

Los sonidos /g/, /x/ y las letras *g* y *j*

En lecciones anteriores practicaste la ortografía de los sonidos **/g/** y **/x/** y descubriste que en combinación con las vocales varía de la siguiente manera:

ga	**ja**
go	**jo**
gu	**ju**
gue	
gui	
güe	
güi	
ge	**je**
gi	**ji**

B **Práctica con los sonidos /g/ y /x/.** Ahora la narradora va a leer las siguientes palabras con estos dos sonidos. Escribe las letras que faltan.

1. p r e ____ ____ n t a
2. c o r r e ____ ____ r
3. r e l a ____ ____ d o
4. ____ ____ ____ r d a r
5. u n ____ ____ ____ n t o
6. s a l v a ____ ____
7. p u l ____ ____
8. t r á ____ ____ c o
9. p a ____ ____
10. ____ ____ z a r

Nombre ______________________________

Fecha ______________________________

C **Dictado.** Escucha el siguiente dictado e intenta escribir lo más que puedas. El dictado se repetirá una vez más para que revises tu párrafo.

Juan Ramón Jiménez

¡Practiquemos!

5.4 Uso de la preposición *a* con objetos

D **Oraciones platerescas.** En las siguientes oraciones, tomadas de los pequeños relatos de Juan Ramón Jiménez o basadas en ellos, hemos puesto en negrilla algunas frases con la preposición **a.** Debajo de la frase en negrilla, dinos si es una frase preposicional **(FP)** o un objeto **(Obj.)**, o sea, si se refiere a un actor o si da información suplementaria.

MODELO: Este año vamos a estudiar **a Juan Ramón Jiménez.**

TÚ ESCRIBES: **Obj.**

1. Ayer leímos **a Juan Ramón Jiménez** en la clase de español.
2. Las campanillas, níveas y gualdas le cuelgan, un momento, entre el blanco babear verdoso y luego se le van **a la barrigota** cinchada.
3. Juan Ramón acaricia **a Platero** cuando se le acerca por las tardes.
4. Lo dejo suelto y se va **al prado**, y acaricia tibiamente con su hocico, rozándolas apenas, las flores rosas, celestes y gualdas.
5. Cuando lo llamo, viene **a mí** con un trotecillo alegre.
6. Un día, Platero empujó **a un niño** con su bocaza rosa.
7. Los niños han ido con Platero **al arroyo** de los chopos.
8. La niña chica llamaba **a Platero**, diciéndole —¡Platero, Plateriiillo!
9. La niña le cogía las orejas, que Platero ponía **a su alcance**.
10. Entré en la casa por la puerta del corral y, huyendo de los hombres, me fui **a la cuadra** y me senté a pensar, con Platero.

Nombre ______________________________

Fecha ______________________________

E **Modificaciones platerescas.** En la columna de la izquierda, copia las frases preposicionales con **a** que has estudiado en el ejercicio anterior. En la columna de la derecha pon la palabra modificada por la frase con **a**.

Frase con *a*	Palabra modificada
1. ______________	1. ______________
2. ______________	2. ______________
3. ______________	3. ______________
4. ______________	4. ______________
5. ______________	5. ______________
6. ______________	6. ______________

5.5 La diferencia entre *ser* y *estar*

F ***Ser* y *estar* en el gimnasio.** En las siguientes oraciones, tomadas de la fotonovela de esta lección, completa los espacios en blanco con la forma apropiada del verbo **ser** o **estar.**

1. Meche dice que quizás ir al gimnasio no ____________________ tan mala idea.
2. Dice que en dos minutos ____________________ lista para salir con Diana.
3. Meche ____________________ muy lista y da muy buenos consejos.
4. El ejercicio no ____________________ suficiente para la buena salud.
5. Los muchachos ____________________ sorprendidos de todo lo que no pueden comer.
6. Diana les dice que ____________________ prohibido comer comidas con grasa.
7. Luis ____________________ simpático, joven, alto y agradable.
8. Parece que por ahora ____________________ muy joven para ella.
9. Meche dice que Luis ____________________ muy distraído y no le hace caso.
10. Dice Diana que Luis nada más ____________________ distraído por el momento.

Nombre ______________________________

Fecha ______________________________

5.6 Escribir con corrección: Más sobre la *z*

G **Platero y yo.** Las siguientes quince palabras han salido de la lectura de *Platero y yo,* de Juan Ramón Jiménez. Algunas se escriben con **z,** que es la letra que estamos estudiando en esta lección. Te las ponemos para que te fijes bien en ellas. Otras de las palabras no se escriben con **z** y te las ponemos porque también queremos que te fijes cómo se escriben. En los renglones que aparecen debajo de cada palabra haz lo mismo que en la lección anterior: copia la frase en la que se usa en la lectura. Después, redacta una oración inventada por ti en la que se use la misma palabra.

1. suave

____
____
____
____
____

2. hocico

____
____
____
____
____

3. rozándolas

____
____
____
____
____

4. mimoso

5. acero

6. razón

7. fugaz

8. rebuzno

Nombre ______________________________

Fecha ______________________________

¡Escribamos!

Diario interactivo

H **Tú y las emociones.** En tu diario interactivo anota la fecha que corresponda y escribe por lo menos una página completa desarrollando el tema general "Tú y las emociones". Las preguntas que aquí aparecen son sólo para ayudar a enfocar el tema. No escribas siguiendo el formato de preguntas y respuestas sino que intenta responder con párrafos articulados.

Tú y las emociones

Las emociones y los sentimientos son muy importantes en la vida de los seres humanos. Existen ciertas situaciones, ambientes o realidades que por alguna razón algunas personas relacionan con una emoción o un sentimiento particular. Por ejemplo, la época de Navidad y fiestas de Año Nuevo son para muchas personas días muy alegres pero para otros individuos son días de mucha tristeza.

Escoge si quieres escribir sobre la tristeza o sobre la alegría.

- ¿Qué relacionas tú con la tristeza? ¿Cómo son para ti los días tristes? ¿Qué te causa tristeza? ¿Te gusta la música llena de melancolía y nostalgia?
- ¿Qué relacionas tú con la alegría? ¿Cómo son para ti los días alegres? ¿Crees que las mañanas son más alegres que las tardes? ¿Qué te pone alegre?

¡Leamos!

Tesoros de la literatura contemporánea

I **Para anticipar.** Mucha de la poesía contemporánea está escrita en verso libre sin rima ni métrica tradicional pero con énfasis en imágenes poéticas que comunican los sentimientos del poeta. Antes de leer el poema "Sobre el oficio de escribir" del poeta español Luis Rosales (1910–1992), imagínate que eres un(a) gran poeta con fama internacional y contesta las siguientes preguntas para una revista literaria de España.

1. ¿Cuáles son los temas que más lo (la) inspiran a escribir poemas?

____

____

____

____

2. ¿La mayoría de sus poemas reflejan experiencias reales de su vida o son invenciones de su imaginación?

____

____

____

____

3. ¿Qué ventajas tiene escribir poemas de verso libre sin rima ni métrica tradicional? ¿Existe alguna desventaja en hacer esto?

____

____

____

____

4. ¿Cuáles son algunos consejos que Ud. quiere comunicar a poetas jóvenes sobre el oficio de escribir poesía?

____

____

____

Nombre ____________________

Fecha ____________________

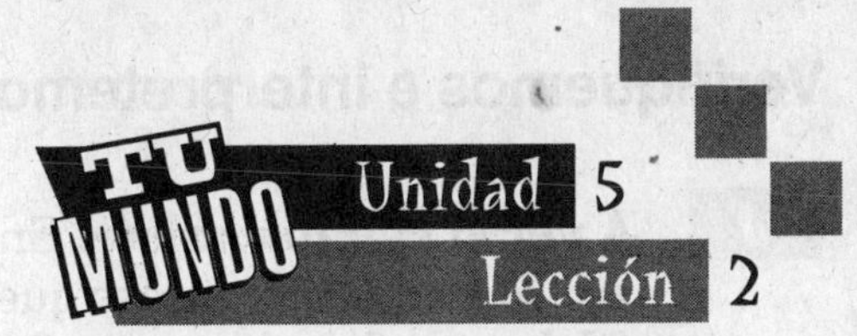

Lectura española

Lee el siguiente poema de Luis Rosales, un poeta español nacido en 1910 en Granada cuya obra poética está profundamente marcada por la Guerra Civil Española (1936–1939). Entre sus mejores libros se encuentran *La casa encendida* (1949) y *Diario de una resurrección* (1979). El poema suyo que aparece aquí fue tomado de esta última colección.

Sobre el oficio de escribir

Cada vez que se escribe un poema tienes que hacerte
un corazón distinto,
un corazón total,
continuo,
descendiente,
quizás un poco extraño,
tan extraño que sirve solamente para nacer de nuevo.
El dolor que se inventa nos inventa,
y ahora empieza a dolerme lo que escribo,
ahora me está doliendo;
no se puede escribir con la mano cortada,
con la mano de ayer,
no se puede escribir igual que un muerto se sigue
desangrando durante varias horas.
Tengo que hacerlo de otro modo,
con la distancia justa,
buscando una expresión cada vez más veraz°,
aprendiendo a escribir con el muñón°,
despacio, muy despacio,
despacísimo,
sin saber por qué escribes para legar° a quien las quiera,
no sé dónde,
estas palabras ateridas°,
estas palabras dichas en una calle inútil que tal vez tiene
aún alumbrado de gas,
Sin nadie las escucha,
paciencia y barajar, éste es tu oficio.

veraz: que dice la verdad; muñón: el brazo sin la mano; legar: heredar; ateridas: pasmadas de frío

Verifiquemos e interpretemos

J **A ver si comprendiste.** En el siguiente diagrama "mente abierta" escribe por lo menos cinco ideas que el poeta Luis Rosales expresa en su poema "Sobre el oficio de escribir".

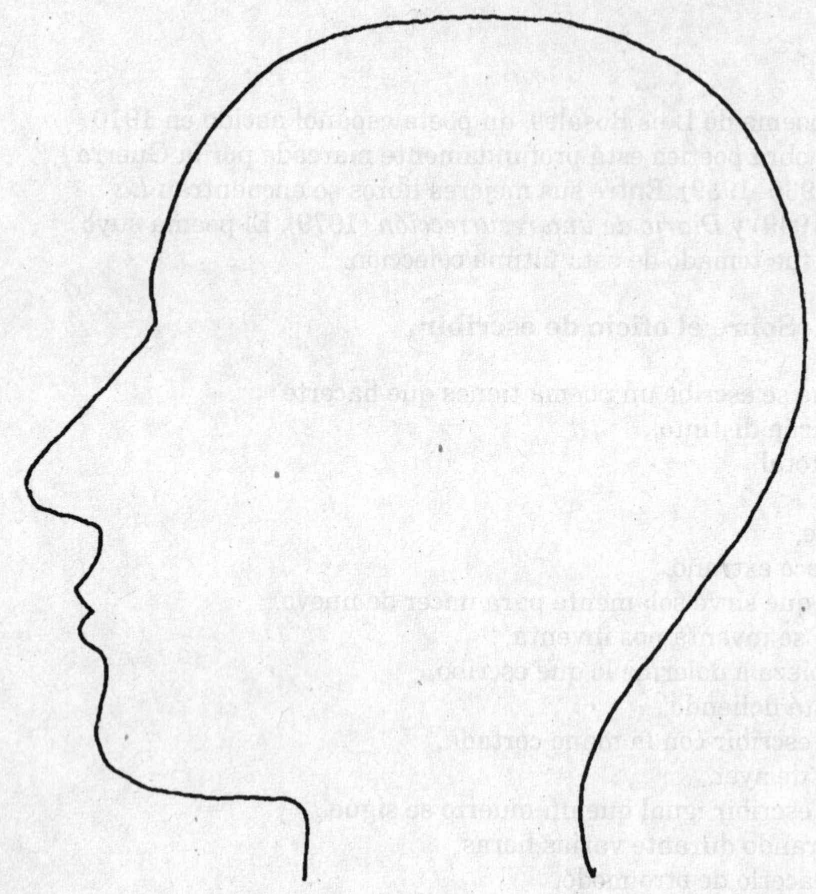

K **¡A interpretar!** Contesta las siguientes preguntas intentando interpretar este poema.

1. ¿Cómo interpretas la noción de que cada vez que se escribe un poema el poeta tiene que hacerse "un corazón distinto"? ¿Qué puede representar el "corazón"?

____

____

____

____

Nombre ______________________________

Fecha ______________________________

2. ¿Qué sentimiento te causa el verso que dice: "y ahora empieza a dolerme lo que escribo"? ¿Qué nos dice esto de la manera en que aconseja Luis Rosales escribir poemas?

____

____

____

____

3. ¿Por qué el poeta afirma: "no se puede escribir con la mano cortada, / con la mano de ayer"? Vuelve a escribir la misma idea de una manera más directa.

____

____

____

____

4. ¿De qué modo escribe Luis Rosales sus poemas? ¿Estás de acuerdo con sus recomendaciones? Explica por qué sí o por qué no.

____

____

____

____

____

5. ¿Qué parte del poema te gustó más? Explica.

____

____

____

____

____

L **Consejos de un poeta con experiencia.** Escribe un breve poema haciendo referencia a algunas de las recomendaciones que tienes para algo en que te consideras experto(a): mecánico(a), dependiente, cocinero(a), programador(a) de computadoras, etc. Este poema puede tener como modelo el de Luis Rosales que está en verso libre o puedes hacer que los versos rimen como en la métrica tradicional. No olvides ponerle un título a tu poema.

Nombre ____

Fecha ____

¡Escuchemos!

A **¡El mundo al punto!** Escucha a los locutores de este programa de la radio hispana, quienes hablarán sobre la popularidad mundial del cine español. Marca si cada oración que sigue es **cierta (C), falsa (F)** o si no tiene relación con lo que escuchaste **(N/R).** Si la oración es falsa, corrígela. Escucha una vez más para verificar tus respuestas.

C F N/R 1. La película *Mujeres al borde de un ataque de nervios* (1988) fue nominada para un premio "Óscar" en Hollywood como la mejor película extranjera.

____

____

____

____

C F N/R 2. Pedro Almodóvar nació en 1951 en La Mancha, lugar donde ha vivido toda su vida.

____

____

____

____

C **F** **N/R** **3.** Las películas del director español Pedro Almodóvar reflejan principalmente la sociedad española de los años 40.

____

____

____

____

C **F** **N/R** **4.** Una estrategia que tiene Pedro Almodóvar es utilizar el mismo equipo de colaboradores y de actrices y actores en la realización de muchas de sus películas.

____

____

____

____

C **F** **N/R** **5.** Pedro Almodóvar ha ganado más de veinte millones de dólares por sus películas.

____

____

____

____

C **F** **N/R** **6.** Antonio Banderas es un actor italiano que ha alcanzado mucho éxito en el mundo del cine.

____

____

____

____

Nombre ______________________________

Fecha ______________________________

Pronunciación y ortografía

Los sonidos de la *b* y la *v*

La **b** y la **v** representan dos sonidos que varían entre fuerte como en **v**aca y **B**aca, y suave como en **la v**aca y **los B**aca. Aunque el sonido varía, siempre varía de la misma manera con la **b** y la **v,** porque estas dos letras siempre se pronuncian de la misma manera.

Las siguientes reglas empiezan a ayudarnos a saber cuándo una palabra se escribe con **b (larga)** o con **v (corta).** Es importante memorizar estas dos reglas.

Regla N° 1. Siempre se escribe la **b larga** antes de la **l** y la **r.** Estudia estos ejemplos mientras el narrador los pronuncia.

posi**bl**e notab**le** co**br**e li**br**os

Regla N° 2. Siempre se escribe la **b larga** después de la letra **m.** Después de la letra **n,** siempre se escribe la **v corta**. Estudia estos ejemplos mientras la narradora los pronuncia.

ha**mb**re ca**mb**iar co**nv**ención i**nv**itación

B **Práctica con los sonidos de la *b* y la *v*.** Ahora escucha a los narradores leer las siguientes palabras con los dos sonidos de la ***b* larga** y la ***v* corta** y escribe las letras que faltan en cada una.

1. o ____ ____ i g a d o
2. n o v i e ____ ____ r e
3. i ____ ____ e n c i ó n
4. h o ____ ____ r e
5. i ____ ____ i e r n o
6. c o ____ ____ e n c e r
7. h e ____ ____ e o
8. p r o ____ ____ e m a
9. p o ____ ____ e c i t o
10. i n t e r c a ____ ____ i o

C **Dictado.** Escucha el siguiente dictado e intenta escribir lo más que puedas. El dictado se repetirá una vez más para que revises tu párrafo.

La España de hoy

Nombre ____________________

Fecha ____________________

¡Practiquemos!

5.7 Varios usos importantes del subjuntivo

D **Así lo quiso el maestro.** En las siguientes oraciones te ponemos todas las cosas que se hicieron porque las quiso el maestro. ¿Cómo las dices? Escribe tu respuesta en el renglón correspondiente. Acuérdate de los subjuntivos.

MODELO: Federico compra una pluma nueva. El maestro / aconsejar

TÚ ESCRIBES: **El maestro le aconseja a Federico que compre una pluma nueva.**

1. Los muchachos **dejan** de comer comida con grasa. El maestro / insistir

____

____

2. Los ayudantes **dan** una clase suplementaria. El maestro / ordenar

____

____

3. Los estudiantes **llegan** a tiempo. El maestro / mandar

____

____

4. Carlos le **da** la tarea a Mateo. El maestro / pedir

____

____

5. La clase **recibe** permiso para visitar la fábrica. El maestro / solicitar

____

____

E **Contestando con la otra opinión.** Aquí te damos una opinión y una manera de expresar la opinión contraria. Termina la oración en el renglón correspondiente. Cuidado con los subjuntivos y los indicativos.

MODELO: Es cierto que tiene dinero.
Es posible que ___________

TÚ ESCRIBES: **Es posible que tenga dinero.**

1. Es seguro que ya no hay que ponerles sellos a las cartas.

Es muy poco probable que ______________________________

____

2. Es indudable que Diana sabe mucho de ejercicios.

Es difícil creer que ______________________________

____

3. No creo que los muchachos quieran hacer ejercicios.

Estoy completamente convencido de que ______________________________

____

4. Es innegable que las frutas son malas para la salud.

Dudo mucho que ______________________________

____

5. Me extraña que Carlos sepa mucho de computadoras.

Estoy seguro de que Carlos ______________________________

____

Nombre ___________________________________

Fecha ____________________________________

5.8 Usos más frecuentes de *ser* y *estar*

F **Ser y estar.** Completa los espacios en blanco con la forma correspondiente de **ser** o **estar.**

1. Los amigos de Meche y Diana ____________________ venezolanos.
2. Mateo es de El Paso, pero ahora que vive en Caracas ____________________ muy venezolano.
3. La clase de química ____________________ siempre muy aburrida; no la soporto.
4. Es increíble, pero la clase de química ____________________ muy interesante este semestre.
5. El padre de Beatriz ____________________ contador público en una firma de Texas.
6. El padre de Beatriz se quedó sin trabajo y ahora ____________________ de secretario en un banco de California.
7. La hijita de Soledad se había puesto muy gorda, pero se puso a dieta y por lo menos por ahora ____________________ muy delgada.
8. El nuevo profesor ____________________ delgado, alto y muy apuesto.
9. La puerta del aula ____________________ abierta todas las mañanas de 7 a 8 y media.
10. La puerta del aula ____________________ de madera forrada de lata.

5.9 El plural de *-z* es *-ces*

G **Palabras en plural.** En los renglones correspondientes escribe una oración usando en plural las palabras que te ponemos en singular.

MODELO: lápiz

TÚ ESCRIBES: **El sábado me compré cinco lápices.**

1. feliz

2. paz

3. arroz

4. fugaz

5. andaluz

¡Leamos!

Tesoros de la literatura contemporánea

H **Para anticipar.** ¿Cómo es el tráfico en tu ciudad? Contesta estas preguntas sobre el tráfico y el comportamiento de los conductores de coches en tu comunidad.

1. ¿A qué horas del día ocurren por lo general los embotellamientos de tráfico de coches en las grandes ciudades del mundo moderno? ¿Por qué tienen lugar a esas horas?

Nombre ______________________________

Fecha ______________________________

2. ¿Cómo afecta al medio ambiente de una ciudad el congestionamiento de coches? ¿Qué le pasa al aire que se respira?

____

____

____

3. ¿Piensas que el estar en medio de un embotellamiento por largo tiempo afecte el comportamiento de los conductores de coches? ¿Cómo crees que los pueda afectar?

____

____

____

4. ¿Cómo reaccionarías si estuvieras una mañana parado(a) por mucho tiempo en un tráfico congestionado de coches sin poder moverte y tuvieras una cita muy importante a la que no podrías faltar?

____

____

____

5. ¿Qué ventajas tiene conducir una motocicleta cuando existen grandes embotellamientos de tráfico en las ciudades?

____

____

____

6. ¿Es difícil encontrar durante el día un lugar para estacionar coches en el centro de la localidad donde vives?

____

____

____

Lectura española

Lee el cuento "El arrebato" de la escritora española Rosa Montero que nació en 1951 en Madrid, ciudad en la que se crió y actualmente vive. Este cuento primero apareció en *El País Semanal,* el suplemento dominical del periódico *El País* de Madrid, en el cual Rosa Montero se desempeñaba como jefa de redacción.

El arrebato°

éxtasis o exaltación

Las nueve menos cuarto de la mañana. Semáforo° en rojo, un rojo inconfundible. Las nueve menos trece, hoy no llego. Embotellamiento de tráfico. Doscientos mil coches junto al tuyo. Tienes la mandíbula tan tensa que entre los dientes aún está el sabor del café del desayuno. Miras al vecino. Está intolerablemente cerca. La chapa° de su coche casi roza la tuya. Verde. Avanza. Imbécil. ¿Qué hacen? No arrancan. No se mueven, los estúpidos. Están paseando, con la inmensa urgencia que tú tienes. Doscientos mil coches que salieron a pasear a la misma hora solamente para fastidiarte. ¡Rojjjjjjo! ¡Rojo de nuevo! No es posible. Las nueve menos diez. Hoy desde luego que no llego-o-o-o- (gemido desolado). El vecino te mira con odio. Probablemente piensa que tú tienes la culpa de no haber pasado el semáforo (cuando es obvio que los culpables son los idiotas de adelante). Tienes una premonición de catástrofe y derrota. Hoy no llego. Por el espejo ves cómo se acerca un chico en una motocicleta, zigzagueando entre los coches. Su facilidad te causa indignación, su libertad te irrita.

señal que regula el tráfico

licencia de lámina

Mueves el coche unos centímetros hacia el vecino, y ves que el transgresor está bloqueado, que ya no puede avanzar. ¡Me alegro! Alguien pita por detrás. Das un salto, casi arrancas. De pronto ves que el semáforo sigue aún rojo. ¿Qué quieres, que salga con la luz roja, imbécil? Te vuelves en el asiento, y ves a los conductores a través de la contaminación y el polvo que cubre los cristales de tu coche. Los insultas. Ellos te miran con odio asesino. De pronto, la luz se pone verde y los de atrás pitan desesperadamente. Con todo este ruido reaccionas, tomas el volante°, al fin arrancas. Las nueve menos cinco. Unos metros más allá la calle es mucho más estrecha; sólo cabría un coche. Miras al vecino con odio. Aceleras. Él también. Comprendes de pronto que llegar antes que el otro es el objeto principal de tu existencia. Avanzas unos centímetros. Entonces, el otro coche pasa victorioso. Corre, corre, gritas fingiendo gran desprecio: ¿a dónde vas idiota? Tanta prisa para adelantarme sólo un metro... Pero la derrota duele. A lo lejos ves una figura negra, una vieja que cruza la calle lentamente. Casi la atropellas. "Cuidado, abuela", gritas por la ventanilla; estas viejas son un peligro, un peligro. Ya estás llegando a tu destino, y no hay posibilidades de aparcar. De pronto descubres un par de metros libre, un pedacito de ciudad sin coche: frenas, el

control de dirección de un automóvil

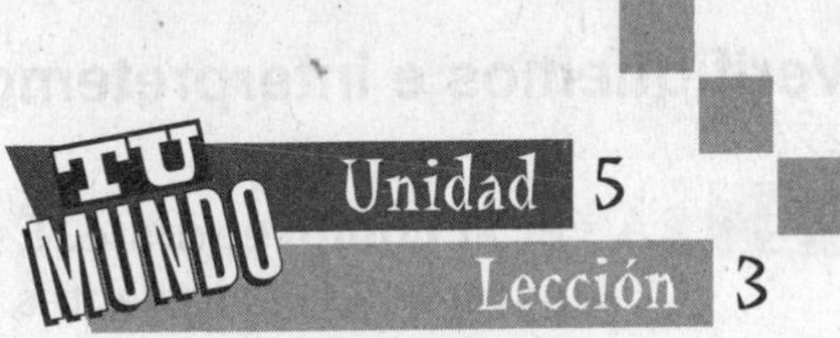

corazón te late apresuradamente. Los conductores de detrás comienzan a tocar la bocina: no me muevo. Tratas de estacionar, pero los vehículos que te siguen no te lo permiten. Tú miras con angustia el espacio libre, ese pedazo de paraíso cercano y sin embargo, inalcanzable. De pronto, uno de los coches para y espera a que tú aparques. Tratas de retroceder, pero la calle es angosta y la cosa está difícil. El vecino da marcha atrás para ayudarte, aunque casi no puede moverse porque los otros coches están demasiado cerca. Al fin aparcas. Sales del coche, cierras la puerta. Sientes una alegría infinita, por haber cruzado la ciudad enemiga, por haber conseguido un lugar para tu coche; pero fundamentalmente, sientes enorme gratitud hacia el anónimo vecino que se detuvo y te permitió aparcar. Caminas rápidamente para alcanzar al generoso conductor, y darle las gracias. Llegas a su coche, es un hombre de unos cincuenta años, de mirada melancólica. Muchas gracias, le dices en tono exaltado. El otro se sobresalta, y te mira sorprendido. Muchas gracias, insistes; soy el del coche azul, el que se estacionó. El otro palidece, y al fin contesta nerviosamente: "Pero, ¿qué quería usted? ¡No podía pasar por encima de los coches! No podía dar más marcha atrás". Tú no comprendes. "¡Gracias, gracias!" piensas. Al fin murmuras: "Le estoy dando las gracias de verdad, de verdad..." El hombre se pasa la mano por la cara, y dice: "es que... este tráfico, estos nervios..." Sigues tu camino, sorprendido, pensando con filosófica tristeza, con genuino asombro: ¿Por qué es tan agresiva la gente? ¡No lo entiendo!

Verifiquemos e interpretemos

I **A ver si comprendiste.** Escribe en el espacio correspondiente las respuestas a las siguientes preguntas. Luego anota una cita del texto que apoye tu respuesta.

	Mi respuesta	**Cita del texto**
1. ¿En qué persona está narrado el cuento? ¿Cómo lo sabes?		
2. ¿Cómo describe la autora el embotellamiento de tráfico?		
3. ¿Qué hace la protagonista al acercarse un chico en motocicleta?		
4. ¿Cómo reacciona cuando ella y otro conductor llegan a una calle estrecha al mismo tiempo?		
5. ¿Cómo reacciona cuando una anciana cruza la calle?		
6. ¿Qué hace cuando descubre un espacio para estacionar?		

Nombre ______________________________

Fecha ______________________________

J **¡A interpretar!** Al final del cuento existen diferentes perspectivas de los hechos ocurridos que resultan en un malentendido entre la protagonista del cuento y el conductor del otro coche. En el primer diagrama "mente abierta" escribe lo que crees que primero piensa la protagonista del conductor que dio marcha atrás e incluye unas citas que apoyen tu interpretación. En el segundo diagrama anota lo que este conductor demuestra que realmente piensa al retroceder su coche y, otra vez, apoya tu interpretación con una o dos citas. Finalmente, en el tercer diagrama escribe si crees que la protagonista del cuento cambió de opinión al final del cuento; apoya tu respuesta con una o dos citas.

¿Qué piensa primero la protagonista del otro conductor?

¿Qué piensa realmente el conductor del otro coche?

¿Qué piensa al final la protagonista del otro conductor?

K **Guión para una película de ciencia ficción.** Imagínate que estás escribiendo el guión de una nueva película de Hollywood que se llama "El gran embotellamiento de Los Ángeles". La acción tiene lugar en el año 2050, cuando por fin se ha dado el mayor embotellamiento de la historia del mundo que ha dejado parado a millones de automovilistas de esa gran ciudad norteamericana. Describe la reacción de tu protagonista y las acciones que decide tomar ante esta catástrofe. Tu protagonista puede ser un héroe o un antihéroe.

Nombre ______________________________

Fecha ______________________________

¡Escuchemos!

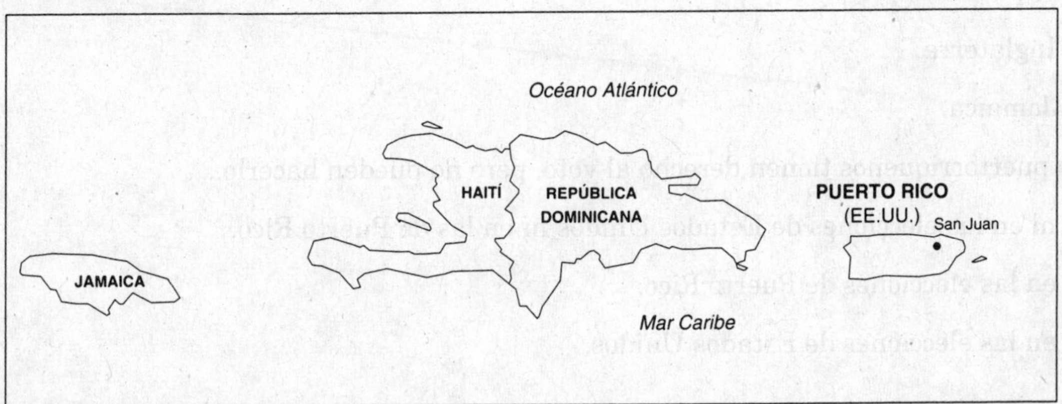

A **¡El mundo al punto!** Escucha a los locutores de este programa de la radio hispana titulado "¡El mundo al punto!", quienes hablarán sobre Puerto Rico. Luego, selecciona la opción correcta para completar las oraciones que aparecen a continuación. Escucha una vez más para verificar tus respuestas.

1. Puerto Rico es una isla que forma parte de las...

a. Antillas Menores.

b. islas Bahamas.

c. Antillas Mayores.

2. Una palabra de origen taíno es...

a. indígena.

b. maíz.

c. sorteo.

3. En Puerto Rico muchos de sus habitantes hablan inglés porque...

a. es una colonia inglesa.

b. es parte de Estados Unidos.

c. no se habla español.

4. Políticamente, la isla de Puerto Rico es...

a. un país independiente.

b. una provincia.

c. un Estado Libre Asociado.

5. Puerto Rico pasó a ser territorio estadounidense después de pertenecer a...

a. España.

b. Inglaterra.

c. Jamaica.

6. Los puertorriqueños tienen derecho al voto, pero no pueden hacerlo...

a. ni en las elecciones de Estados Unidos ni en las de Puerto Rico.

b. en las elecciones de Puerto Rico.

c. en las elecciones de Estados Unidos.

Pronunciación y ortografía

Los sonidos de la *b* y la *v*

En la unidad anterior aprendiste que la **b** y la **v** representan dos sonidos que varían entre fuerte y suave y que estas dos letras siempre se pronuncian de la misma manera. También aprendiste dos reglas que gobiernan ciertos usos de la ortografía de estas dos letras. A continuación presentamos tres reglas más sobre el uso de **b** o **v.**

Regla N° 3. Se escribe la **b larga** en palabras que comienzan con las combinaciones **abr-** y **abs-**. Estudia estos ejemplos mientras la narradora los pronuncia.

abrupto   **abr**azar   **abs**tracto   **abs**olver

Regla N° 4. También se escribe la **b larga** en palabras que comienzan con la combinación **obs-.** Estudia estos ejemplos mientras la narradora los pronuncia.

obscuro   **obs**ervar   **obs**esivo   **obs**trucción

Regla N° 5. Se escribe la **v corta** en palabras que comienzan con la combinación **inv-.** Estudia estos ejemplos mientras la narradora los pronuncia.

invadir   **inv**encible   **inv**entar   **inv**erso

Nombre ______________________________

Fecha ______________________________

B **Práctica con los sonidos de la *b* y la *v*.** Ahora escucha a los narradores leer las siguientes palabras con los dos sonidos de la **b** y la **v** y escribe las letras que faltan en cada una.

1. ___ ___ ___ u r d o
2. ___ ___ ___ e n t i s t a
3. ___ ___ ___ e n c i ó n
4. ___ ___ ___ e r v a d o r
5. ___ ___ ___ o l v e r
6. ___ ___ ___ c e n o
7. ___ ___ ___ e s t i g a r
8. ___ ___ ___ i g a r
9. ___ ___ ___ e s i ó n
10. ___ ___ ___ a r i a b l e

C **Dictado.** Escucha el siguiente dictado e intenta escribir lo más que puedas. El dictado se repetirá una vez más para que revises tu párrafo.

Puerto Rico: Isla del Caribe

¡Practiquemos!

6.1 Objetos directos e indirectos

D **Los objetos en Puerto Rico y Aguirre Springs.** Las siguientes dos oraciones aparecen en la fotonovela y en la lectura sobre Puerto Rico. En los tres espacios que te ponemos debajo de cada oración, copia el sujeto si es explícito (si es implícito indícalo), el objeto directo y el objeto indirecto. Acuérdate que las frases preposicionales, y las que dicen **cómo, cuándo** y **dónde,** no son ni sujeto ni objeto, o sea, que no son actores, sino que dan información suplementaria.

1. En 1917, EE.UU. les otorgó la ciudadanía a los habitantes del nuevo territorio.

Sujeto: ______________________________

Objeto directo: ______________________________

Objeto indirecto: ______________________________

2. Además, para ir con ustedes, les tendría que pedir permiso a mis papás.

Sujeto: ______________________________

Objeto directo: ______________________________

Objeto indirecto: ______________________________

E **¿Qué hace la *a*?** Los actores que hacen función de objeto indirecto casi siempre se usan con **a.** Pero muchas veces encontramos **a** cuando no hay actor. En estos casos, la **a** indica la presencia de una frase preposicional que da información suplementaria. En las siguientes oraciones, subraya todas las frases que empiezan con **a,** indicando cuáles son objeto indirecto **(OI)** y cuáles son frase preposicional **(FP).**

MODELO: **Le dieron la noticia <u>a Mercedes</u> <u>a las ocho</u>.**
OI **FP**

1. Carlos le entregó la carta a María a las cinco de la tarde.

2. Les quitamos los juguetes a los niños a la fuerza.

3. A la mañana siguiente le pusimos otra capa de pintura a la puerta.

4. Les di la noticia a la vez a Mario y a Diego.

5. Ayer el cocinero le sirvió la comida al dueño al atardecer.

6. Le dijeron una mentira a propósito a Sebastián.

Nombre ______________________________

Fecha ______________________________

F **Más sujetos y objetos.** En las siguientes oraciones, subraya los actores que hacen función de sujeto, objeto directo y objeto indirecto, y escribe debajo de cada uno **S, OD** u **OI.** Acuérdate que el sujeto puede estar colocado antes o después del verbo. Y acuérdate que las frases preposicionales, y las que dicen **cómo, cuándo** y **dónde** no son actores, sino que dan información suplementaria. Y que no se te olvide que los objetos indirectos casi siempre van con **a**.

MODELO: **Nosotros en aquel momento le dijimos la verdad a Regina.**
S **OD** **OI**

1. Meche le dio el libro a Diana.
2. Chela le dijo a su amiga la verdad.
3. El director le explicó al público los reglamentos.
4. Los maestros presentaron los resultados a los padres.
5. Pedimos permiso a las autoridades nosotros mismos.
6. Ayer quitaron los pintores el papel a las paredes.
7. Los muchachos les sirvieron café la semana pasada a los invitados.
8. Yo le enseñé mis zapatos nuevos a Mateo la semana pasada.

6.2 La diferencia entre *pedir* y *preguntar*

G **Pedidos y preguntas en Aguirre Springs.** En esta pequeña narración sobre la salida a Aguirre Springs, hemos dejado algunos espacios en blanco para que los completes con la forma correcta de **pedir** o **preguntar.**

Mientras se prepara para salir, el Sr. Galindo le (1) ______________________ con ironía a su hijo: "Oye, ¿estás seguro de que necesitas tanta práctica?" Luego Galindo le (2) ______________________ que lo ayude con el equipaje. Cuando llega Mateo, Galindo le (3) ______________________ que lo ayude a bajar los sacos de dormir que Martín, sin (4) ______________________ si se podía o no, ha metido en el aro de baloncesto. Luego Galindo le (5) ______________________ a Mateo si quiere ir con ellos a Aguirre Springs. Mateo (6) ______________________ que cuánto tiempo van a estar y (7) ______________________ que le den tiempo para pensarlo. Además, dice que no cree que vaya, porque tendría que (8) ______________________ permiso a sus padres. Las muchachas también llegan, y (9) ______________________ que por qué se van a Aguirre Springs cuando hace tanto frío. Martín les (10) ______________________ que por favor vengan con ellos, pues sin ellas se van a aburrir mucho. En el camino, el coche se rompe, y Galindo les (11) ______________________ a los muchachos si saben qué ha pasado y les (12) ______________________ que lo ayuden a resolver el problema.

6.3 Escribir con corrección: *k - c - qu*

H **Le quitamos la *k*, la *c* y la *qu* a todo Puerto Rico.** Aquí hemos escrito un párrafo basado en la lectura sobre Puerto Rico pero hemos borrado las letras que representan el sonido **/k/**, dejando espacios en blanco. Completa los espacios, escribiendo **k, c** o **qu** según corresponda. Recuerda que la letra **q** siempre se escribe seguida de la **u.** Y no te olvides de usar mayúsculas donde se deba.

Puerto Ri____o es la isla menor de las Antillas Mayores, en el mar ____aribe, ____on po____o más de 9.000 ____ilómetros ____uadrados. Las islas de Vie____es y ____ulebra también son parte del territorio. La geografía in____luye____ostas, la ____ordillera Central y el bos____e tropi____al El Yun____e. Los taínos fueron los habitantes pre____olombinos de la isla. En la a____tualidad usamos palabras ____omo hama____a, taba____o, ____anoa y hura____án, ____e son de origen taíno. El nombre taíno de Puerto Ri____o es Borin____en. La herencia española se ve en el idioma, en los medios de____omunicación y en la ar____itectura. Puerto Ri____o pasó de ser ____olonia española a ser territorio estadounidense.

Nombre ______________________________

Fecha ______________________________

¡Escribamos!

I **Correspondencia práctica: ¡Qué susto!** Piensa en la carta que Martín les escribió a sus primos, donde les contó del incidente en la cueva. Escríbele una carta similar a un(a) amigo(a) y cuéntale de algún incidente similar que te pasó a ti.

¡Leamos!

Tesoros de la literatura contemporánea

J **Para anticipar.** Cuando empezaste la escuela en Estados Unidos, ¿cómo te clasificaron? ¿Como un estudiante especial? ¿Un estudiante avanzado? ¿Un estudiante lento? Piensa en cómo las escuelas clasifican a los estudiantes, en particular a los estudiantes minoritarios, al contestar estas preguntas.

1. ¿Qué técnicas usaban tus maestros de primaria o secundaria para reconocer las habilidades de cada estudiante?

____

____

____

2. ¿En qué categorías se agrupaba a los estudiantes? ¿Se hacía según sus habilidades lingüísticas? ¿Su inteligencia? ¿Su habilidad de leer y escribir en inglés? ¿Otras habilidades?

____

____

____

3. Si había estudiantes inmigrantes cuya lengua nativa no era el inglés, ¿qué tipo de evaluación implementaban los maestros?

____

____

____

4. ¿Cómo se agrupaban los estudiantes entre ellos mismos en las clases? ¿Formaban grupos según su clase social? ¿La nacionalidad de sus antepasados? ¿Su capacidad intelectual? ¿Etnicidad? ¿Según otro criterio o sin ningún criterio?

____

____

____

5. ¿A qué grupo pertenecías tú? ¿Cómo te sentías en interacciones con ciertos grupos?

____

____

____

Nombre ____

Fecha ____

6. ¿Había algún(a) maestro(a) que tu grupo de amigos favorecía? Si había, descríbelo(la). ¿Por qué crees que era tan popular con tu grupo de amigos?

____

____

____

Lectura puertorriqueña

En este relato tomado de *Cuando era puertorriqueña* (1994), la escritora puertorriqueña Esmeralda Santiago recuerda cómo, al llegar de Puerto Rico, experimentó una clasificación injusta al inscribirse en la escuela.

Cuando era puertorriqueña
(Primera parte)

La clase de Miss Brown era para estudiantes con problemas que les impedían aprender. A este salón la administración escolar enviaba a niños con toda clase de problemas, ninguno de los cuales, por lo que yo podía ver, tenía que ver con la habilidad de aprender, pero más con su deseo de hacerlo. Era un grupo desordenado, por lo menos los que se presentaban. La mitad de la clase no se aparecía, o si llegaban, dormían durante las lecciones y roncaban en medio de las oraciones que Miss Brown cuidadosamente analizaba.

Éramos despreciados en una escuela donde los estudiantes más inteligentes estaban en el grado 8-1, cada bajón indicando un nivel menos de inteligencia. Por ejemplo, si uno estaba en el grado 8-10, era listo pero no un genio. En cuanto bajaba a los diecialgo, la inteligencia era dudosa, especialmente si los números estaban en los altos diecialgos. Y peor si estaban en los veinte. Mi clase, 8-23, era donde ponían a los más brutos de la escuela, los más desdeñables. Mi clase era la equivalente al séptimo grado, o el sexto, o hasta el quinto.

Nuestra maestra, Miss Brown, enseñaba gramática del idioma inglés. Era una joven morena que usaba sobaqueras contra el sudor. Las cintas que las mantenían en su sitio a veces se le salían por las mangas de sus blusas blancas bien planchadas y tenía que darnos la espalda para ajustarlas. Era muy bonita, la Miss Brown, con ojos almendrados y un peinado lacio hasta las puntas, donde se hacía muchos rizos. Sus manos siempre estaban muy limpias, con las puntas de las uñas pintadas de blanco. Enseñaba las clases de composición y gramática como si a alguien le importara, lo cual yo encontraba fascinante.

Al final de la primera semana, me movió del último asiento al que estaba enfrente de su escritorio, y después de eso, me sentí como que me estaba enseñando a mí sola. Nunca hablábamos, a menos que no fuera cuando me invitaba a la pizarra.

—Esmeralda, por favor venga y marque la frase prepositiva.

En su clase, aprendí a reconocer la estructura del idioma inglés y a redactar frases y oraciones usando la posición de las palabras relativo a los pronombres, verbos y prepositivos, sin saber exactamente lo que querían decir.

(Segunda parte)

La escuela era enorme y ruidosa. Había un orden social que, al principio, yo no entendía, pero contra el cual chocaba. Muchachas y muchachos vestidos con ropa semejante, caminaban por los corredores mano en mano, a veces escondiéndose detrás de los armarios a besarse y manosearse. Eran americanos, y pertenecían a las clases de números bajos.

Otro grupo de muchachas usaban mucho maquillaje, se subían las faldas sobre las rodillas, abrían un botón más en sus blusas y se peinaban el pelo en cascos sólidos con rizos en las puntas. En la mañana, se apoderaban de los baños, donde fumaban mientras se peinaban, atiborrando el ambiente de humo y espray. La única vez que entré al baño en la mañana, me sacaron con insultos y empujones.

Aprendí que esas muchachas atrevidas con pelo alto, maquillaje y faldas cortas, eran italianas. Los italianos se sentaban juntos en un lado del comedor, los morenos en otro. Los dos grupos se odiaban los unos a los otros más de lo que odiaban a los puertorriqueños. Por lo menos una vez a la semana, se peleaban los morenos con los italianos, en el baño, en el patio escolar o en un solar abandonado cerca de la escuela que dividía sus vecindarios y los separaba durante los fines de semana.

Las morenas tenían su propio estilo. No para ellas los peinados enlacados de las italianas. Sus cabellos eran lisos, enrizados sólo en las puntas, como Miss Brown, o enmoñado con pollinas sobre los ojos pintados al estilo Cleopatra. Sus faldas también eran cortas, pero no parecían ser subidas cuando sus mamás no estaban mirando. Así venían. Tenían piernas bien formadas y fuertes, y usaban medias hasta las rodillas con zapatos pesados que se convertían en sus medios de defensa durante las contiendas.

Decían que los italianos llevaban cuchillas, hasta las chicas, y que los morenos llevaban manoplas en sus bolsillos y que las puntas de sus zapatos eran de acero. Yo le huía a los dos grupos, temiendo que, si me amigaba con una italiana, me cayeran encima las morenas, o vice versa.

Había dos clases de puertorriqueños en la escuela: los acabados de llegar, como yo, y los nacidos en Brooklyn de padres puertorriqueños. Los dos grupos no se juntaban. Los puertorriqueños de Brooklyn hablaban inglés, y ninguno hablaba español. Para ellos, Puerto Rico era el sitio donde vivían sus abuelos, un sitio que visitaban durante las vacaciones, un sitio que era, se quejaban, poco desarrollado y lleno de mosquitos. Nosotros, para quienes Puerto Rico era una memoria reciente, también nos dividíamos en dos grupos: los que no podían aguantar hasta el día que regresaran, y los que lo querían olvidar lo más pronto posible.

Yo me sentía como una traidora porque quería aprender el inglés, porque me gustaba la pizza, porque estudiaba a las muchachas con mucho pelo y probaba sus estilos en casa, encerrada en el baño, donde nadie me viera. Practicaba el andar de las morenas, pero en vez de caminar como que estaba bailando, parecía estar coja.

No me sentía cómoda con los puertorriqueños acabados de llegar, quienes se juntaban en grupitos desconfiados, criticando a todos los que pasaban, temerosos de todo. Y no era aceptada por los puertorriqueños de Brooklyn, quienes tenían el secreto de la popularidad. Ellos caminaban por los corredores entre los italianos y los morenos, siendo ni uno ni el otro, pero actuando y vistiéndose como una combinación de los dos, dependiendo de la textura de su cabello, el color de su piel, su maquillaje y su manera de andar.

Verifiquemos e interpretemos

K **A ver si comprendiste.** En la siguiente flor semántica escribe cada grupo que asiste a la escuela y sus características. ¿Con qué grupo se identifica la autora?

L **¡A interpretar!** Compara las categorías de tu flor semántica con las de dos compañeros de clase. Después contesten las siguientes preguntas.

1. ¿De qué manera se agrupan los estudiantes en la escuela?

Nombre ______________________

Fecha ______________________

2. ¿Con quién se identifica la autora? ¿Qué hace para identificarse con cierto grupo?

____

____

____

____

3. ¿Con qué grupo crees que se lleva mejor la maestra? ¿Por qué?

____

____

____

____

4. ¿Cómo son las relaciones entre los estudiantes de esta escuela? ¿Cómo se compara con los estudiantes de tu escuela?

____

____

____

____

5. Compara a los estudiantes de esta escuela con los de tu escuela. ¿Existen distintos grupos? ¿Cuáles son? ¿Perteneces a un grupo en particular? ¿A cuál? ¿Por qué?

____

____

____

____

M **Escritura relacionada.** Con dos compañeros de clase escribe un diálogo en el cual hay una conversación entre dos de los grupos de la escuela. En la conversación comenten sobre los problemas que existen entre los grupos y cómo se pueden resolver. Usen este espacio para organizar sus ideas. Luego escriban su diálogo en una hoja aparte.

Nombre ______________________________

Fecha ______________________________

¡Escuchemos!

A **¡El mundo al punto!** Escucha a los locutores de este programa de la radio hispana, quienes hablarán sobre los puertorriqueños en Estados Unidos. Marca si cada oración que sigue es **cierta (C), falsa (F)** o si no tiene relación con lo que escuchaste **(N/R).** Si la oración es falsa, corrígela. Escucha una vez más para verificar tus respuestas.

C F N/R 1. Los puertorriqueños forman el segundo grupo de latinos por el tamaño de su población en Estados Unidos.

____

____

____

C F N/R 2. En la ciudad de Nueva York residen más puertorriqueños que en San Juan, la capital de Puerto Rico.

____

____

____

C F N/R **3.** La emigración de puertorriqueños de la isla a Estados Unidos se aceleró a mediados del siglo XX.

____

____

____

C F N/R **4.** Según el censo de 1990, la población de puertorriqueños en Chicago, Illinois, es más grande que la de méxicoamericanos.

____

____

____

C F N/R **5.** Los puertorriqueños que regresan a la isla a vivir llevan consigo un promedio de 20.000 dólares en ahorros.

____

____

____

C F N/R **6.** Tito Puente es un músico que aunque nació en Cuba se identifica como puertorriqueño.

____

____

____

Pronunciación y ortografía

El sonido /y/ y las letras *ll* e *y*

En grandes partes del mundo hispanohablante las letras **ll** e **y** tienen el mismo sonido, que es **/y/***. En la siguiente lección verás cómo este sonido de la letra **y** cambia cuando ésta no ocurre sola o al final de una palabra. Estudia estos ejemplos mientras la narradora los pronuncia.

ya	le**y**enda	**ll**egar	cochini**ll**o
yema	ma**y**or	**ll**amaron	be**ll**a

* Se le llama **yeísmo** a la pronunciación del sonido **/y/** cuando es idéntica en palabras que se escriben con **y** o con **ll**, por ejemplo **haya – halla;** se le llama **lleísmo** cuando esta pronunciación varía.

Nombre ______________________________

Fecha ______________________________

TU MUNDO Unidad 6 Lección 2

B **Práctica con el sonido /y/.** Ahora escucha a los narradores leer las siguientes palabras con el sonido **/y/** y escribe las letras que faltan en cada una.

1. ______ e n o

2. ____ o

3. g a ____ ____ o

4. c a ____ ____ e

5. ____ ____ s o

6. a ____ ____ d a r

7. ____ ____ ____ m a d a

8. ____ ____ d o

9. ____ ____ ____ r a r

10. c o n s t r u ____ ____

C **Dictado.** Escucha el siguiente dictado e intenta escribir lo más que puedas. El dictado se repetirá una vez más para que revises tu párrafo.

Cuento puertorriqueño lleno de humor

____

____

____

____

____

____

____

____

____

____

____

____

____

____

____

¡Practiquemos!

6.4 Los sustantivos personales de objeto *le* y *lo*

D **Artículos y sustantivos personales en el campamento.** Las siguientes oraciones están basadas en las conversaciones del campamento de Aguirre Springs. Hemos puesto en negrilla todos los artículos y todos los sustantivos personales. Escribe **Art.** debajo de cada artículo y **SP** debajo de cada sustantivo personal para indicar cuál es cuál.

1. Daniel, **¿tú** has visto **las** zanahorias? **Yo las** puse anoche en **la** hielera.
2. **Yo** también **las** vi en **la** hielera. **¿Te las** traigo?
3. Mejor tráe**me** toda **la** hielera, y así no **te** molesto más. Sí, sí, tráe**mela**.
4. ¡Qué va, hijo! No **me lo** digas. Llévase**la** y ya.
5. Pon **la** linterna encima de **la** mesa. Sí, sí, **la** pones y ya.
6. Ayúdame a armar **la** carpa.
7. Según **nos** dijeron, **la** cueva se ha usado como refugio.
8. ¿Que todavía no aparece **el** apio? **Te** dije que **lo** vi en **la** hielera.

E **Pumas, personas y objetos en Aguirre Springs.** Aquí te repetimos las oraciones otra vez, con los sustantivos personales (no los artículos) en negrilla. Debajo de cada uno, escribe **S** si es sujeto, **O** si es objeto y **1**, **2** ó **3** para indicar si es un sustantivo personal de primera, segunda o tercera persona. Ya te hemos hecho el primero.

MODELO: Daniel, **¿tú** has visto las zanahorias? **Yo las** puse anoche en
S2 **S1 O3**
la hielera.

1. **Yo** también **las** vi en la hielera. **¿Te las** traigo?
2. Mejor tráe**me** toda la hielera, y así no **te** molesto más. Sí, sí, tráe**mela**.
3. ¡Qué va, hijo! No **me lo** digas. Llévase**la** y ya.
4. Pon la linterna encima de la mesa. Sí, sí, **la** pones y ya.
5. Ayúda**me** a armar la carpa.
6. Según **nos** dijeron, la cueva se ha usado como refugio.
7. ¿Que todavía no aparece el apio? **Te** dije que **lo** vi en la hielera.
8. ¿Y ese ruido? **Yo** estaba bromeando. Pero también **lo** oí.

Nombre ______________________________

Fecha ______________________________

6.5 La diferencia entre *traer* y *llevar*

F **Llevando y trayendo, en casa y en Aguirre Springs.** Las primeras cinco oraciones las decimos en casa; las siguiente cinco en Aguirre Springs. ¿Cómo las decimos? Completa los espacios en blanco con la forma correcta de **traer** o **llevar**.

Estamos en casa

1. Mateo ____________________ a su hermana a la clase de ballet todos los jueves.
2. Quiero que ____________________ tu libro de química a la escuela todos los días.
3. Mira, Meche, lo que ____________________ Diana de casa de abuela ayer.
4. Necesito que ustedes me ____________________ de la escuela el horario de los autobuses.
5. Tenemos que ____________________ ropa de invierno a Aguirre Springs.

Estamos en Aguirre Springs

6. ¿Quién ____________________ el abridor de latas?
7. Cuando regresemos a casa, hay que ____________________ una rama de pino de recuerdo.
8. Cuando entremos a la cueva, tenemos que ____________________ linterna.
9. Bueno ya está la fogata, vamos al carro para ____________________ la comida.
10. Cuando terminemos de comer, hay que ____________________ otra vez la hielera al carro.

6.6 Escribir con corrección: *g - gu*

G

¡Se derritieron! En las siguientes oraciones, que tienen como tema la nieve que llevó a Puerto Rico la alcaldesa de la capital, las palabras que tienen el sonido **/g/** tenían la letra **g** o la combinación **gu,** pero debido al gran calor que hacía en San Juan, ¡se derritieron! Completa los espacios en blanco con **g** o con la combinación **gu**. Ponlas bien frías, para que no se nos vuelvan a derretir.

1. Aquel día amaneció de ____**olpe**.
2. El sol estaba **a**____**arrado** de las persianas, como si quisiera derretirlas.
3. Papi les hacía la ____**erra** a muerte a los del partido estadista.
4. Escuché a Roberto trasteando en las ____**avetas** del cuarto al lado del mío.
5. En el carro, Papi iba ____**iando** y mami sentada al lado.
6. Escogí unos pantalones de corduroy y medias ____**ruesas**.
7. La señora de al lado estaba ____**isando** y el olor entraba por las persianas.
8. Papi, con su paso lento, dejó escapar un ____**ruñido**.
9. No dudo que nos demore dos horas en llegar, **a**____**regó** mami.
10. Las uñas eran forma absoluta de ____**anar** control sobre nuestras personas.
11. Muertos de calor, soñábamos con una **man**____**era** de agua fría.
12. Mamá le dijo a mi hermano que dejara el **jue**____**ito** de matar indios.
13. El interior del carro estaba **pe**____**ajoso**.
14. Mamá dijo que yo era demasiado **va**____**o**.
15. Mi **jue**____**o** era más pacífico.

Nombre ______________________________

Fecha ______________________________

¡Escribamos!

Diario interactivo

H **Tema libre.** En tu diario interactivo anota la fecha que corresponda y escribe una página completa o más desarrollando el tema que tú quieras.

Tema libre

Por lo general el diario es un medio de comunicar las experiencias y los sentimientos personales. El famoso Diario de Anne Frank (1929-1945) narra el encierro que esta niña de origen judío y su familia sufrieron durante la persecución nazi. Anne Frank y su familia fueron capturados después y ella murió en un campo de concentración. Su Diario es un testimonio de las aspiraciones del alma frente al terror. Intenta desarrollar en tu diario un tema que tú consideres importante en tu vida.

¡Leamos!

Tesoros de la literatura contemporánea

I

Para anticipar. ¿Cuánto sabes acerca de la esclavitud que había en el sur de Estados Unidos durante el siglo XIX? Piensa en lo que sería ser esclavo en ese entonces al contestar estas preguntas.

1. ¿Cómo conseguían los hacendados a los esclavos? ¿De dónde los traían? ¿Quién los traía?

____

____

____

2. ¿Qué derechos tenían los esclavos? ¿Qué podían hacer si su amo o dueño los trataba mal?

____

____

____

3. ¿Qué le pasaba a un esclavo si huía y trataba de escapar? ¿Qué manera de identificar a los esclavos tenían las autoridades del sur?

____

____

____

4. ¿Por qué no les permitían los amos a sus esclavos que tuvieran reuniones? ¿Qué les pasaba a los esclavos si su amo se daba cuenta de que habían asistido a una reunión de esclavos?

____

____

____

5. ¿Sabes si hubo esclavos en otras partes del mundo? ¿Dónde? ¿Hubo esclavos en Latinoamérica? Explica tu respuesta.

____

____

____

Nombre ______________________________________

Fecha ______________________________________

Lectura puertorriqueña

Este cuento viene de la tradición oral y fue narrado por Ovidio Feliciano. Aparece en la colección *De arañas, conejos y tortugas: presencia de África en la cuentística de tradición oral en Puerto Rico* de la escritora puertorriqueña Julia Cristina Ortiz Lugo.

Los esclavos y el papelito

Cuando vinieron los españoles a Puerto Rico, se pusieron malos. Todo el mundo tenía amo de hacienda, amo de colonia, amo de todo. Entonces eran dueños, ahora uno sabe que no hay dueño de colonia ni de nada. Cuando se pusieron malos, empezaron a apretar con los palillos° al que estaba arando. En la hacienda Úrsula, ahí arriba en Pastillo, el amo les dijo a los guardias españoles que él allí no tenía bandidos°, que cuando tuviera bandidos los mandaba a buscar.

Se sacaron que cada persona debía andar con un papelito. Cuando los hallaban en el camino les decían el número del papelito y los guardias les contestaban: "¡Oh! jodío marrano°, te has salvado, te has salvado".

Los españoles estaban en contra de que los negritos estuvieran en Potala o en Boca Chica o dondequiera en un velorio. Los negritos allí comenzaban: Ico, ico, pu, mamenaico, ico pu ma me ne ico ico pu ma me ne ico ico, pu ma me ne, ico ico, pu ma me ne ico ico, pu ma me ne, ico ico pu ma me ne.

Entonces cuando ellos llegaban, pasaban y ya le tenían la tirria° de castigarlos a todos. Paraban los caballos: "Oye, ¿qué es eso?, ¿qué es eso?" Los negros contestaban: "No nosotros que estamos en un velorio, nosotros, pues cantamos eso para entretenernos". "Olé, alá". Entonces los cogían y les decían: "¿De dónde tú eres?" "Yo soy de Boca Chica, de Chica, Chica". Y a ése le daban y entonces la gente salía corriendo. "¿Y tú de dónde eres?" "Yo soy de Potala, tala, tala". "A la jodido marrano". Y así mismo era.

Cualquiera que no crea que se los pregunte. Lo que había era así, entonces tenía que andar uno con un papelito.

palillos: a castigar
bandidos: esclavos que se escapaban
jodío marrano: desgraciado animal
tirria: mala gana, odio

Verifiquemos e interpretemos

J **A ver si comprendiste.** Contesta las siguientes preguntas con dos compañeros de clase.

1. ¿Quién narra este cuento? ¿Crees que es un esclavo, un ex esclavo o un joven puertorriqueño que todavía vive? Explica tu respuesta.

2. Según el narrador, ¿cómo cambió la vida de los puertorriqueños cuando llegaron los españoles? ¿Crees que ya había esclavos en Puerto Rico antes de la llegada de los españoles?

3. ¿Por qué decidieron los españoles que cada persona debía andar con un papelito? Explica "cada persona".

4. ¿Qué les pedían los guardias españoles a los esclavos cuando los encontraban en el camino? ¿Por qué les pedían eso? ¿Qué pasaba si los esclavos no lo tenían para mostrarles a los guardias?

5. ¿Por qué crees que no toleraban los españoles el habla de los esclavos negros? ¿Entendían los españoles lo que decían? ¿Cómo reaccionas tú cuando oyes a otras personas hablar en un idioma que no entiendes? ¿Sospechas a veces que están hablando de ti? ¿Crees que deberían hablar inglés?

Nombre ______________________________

Fecha ______________________________

6. ¿Por qué crees que se oponían tanto los españoles a que los esclavos negros asistieran a un velorio? ¿Cómo reaccionan las personas que no hablan español cuando tú y tus amigos se ponen a hablar español en el centro, en un café o en un banco? ¿Cómo reaccionan tus maestros que no hablan español cuando tú y tus amigos se ponen a hablar en español en la clase? ¿Por qué crees que reaccionan así?

____

____

____

____

____

____

K **¡A interpretar!** Imagínate que eres un esclavo en Puerto Rico durante la ocupación española. Tus dueños acaban de anunciarles que les van a dar un papelito enumerado que siempre tendrán que llevar consigo a pena de muerte. En el siguiente diagrama "mente abierta" escribe lo que estás pensando, lo que sientes y lo que te gustaría hacer.

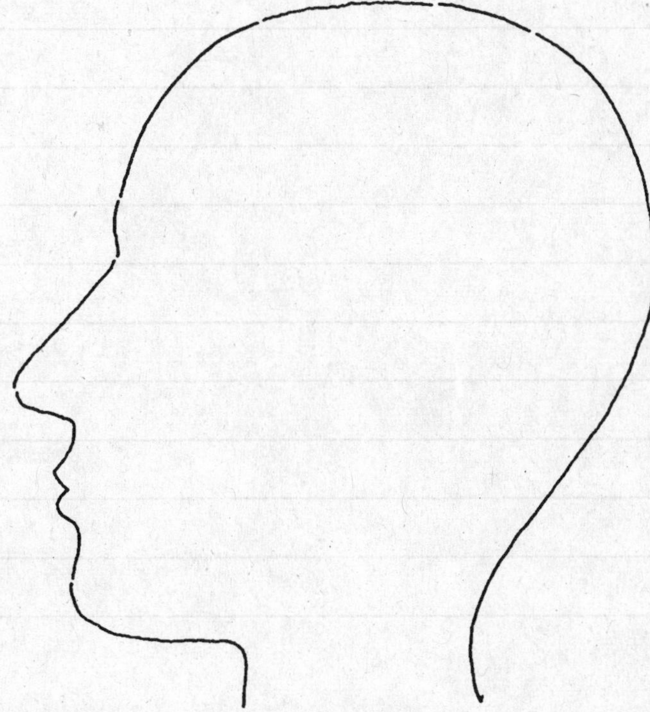

L **Escritura relacionada.** Ahora usa la información qué pusiste en la "mente abierta" del esclavo en la actividad anterior para escribir uno o dos párrafos en tu diario sobre lo que es ser esclavo.

Nombre ______________________________

Fecha ______________________________

¡Escuchemos!

A **¡El mundo al punto!** Escucha a los locutores de este programa de la radio hispana, quienes hablarán sobre las estrellas puertorriqueñas del cine. Marca si cada oración que sigue es **cierta (C), falsa (F)** o si no tiene relación con lo que escuchaste **(N/R)**. Si la oración es falsa, corrígela. Escucha una vez más para verificar tus respuestas.

C F N/R **1.** Rita Moreno ganó un premio "Óscar" por su actuación en la película *West Side Story.*

____

____

____

C F N/R **2.** *West Side Story* fue un gran éxito comercial y recaudó por venta de boletos de cine en su primer año más de diez millones de dólares.

____

____

____

C F N/R **3.** Rita Moreno recibió un "Óscar" y fue nominada para un "Tony", un "Grammy" y dos "Emmys", aunque no los ganó.

____

____

____

C F N/R **4.** Raúl Juliá fue un excelente actor puertorriqueño que hizo con gran éxito papeles tanto dramáticos como cómicos.

____

____

____

C F N/R **5.** Raúl Juliá hizo el papel del loco Gómez Addams en la serie de películas sobre la familia Addams.

____

____

____

C F N/R **6.** Rosie Pérez fue nominada para un premio "Óscar" por su actuación en la película *Fearless*.

____

____

____

Pronunciación y ortografía

El sonido /i/ y las letras *i* e *y*

Cuando la letra **y** ocurre sola, al final de una palabra o al final de una sílaba, tiene el mismo sonido que la letra **i,** que es **/i/.** Estudia estos ejemplos mientras el narrador los pronuncia.

y	mu**y**	**i**nsisto	ermitaño
do**y**	ha**y**	**i**nqu**i**eto	ch**i**stoso

B **Práctica con el sonido /i/.** Ahora escucha a los narradores leer las siguientes palabras con el sonido **/i/** y escribe las letras que faltan en cada una.

1. U r u g u ___ ___	**6.** m ___ ___ m a
2. ___ ___ v e r ___ ___ m o s	**7.** ___ ___ v e n t a r
3. s ___ ___	**8.** l ___
4. e x c é n ___ ___ ___ c o	**9.** h ___ ___ t o ___ ___ ___
5. ___ ___ ___ t a l a r	**10.** s u ___ ___ m o s

Nombre ______________________

Fecha ______________________

C **Dictado.** Escucha el siguiente dictado e intenta escribir lo más que puedas. El dictado se repetirá una vez más para que revises tu párrafo.

Puerto Rico: Estado Libre Asociado

¡Practiquemos!

6.7 Todos los sustantivos personales de objeto

D **El Padremonte y los sustantivos personales de objeto.** En las siguientes oraciones, basadas en "Caipora, el Padremonte", hemos puesto en negrilla un sustantivo que hace función de objeto, para que tú lo sustituyas por un sustantivo personal de objeto de tercera persona. Escribe la oración con sustantivo personal en el renglón que ponemos debajo de cada oración.

MODELO: Todas las culturas del mundo tienen **mitos.**

TÚ ESCRIBES: **Todas las culturas del mundo los tienen.**

1. Todas las culturas del mundo tienen **fábulas.**

____

____

2. El compadre Chico ofreció su pipa **a Caipora.**

____

____

3. El compadre Chico ofreció **su pipa.**

____

____

4. El Caipora pidió su pipa **al leñador.**

____

____

5. Toño cortaba con cuidado para no lastimar **a los árboles.**

____

____

Nombre ______________________________

Fecha ______________________________

E **¡Qué mañanas!** Las mañanas en casa están llenas de actividad. Para entender bien lo que sucede completa los espacios en blanco con el sustantivo personal correspondiente.

Las mañanas en mi casa son muy movidas. Mamá (1) __________ sirve el café a mi padre, aunque hay días que (2) __________ está muy apurada, y entonces Papá se lo sirve a (3) __________. Muchas veces yo (4) __________ traigo el periódico a Papá. Nosotros (5) __________ servimos nuestro propio desayuno. A mí, Mamá (6) __________ dice que no se (7) __________ olvide llevar el almuerzo. Yo (8) __________ llevo casi todos los días. Pero a veces (9) __________ dejo olvidado en la mesa del comedor. Papá (10) __________ da dinero a mi hermana Lucía, pero a mí ya no. Sí, (11) __________ da lo mismo que (12) __________ daba a ti cuando (13) __________ eras más joven (ahora, claro, (14) __________ ganas tu propio dinero). Mi hermano (15) __________ presta a mí su libro de química los días que no tiene clase. Pero tengo que (16) insistir__________ mucho, porque a veces se (17) __________ olvida. Papá (18) __________ dice a todos nosotros que tengamos cuidado al cruzar las calles. Cuando tenemos exámenes o pruebas, Mamá (19) __________ explica las preguntas más importantes. A ti Mamá también (20) __________ ayudaba con las pruebas, ¿verdad? Un día, tocaron a la puerta y era Javier, un amigo de mi hermana mayor, Patricia. Ella (21) __________ presentó al muchacho y (22) __________ dijo que era su novio. ¿Qué (23) __________ parece? Así nada más, un novio, tú (24) __________ levantas a desayunar, tocan a la puerta, abres, y (25) __________ traen a un novio, ¡a las siete de la mañana!

6.8 La diferencia entre *darse cuenta de* y *realizar*

F **La obra de Hernandes Aquino y el ruido del coquí.** En las siguientes oraciones, Meche, Diana, Chela y tú nos dan sus impresiones sobre algunos temas y sonidos borinqueños. Completa los espacios en blanco con la forma apropiada de **darse cuenta de** o **realizar.**

1. Cuando Meche fue a Puerto Rico, se ________________ que todas las noches oía un ruido muy característico: *coquí, coquí.*
2. Diana no sabía que Hernandes Aquino había ________________ una obra poética basada en el soneto clásico.
3. Yo no me había ________________ que los endecasílabos eran versos que tienen once sílabas.
4. Chela no sabía que en Puerto Rico se ________________ una labor poética tan importante.
5. A Meche le costó trabajo aceptar que el ruido ensordecedor del coquí lo pudiera ________________ un animalito tan pequeño.

6.9 Escribir con corrección: *c - s*

G **Los sonidos de /s/ del Padremonte.** En el mito brasileño sobre el Caipora, hay por lo menos quince palabras con sonido /s/ delante de una vocal, escrito con la letra **c (ce, ci).** Y hay el doble de palabras con sonido /s/ delante de vocal, escrito con la letra **s (sa, se, si, so, su).** Con dos compañeros, lean con mucho cuidado otra vez la historia del Caipora. En los espacios que te ponemos a continuación, copia diez palabras con **c** y por lo menos diez de las que se escriben con **s.**

Palabras con *c*	Palabras con *s*
________________	________________
________________	________________
________________	________________
________________	________________
________________	________________
________________	________________
________________	________________
________________	________________
________________	________________

Nombre ______________________________

Fecha ______________________________

¡Leamos!

Tesoros de la literatura contemporánea

H **Para anticipar.** Muchos cuentos y leyendas folclóricos se caracterizan por la presencia de animales como personajes. En la segunda unidad leíste el cuento de "El león y las pulgas". En esta lección vas a leer "El perro y el gato". Pero antes de leer, piensa en los cuentos de animales que ya conoces al contestar estas preguntas.

1. ¿Recuerdas el cuento de "El león y las pulgas"? Cuéntaselo a tu compañero(a). No olvides de incluir la moraleja.

____

____

____

____

____

2. ¿Conoces otros cuentos de animales o en español o en inglés, como los de "Tío Tigre y Tío Conejo" o cuentos como *"The Tortoise and the Hare"*? Cuéntale uno a tu compañero(a).

____

____

____

____

____

3. En estos cuentos, siempre se les da características muy específicas a ciertos animales. ¿A qué animales se les dan las siguientes características?

inteligencia: ______________________________

buena memoria: ______________________________

elegancia: ______________________________

el ser astuto: ______________________________

el ser tonto: ______________________________

4. ¿Por qué crees que surgen los cuentos de animales? Explica tu respuesta.

Lectura puertorriqueña

Este cuento es parte de la tradición oral de Puerto Rico. Fue narrado por Julio López a la coleccionista puertorriqueña Julia Cristina Ortiz Lugo, quien lo incluyó en su colección *De arañas, conejos y tortugas: presencia de África en la cuentística de tradición oral en Puerto Rico.*

El perro y el gato

Yo le voy a decir a usted por qué el perro es enemigo del gato. Son enemigos acérrimos°, hace millones de siglos. En tiempos muy antiguos los animales vivían todos juntos, no se destruían y al contrario todos los animales de la selva compartían. El león, que era el rey de la selva, salía y lo que encontraba no se lo comía solo por aquí, sino que venía y lo distribuía para todos. En ese sitio el pato era el animal más pudiente°, lo tenían como a una reliquia. El pato ordenaba lo que se hacía porque era el más inteligente.

tenaces, vigorosos

acomodado, próspero

Un día el pato le comentó al león que se encontraba solo y que desearía encontrar una compañera. El rey de la selva dijo: "Bueno pues hay que buscar, hay que buscar la compañera esa". El león salió y le trajo una compañera. En seguida se fueron a la laguna porque iban a celebrar las bodas. Tenían que estar todos los animales, pero la fiesta sería en una isla aparte y para llegar tenían que ir en una nave.

El gato estaba durmiendo debajo de un árbol y vino el perro, lo cogió y lo estremeció. El gato que estaba debajo de ese árbol y no le estaba haciendo daño a nadie, le dijo al perro: "Déjame quieto que yo estoy descansando". Y el perro respondió: "Usted no está en nada, usted se va a perder lo mejor. Allá se va a casar, cristiano, un pato. El pato y la pata se van a casar, cristiano, y eso va a estar buenísimo, estará la carne allí y cuanta cosa". El gato preguntó: "¿Pero usted está convidado? ¿Lo convidaron a usted?" "¡Oh! a mí no me convidaron, pero qué importa que no me conviden si eso es una cosa que es para todo el mundo. No tienen que venir a convidar a nadie". El gato le contestó: "No, pues, yo no voy porque no estoy convidado, ahora si me convidan yo voy". "Pues yo voy a la brava, yo voy a la brava", dijo el perro. "Pues váyase a la brava".

Pronto comenzaron a regar una hoja suelta para toda la comarca°. El anuncio hablaba de la gran boda, pero ponía como condición que todo aquel animal que fuera tenía que llevar chifles° puestos. Los que vivían allí, no, pero todos los de afuera sí.

región, lugar

cuernos

La hoja cayó en manos del gato y se dijo: "Yo no estoy convidado, ahora menos voy porque es para los que tengan chifles y yo no tengo chifles". Cuando está leyendo la hoja suelta, llega el perro: "¿Te enteraste de lo que hay?" el gato le dijo: "Ahora menos voy". El perro le comentó: "Usted es un pasmado°, yo voy porque voy".

tonto

Entonces el perro se fue a un sitio donde ataban animales, buscó dos chifles, los echó en una funda y se los llevó a la esposa con un poco de harina de trigo. (Usted sabe que la harina de trigo, después que se amasa es como una pega). El perro le dijo a la perra: "Mañana por la mañana usted me pega eso, pero bien pegadito". La mujer le preguntó: "¿Y para dónde usted va? Pero mire si esos chifles se le caen..." "No se caen nada, usted siempre poniéndole cosas, quitándole el ánimo a uno".

Por la mañana, el perro fue al sitio predilecto del gato, que era un árbol. Cuando vino el gato, el perro lo sacudió: "¿Usted no va a la fiesta? La fiesta empieza de las ocho en adelante". Y el gato le dijo: "No yo no voy, váyase". El perro se fue.
Había como una especie de muelle, allí estaba anclada la nave que los llevaría a la fiesta. Todo el que quería entrar tenía que pasar por un guardián que había allí. A todos los animales que tenían chifles les decían: "Entre, entre". Los chifles del perro estaban bien pegados, no se movían así, así.

El gato se salió del árbol porque al ver tanta gente se puso a investigar. Salió, pero no veía al perro. Ataron la soga a la nave que los iba a llevar al lugar donde se iba a celebrar la boda. El gato entonces decía: "Compae pato, compae pato, el perro lleva chifles prestados". El pato fue hacia la proa del barco y dijo: "Ay siento como una especie de voz, de voz que me está llamando". Y era el gato. Entonces el pato dijo: "Un momento, hay que hacer una reinvestigación, hay que hacer una reinvestigación", a todo el mundo le tocaban los chifles. Cuando el perro vio que le tocaba el turno a él, se zumbó al agua. Fue donde el gato y le dijo: "Tú eres el que tiene la culpa de que yo no haya ido al casamiento ese".

El gato le dijo: "Pero si tú no estabas convidado, ¿por qué tenías que hacer eso? De hoy en adelante jamás y nunca la palabra tuya y la mía se van a juntar. Somos enemigos para el resto de la vida". Y de ahí para acá el perro y el gato jamás y nunca han podido llevarse.

Verifiquemos e interpretemos

I **A ver si comprendiste.** En el siguiente cuadro de secuencia de acciones escribe lo que pasa en el cuento.

¿Qué hace el perro cuando sabe que va a haber una boda?

___

___

¿Qué pasa cuando sabe que no lo han invitado?

___

___

¿Qué dice el gato cuando se da cuenta de que no están invitados?

___

___

¿Qué hace el perro para poder ir a la boda?

___

___

¿Cuál es el resultado de su plan?

___

___

J **¡A interpretar!** Lee estas citas del cuento "El perro y el gato". Identifica quién las dice e indica cuál es tu interpretación de lo dicho.

Cita	Quién la dice	Tu interpretación
1. Hay que buscar la compañera esa.		
2. Yo voy a la brava.		
3. Compae, el perro lleva chifles prestados.		
4. Ay, siento como una especie de voz llamándome.		
5. Tú tienes la culpa de que yo no haya ido al casamiento.		
6. De hoy en adelante la palabra tuya y la mía nunca se van a juntar.		

K **Escritura relacionada.** Este cuento de animales explica por qué el perro y el gato son y serán para siempre enemigos mortales. Con dos compañeros, escribe en una hoja aparte un diálogo entre dos o tres animales que explique algún otro fenómeno de los animales, como por ejemplo, por qué el búho es tan inteligente, por qué los pericos hablan, por qué las ranas son verdes. Presenten su diálogo a la clase.

Nombre ______________________________

Fecha ______________________________

¡Escuchemos!

TAQUERÍA DEL MUSEO

ESPECIALIDADES:

- FILETE DELGADO •
- FILETE GRUESO CON CALABAZA •
- POLLO CON MOLE POBLANO •
- CHILES RELLENOS •
- CARNE ASADA •
- PUNTAS DE FILETES •
- MILANESAS •
- LOMO ADOBADO •
- CHULETAS •
- CONSOMÉ DE POLLO •

TACOS SURTIDOS

ANTOJITOS

• TAMALES CON ATOLE • SALSAS DE CHILES SURTIDOS • ENCHILADAS • GUACAMOLE

DESAYUNOS

- CHILAQUILES • HUEVOS AL GUSTO •
- FRIJOLES REFRITOS • SÁNDWICHES •
- CAFÉ • CHOCOLATE •
- JUGOS NATURALES: NARANJA, LIMA, TOMATE •

A **¡El mundo al punto!** Escucha a los locutores de este programa de la radio hispana titulado "¡El mundo al punto!", quienes hablarán sobre la influencia de la cultura mesoamericana. Luego, selecciona la opción correcta para completar las oraciones que aparecen a continuación. Escucha una vez más para verificar tus respuestas.

1. La palabra **Mesoamérica** hace referencia a las culturas indígenas de México y Centroamérica...

a. antes de la llegada de los europeos.

b. durante la época colonial.

c. después de la independencia de esa región de España.

2. La lengua que hablaban los aztecas y otros grupos indígenas del Valle de México era...

a. el maya. **b.** el náhuatl. **c.** el quechua.

3. El maíz, los frijoles, las calabazas, el chile y los jitomates son productos vegetales que...

a. fueron traídos a América por los españoles.

b. eran conocidos en Europa desde la época del Imperio Romano.

c. fueron cultivados primero por los mesoamericanos.

4. Tres comidas mesoamericanas muy populares todavía no sólo en México sino en Estados Unidos y en muchas otras partes del mundo son...

a. *spaghetti* italiano, postres franceses y helados daneses.

b. gazpacho, paella y arroz con pollo.

c. tacos, enchiladas y tamales.

5. Los tres sabores más comunes de los helados, el chocolate, la vainilla y la fresa, son productos agrícolas que...

a. fueron traídos a América por los ingleses.

b. son de origen mesoamericano.

c. los españoles trajeron a América de Asia.

6. La palabra **México** se deriva de dos palabras y un sufijo que significan...

a. "tierra llena de nopales".

b. "tierra del águila y la serpiente".

c. "del ombligo de la luna".

Pronunciación y ortografía

Los sonidos /ř/ y /r̃/ y las letras *r* y *rr*

La letra **r** tiene dos sonidos, uno simple **/ř/,** como en **coro** y **hora,** y otro múltiple **/r̃/,** como en **corro** y **rico.** Ahora, al escuchar al narrador leer las siguientes palabras, observa que el deletreo del sonido **/ř/** siempre se representa por la letra **r** mientras que el sonido **/r̃/** se escribe tanto **rr** como **r.**

/ř/	/r̃/
bu**r**la**r**se	**r**obar
costumb**r**e	**r**ecibes
gusta**r**ía	ca**rr**o
p**r**opina	aho**rr**ar
na**r**anja	co**rr**eo

B **Práctica con los sonidos /ř/ y /r̃/.** Ahora escucha a los narradores leer las siguientes palabras con dos sonidos de la **r** e indica si el sonido que escuchas es **/ř/** o **/r̃/.**

1. /ř/ /r̃/ **6.** /ř/ /r̃/

2. /ř/ /r̃/ **7.** /ř/ /r̃/

3. /ř/ /r̃/ **8.** /ř/ /r̃/

4. /ř/ /r̃/ **9.** /ř/ /r̃/

5. /ř/ /r̃/ **10.** /ř/ /r̃/

Nombre ______________________________

Fecha ______________________________

C **Dictado.** Escucha el siguiente dictado e intenta escribir lo más que puedas. El dictado se repetirá una vez más para que revises tu párrafo.

Benito Juárez: El gran héroe de México

¡Practiquemos!

7.1 La repetición del sustantivo personal en oraciones de dos objetos

D **Danilo Detalles.** Tu amigo Danilo Detalles no se conforma con ninguna información, a no ser que se le dé con todo lujo de detalles. Cuando se habla con él, hay que repetir, siempre que se pueda, el objeto de la oración. Pero solamente puedes hacerlo con los objetos indirectos, así que ¡cuidado cómo le hablas a Danilo! En el renglón correspondiente, pon lo que le has dicho.

MODELO: ¿Que tus padres te van a comprar un carro mañana? No entiendo, aclárame bien.

TÚ ESCRIBES: **Pues sí, mis padres me van a comprar un carro a mí mañana.**

MODELO: ¿Que Mateo compró un carro con sus ahorros? No entiendo, aclárame bien.

TÚ ESCRIBES: **Pues sí, lo compró con sus ahorros.**

1. ¿Que los tíos de Tina le van a traer un regalo? No entiendo, aclárame bien.

   ____

   ____

2. ¿Que un amigo del padre de Mateo le vendió un carro? No entiendo, aclárame bien.

   ____

   ____

3. ¿Que Mateo tiene un carro? No entiendo, aclárame bien.

   ____

   ____

4. ¿Que tus padres te prestaron dinero para un carro? No entiendo, aclárame bien.

   ____

   ____

5. ¿Que el padre de Mateo le prestó dinero? No entiendo, aclárame bien.

   ____

   ____

Nombre ____________________________________

Fecha ______________________________________

6. ¿Que Tina va a limpiar los baños? No entiendo, aclárame bien.

____

____

7. ¿Que la mamá de Tina va a pagarle por los quehaceres? No entiendo, aclárame bien.

____

____

8. ¿Que Tina va a sacudir los muebles? No entiendo, aclárame bien.

____

____

9. ¿Que me van a dar dinero para un carro? No entiendo, aclárame bien.

____

____

10. ¿Que Margarita le dice a Tina que le puede conseguir un buen puesto? No entiendo, aclárame bien.

____

____

7.2 La diferencia entre *saber* y *conocer*

E

Saber conocer a Benito Juárez. En las siguientes oraciones, basadas en el tema de Benito Juárez, completa los espacios en blanco con la forma correcta de **saber** o **conocer.**

1. ¿Tú ____________________ a algún mexicano que no ____________________ quién es Benito Juárez?
2. Todos los hispanos deberían ____________________ la historia de México.
3. Mis padres ____________________ que Juárez tenía gran interés en la educación.

4. ¿Tú ____________________ por qué le dicen a Juárez el Abraham Lincoln de México?

5. Yo no ____________________ que Benito Juárez no sabía hablar español cuando era niño.

6. Meche no ____________________ muy bien los detalles de la vida de Juárez.

7. El tío le hizo entender la ventaja de ____________________ español para salir adelante.

8. En Oaxaca, Juárez ____________________ a su mentor y padrino, Don Antonio Salanueva.

9. Juárez estudió derecho y ____________________ muy bien todas las leyes del país.

10. Yo ____________________ que Juárez había terminado de construir el ferrocarril mexicano.

7.3 Escribir con corrección: *c - s - z*

F

La *z* y el Caipora. En la unidad anterior tú y tus compañeros analizaron minuciosamente la lectura sobre el Caipora y encontraron muchas palabras con sonido /s/ escritas con **c** y **s.** Con dos compañeros, vuelvan a leer ese mismo relato con mucho cuidado. Vas a encontrar por lo menos ocho palabras con sonido /s/ pero escritas con **z.** En los espacios que aparecen a continuación escribe las ocho palabras que encontraste. En los renglones usa las mismas palabras en ocho oraciones diferentes inventadas por ustedes.

1. ____________________

____

____

2. ____________________

____

____

Nombre ______________________________

Fecha ______________________________

3. ____________________

____

____

4. ____________________

____

____

5. ____________________

____

____

6. ____________________

____

____

7. ____________________

____

____

8. ____________________

____

____

¡Escribamos!

Correspondencia práctica: Un resumé. El **resumé** es un breve resumen en una o dos páginas de los méritos, cualidades, logros y experiencia académica y profesional de una persona que busca empleo. Generalmente, el **resumé** es la primera impresión que un(a) empleador(a) tiene del (de la) candidato(a) y puede ser la única. Por esta razón es muy importante preparar el **resumé** con mucho cuidado y con el mayor atractivo posible. A continuación aparece una breve descripción de la información que usualmente se incluye en un **resumé** en el orden en que se presenta.

- **Datos personales:** El nombre y apellido del (de la) candidato(a), dirección y número de teléfono
- **Objetivo:** El nombre del puesto que se solicita
- **Preparación:** Estudios académicos y vocacionales completados
- **Experiencia:** Enumeración de los previos lugares de trabajo
- **Premios:** Cualquier premio que de alguna manera esté relacionado al puesto que se busca
- **Habilidades:** Destrezas relacionadas al puesto que se solicita
- **Intereses:** Cualquier interés del (de la) solicitante que tenga relación con el puesto
- **Referencias:** Nombre, título, dirección y teléfono de personas dispuestas a recomendar al (a la) solicitante

Nombre ______________________________

Fecha ______________________________

MODELO:

RESUMÉ

Joaquín Saldívar Apodaca

1317 Calle del Burro
Santa Fe, Nuevo México 87503
(505) 477-7395

Objetivo:	Vendedor	
Educación:	1998–2002	Santa Fe High School
Experiencia:	2000–2002	La Tiendita Escondida, conserje
	1998–2000	Restaurante Sosa, mesero
Premios:	2001	Empleado más trabajador
	1999	Mesero más popular

Habilidades:
- Conozco la mercancía y sé dónde se guarda todo en la tienda.
- Soy bilingüe en español e inglés.
- Me gusta tratar con la gente.

Referencias:		
	Sr. Daniel Sosa, Dueño	Sra. Beatriz Guerrero, Gerente
	Restaurante Sosa	La Tiendita Escondida
	320 Alameda	737 Catedral
	Santa Fe, NM 87501	Santa Fe, NM 87501
	Tel. 984-2373	Tel. 984-8757

Se pueden solicitar otras referencias.

G **Mi *resumé.*** Decide en un lugar donde te gustaría trabajar este verano y prepara un **resumé** con ese puesto en mente. Escribe la versión final a máquina o usando la computadora, siguiendo el formato del modelo. Recuerda que la apariencia y el deletreo son tan importantes como el contenido del **resumé.**

¡Leamos!

Tesoros de la literatura contemporánea

H **Para anticipar.** Nuestra sociedad categoriza a los padres que resisten darle dinero a su ex esposa para ayudar con los gastos de los niños como *"deadbeat dads"*. ¿Qué opinas tú de los *"deadbeat dads"*?

1. ¿Crees que los padres que abandonan a sus familias o que se divorcian de sus esposas deben ayudar a mantener a sus hijos?

____

____

____

____

2. ¿Con qué frecuencia crees que deben mandarles estos padres dinero a sus familias? ¿Cuánto dinero deben mandar?

____

____

____

____

3. Muchos de estos padres se rehúsan a pagar y simplemente no les mandan el dinero a sus familias. ¿Qué opinas de esto? ¿Qué pueden hacer la esposa y los hijos para recibir su dinero?

____

____

____

____

4. ¿Crees que la esposa debe ir a casa del padre a recoger el dinero, si el padre no lo manda cuando debe? ¿Deben ir los hijos a recogerlo? ¿Por qué sí o por qué no?

____

____

____

____

Nombre ______________________________

Fecha ______________________________

5. Este problema es muy común no sólo en Estados Unidos sino en todas partes del mundo. ¿Habrá alguna solución para el problema? ¿Qué recomiendas tú?

____

____

____

____

Lectura mexicana

Lee ahora el cuento del escritor mexicano Humberto Payán Fierro, de una madre abandonada y sus niños que van a la casa del papá a pedirle el dinero que les debe dar cada mes.

El juego de la puerta

Domingo: Celia despierta temprano a sus niños. Primero a Rosa porque siempre se adhiere a la cama. Nada más Rosa cabe en ese colchón hundido. Y ahí mismo, su madre la viste y la peina (o eso trata). Los otros niños, Norma y Alejandro, despiertan por sí solos (o por el ruido que hizo su madre). Se visten dándose prisa entre sí.

Cuando la familia sale de casa, un viento helado talla las paredes y talla los perros que husmean° en los botes de basura. (° huelen)

—A esta hora sólo hay perros, mamá —observa Rosa. Sus ojos beben las lágrimas para distinguir las cosas.

Celia pide a sus hijos que se tomen de la mano; los apresura. Ellos gimen, moquean. Sienten más frío.

—¿Por qué tenemos que venir a esta hora? Son las seis, ¿verdad?

—Es que mamá no se quiere esperar.

—No quiere salir el sol, tiene frío como tú.

—Yo no quiero ir. Me quedo acostadita en la cama, ¿sí? Ahí nomás me quedo en la cama.

Celia se molesta, se cansa de oír tanta queja. Nalguea a Rosa hasta hacerla llorar.

—Qué no, ni qué no, ahora vas —grita con impaciencia. Vuelve a apresurar a la niña y le ordena al asustado niño no soltar a su hermana "La llorona".

—Jálala fuerte, pos qué mocosa fregada. Después que batallé tanto para levantarla.

Rosa (para su padre es Rosi), lloriqueando, piensa en la tardanza del sol: "Debe tener una cama redonda, muy blandita, y su mamá lo ha de dejar dormir mucho."

La niña pierde un zapato. Lo pide a gritos, con la misma fuerza con que desea decirle a la madre del sol que despierte a su hijo.

—Mi zapato, mi zapato.

—¡Ayy, tonta! ¿Pos por qué no te lo abrochaste bien? —pregunta Celia recogiendo el zapato. Lo levanta, mira la falta de cinta. La niña apoya la planta del pie descalzo sobre su pierna recta. La mujer calza° con brusquedad a su hija. A ésta no le importa, lo único que sabe es que no quiere ir.

le pone los zapatos

—Vámonos.

Caminan. Atrás y adelante de ellos se mueve el viento: les pica los ojos, les araña la cara, les inmoviliza las manos, los obliga a moquear. En las calles más estrechas el frío parece calmarse pero nada más parece. Y en las avenidas, vuelve a atacar.

Caminan más de una hora para llegar a una calle estrecha, iluminada por la luz mercurial de un solo poste.

—Aquí los espero. No se devuelvan hasta que les den el dinero —ordena la madre—. Si no, no les compro dulces, ni paletitas rojas, eeeh, Rosi.

Parten. La mujer se repega contra la pared intentando alcanzar los rayos del sol. La luz del poste queda interrumpida.

—Papaaá —grita Norma, formando una O con sus manos en torno a su boca. Alejandro golpea la puerta negra y metálica sobre la que ha chocado su voz. Sus manos entumidas° dejan de golpear sólo para volver con más fuerza.

paralizadas de tocar tan fuerte;

Interminablemente, Rosa musita° —sólo para ella— la palabra papá. Observa a sus hermanos cómo golpean y empujan la puerta. Escucha con temor sus gritos coléricos°. Se tapa los ojos cuando su hermana empieza a arrojar piedras: primero, sólo para producir ruido; después, con todo el coraje de que es posible hasta agotarse°.

murmura

furiosos

cansarse

—Papá, sal por favor —dice Alejandro en voz baja. Eleva su cuerpo con la punta de los pies, pero la cortina no le permite ver más allá. Entonces se asoma por debajo de la puerta pero no ve pasos, ni luz.

—¿Por qué tarda tanto ahora? —le pregunta a su hermana, quien se encoge de hombros y desgarra° su voz con un grito lleno de coraje.

suelta

El niño encuentra una piedra más grande y la estrella contra la puerta. "A ver si no salen así."

La puerta permanece cerrada como si del otro lado no hubiera casa; como si la puerta fuera el último escombro° de una casa destruida.

ruina

Alejandro corre hacia su madre. El frío ha desaparecido completamente en él. Su madre, crucificada en la pared por el sol, se desplaza contra su hijo:

—Vete a tocarles.

—No sale nadie. Asómate y verás que sí tocamos mucho.

—Quiébrales un vidrio y verás que sí salen —le ordena al mismo tiempo que lo empuja.

Aunque casi llora de coraje siente que le falta valor para romper el cristal. Recoge con lentitud la piedra más grande. Voltea en dirección a su madre. La piedra permanece quieta en su mano. Espera unos segundos más, así, mirando fijamente la puerta. Una mujer joven, semejante a la puerta, mira a los niños un instante y vuelve la cortina a su lugar. Cuenta los billetes despegándolos con mucho cuidado. Separa tres y los esconde entre las ropas de sus pechos. Abre la puerta.

—Toma... Váyanse con su mamá —dice con la mano extendida. La niña más grande toma el dinero de un tirón. La mujer se protege con la puerta de los escupitajos que ya conoce.

—Usted es una víbora, es cierto lo que dice mi mamá.

—¿Por qué no sale mi papá a decirnos que nos vayamos? —pregunta el niño muy quedito y la mujer no puede escucharlo.

La mujer vuelve a decir váyanse, sólo que ahora no con su mamá sino a la fregada. Rosa le muestra la lengua, primero a la mujer y después a la puerta. Cuando caminan hacia su madre, Alejandro se queda atrás y deja la piedra en un lugar donde la pueda encontrar.

—¿Ya se fueron? —pregunta el hombre. Aplasta el cigarrillo en el suelo.

—¡Qué temprano vienen a despertarla a una! —vocifera ella mientras se quita el camisón de dormir. Prepara la ropa que va a usar ese día.

—¿No me dijiste que ya habías arreglado todo para que no vinieran a recoger el dinero aquí?

—Sííí, pero siempre que voy a dejarle el dinero ella nunca está. Esa mujer nunca está en la casa. ¿Venía también ella?

—No la vi. Se ha de haber escondido. ¿Quién más puede traer a los niños a estas horas?

—¿Les diste el dinero?

—Esos niños son unos majaderos. Ya te lo había dicho.

—¿Ya se lo diste?

Ella afirma con la cabeza. Luego, se cierra como puerta negra y metálica.

Lunes: Rosa vuelca su taza de café.

Verifiquemos e interpretemos

I **A ver si comprendiste.** Llena el siguiente cuadro con las acciones principales de cada personaje a través del cuento. Algunas ya están indicadas.

ACCIONES PRINCIPALES			
	En casa de la mamá	**En la calle**	**En casa del papá**
la mamá	Celia despierta, viste y saca a los hijos a la calle.		
Rosi		Rosi prefiere regresarse a casa y quedarse en cama.	
Alejandro	Se despierta y se viste solo.		
Norma	Se despierta y se viste sola.		
el papá	X	X	Rehúsa contestar la puerta.
la amante	X	X	Mira a los niños por la ventana.

Nombre ______________________________

Fecha ______________________________

J **¡A interpretar!** ¿Qué efecto crees que va a tener esta situación en la vida de los siguientes personajes? Llena el siguiente cuadro con efectos positivos y negativos.

EFECTOS EN CADA PERSONAJE				
Celia	**Rosi**	**Norma**	**Alejandro**	**Papá**
1.	1.	1.	1.	1.
2.	2.	2.	2.	2.
3.	3.	3.	3.	3.
4.	4.	4.	4.	4.

K **Escritura relacionada.** Imagínate que eres uno de los niños en el cuento. Escríbele una carta a tu papá sobre lo que sientes después de haber regresado de su casa.

Nombre ______________________________

Fecha ______________________________

¡Escuchemos!

A **¡El mundo al punto!** Escucha a los locutores de este programa de la radio hispana titulado "¡El mundo al punto!", quienes hablarán sobre Emiliano Zapata, héroe de la Revolución Mexicana. Luego, selecciona la opción correcta para completar las oraciones que aparecen a continuación. Escucha una vez más para verificar tus respuestas.

1. Emiliano Zapata es recordado como un héroe de...

a. las fuerzas mexicanas que derrotaron al ejército francés invasor.

b. la Revolución Mexicana que se inició en 1910.

c. la guerra entre México y Estados Unidos.

2. El nombre que tomaron los indígenas que se rebelaron contra el gobierno el primero de enero de 1994 en Chiapas fue...

a. Ejército Indígena de Liberación Nacional.

b. Frente Sandinista de Liberación Nacional.

c. Ejército Zapatista de Liberación Nacional.

3. Emiliano Zapata nació en un pueblito de Morelos y...

a. era hijo de una de las familias más ricas de la región.

b. pertenecía a la clase social privilegiada de los hacendados.

c. era de origen campesino.

4. El líder inicial de la Revolución Mexicana de 1910 era...

a. Porfirio Díaz.

b. Francisco I. Madero.

c. Victoriano Huerta.

5. El "Plan de Ayala" de Emiliano Zapata intentaba...

a. repartir las tierras a los campesinos.

b. concentrar las tierras en grandes haciendas.

c. organizar las tierras siguiendo el modelo soviético.

6. A Emiliano Zapata se le considera un héroe del pueblo mexicano porque...

a. nacionalizó el petróleo y estableció la empresa estatal PEMEX.

b. siempre defendió los derechos de los campesinos.

c. creó miles de nuevos empleos con ayuda de inversionistas extranjeros.

Pronunciación y ortografía

Los sonidos /ř/ y /r̃/ y las letras *r* y *rr*

En la lección anterior aprendiste que la letra **r** tiene dos sonidos, uno simple **/ř/,** como en **coro** y **hora,** y otro múltiple **/r̃/,** como en **corro** y **rico.** Ahora vas a ver unas reglas de ortografía que te ayudarán a determinar cuándo se debe usar una **r** o una **rr.**

- La letra **r** tiene el sonido **/ř/** cuando ocurre entre dos vocales.

  g**ere**nte — categ**orí**a
  sal**ari**o — escol**are**s

- La letra **r** también tiene el sonido **/ř/** cuando ocurre después de una consonante excepto **l, n** o **s.**

  es**cr**ibo — **pr**evio
  taqui**gr**afía — **tr**abajos

- La letra **r** tiene el sonido **/r̃/** cuando ocurre al principio de una palabra.

  repartir — **r**ecepcionista
  realista — **r**efugio

- La letra **r** también tiene el sonido **/r̃/** cuando ocurre después de las consonantes **l, n** o **s.**

  a**lr**ededor — ho**nr**a
  E**nr**ique — e**nr**edar

- La letra **rr** siempre tiene el sonido **/r̃/.**

  e**rr**or — desa**rr**ollo
  aho**rr**o — pe**rr**o

Nombre ______________________________

Fecha ______________________________

B **Práctica con los sonidos /ř/ y /r̃/.** Ahora escucha a los narradores leer las siguientes palabras con las letras **r** y **rr** más vocales y escribe las letras que faltan en cada una.

1. s e p a ___ ___ d o

2. ___ ___ t m o

3. E n ___ ___ q u e t a

4. b o ___ e g o

5. c o n t ___ ___

6. f ___ ___ n c e s e s

7. ___ ___ b u s t o

8. s e m i n a ___ o

9. h o n ___ r

10. e n t i e ___ o

C **Dictado.** Escucha el siguiente dictado e intenta escribir lo más que puedas. El dictado se repetirá una vez más para que revises tu párrafo.

Elena Poniatowska da testimonio de la realidad mexicana

____

____

____

____

____

____

____

____

____

____

____

____

____

____

¡Practiquemos!

7.4 Más sobre *le* y *lo*

D **Justo y la justicia.** Tu amigo Justo tiene una manía muy extraña. Cada vez que se entera de algo, vuelve y lo repite siempre usando la frase "Está bien, es justo que..." y usando sustantivos personales. ¿Qué dice Justo? Acuérdate que como **le** y **lo** no se llevan, vas a tener que usar **se.**

MODELOS: Mateo les pregunta a sus amigos si quieren subir al carro nuevo.
Está bien, es justo que se lo pregunte.

La mamá le alcanza la aspiradora a Tina.
Está bien, es justo que se la alcance.

1. Dale el libro a Mateo para que estudie sobre Juárez.

____

____

2. María le presta su pulsera a Margarita.

____

____

3. Mateo les enseña los papeles del carro nuevo a las muchachas.

____

____

4. Tina le promete a su mamá sacudir los muebles.

____

____

5. La mamá le enseña a Tina las manchas que hay que limpiar.

____

____

Nombre ___________________________________

Fecha ___________________________________

7.5 La diferencia entre *asistir* y *atender*

E **Nuestros amigos asisten y a veces atienden.** En las siguientes oraciones sobre las cosas que hacen nuestros amigos, completa los espacios en blanco con la forma apropiada de **asistir** o **atender**.

1. Las muchachas ____________________ a todas las clases de la mañana.
2. A veces, Meche no puede ____________________ porque tiene que atender a su abuela.
3. A veces, Meche no ____________________ mucho al profesor porque es muy aburrido.
4. Los delegados ____________________ ayer a la reunión con el alcalde sobre el interminable problema del gimnasio.
5. El alcalde también ____________________, y prometió que ____________________ gustosamente a todo el que se presentara en su oficina.
6. Ayer, los enfermeros ____________________ a los que se desmayaron durante la manifestación.
7. Todos nosotros ____________________ a la charla del señor del banco el jueves pasado.
8. La verdad es que en esa reunión nosotros ____________________ más al del banco que al profesor de química.
9. La mamá de Daniel tiene un bebé en casa al que tiene que ____________________.
10. La mamá de Caridad trabaja ____________________ a su jefe en el manejo del negocio.

7.6 Los homófonos con *s - c - z*

F **Suenan igual pero no se escriben igual.** En los siguientes ejemplos completa los espacios en blanco con una de las dos palabras que pertenece a una pareja de homófonos con **s, c** o **z.** Después, completa el siguiente espacio con la palabra homófona y escribe debajo una oración en la que se use esa palabra.

MODELO: Lo que has visto con los ojos y sigues viendo todavía es algo que ________.
Homófono: ________
Ejemplo: ________

TÚ ESCRIBES: **ves**
Homófono: **vez**
Ejemplo: **Es la primera vez que me entero de la vida de Juárez.**

1. El lugar donde vivo con mis padres es mi ________________.

Homófono: ________________

____

2. Cuando llegue lo voy a besar y a ________________.

Homófono: ________________

____

3. Le hicieron una rebaja del cien por ________________.

Homófono: ________________

____

4. Cortaron la madera con una ________________ eléctrica.

Homófono: ________________

____

5. El letrero triangular amarillo indica que ________________ el paso.

Homófono: ________________

____

Nombre ______________________________

Fecha ______________________________

¡Escribamos!

Diario interactivo

G **Tú y tu futuro.** En tu diario interactivo anota la fecha que corresponda y escribe por lo menos una página y media desarrollando el tema general de "Tú y tu futuro". El párrafo que aquí aparece es sólo para ayudar a enfocar el tema. No escribas siguiendo el formato de preguntas y respuestas sino que intenta responder con párrafos articulados.

Tú y tu futuro

Imagínate que ya han pasado veinte años y que has realizado muchas de las metas que te propusiste cuando estabas en la escuela secundaria. Describe la casa y las personas con las que vives. Igualmente describe tus actividades diarias en ese futuro. ¿Qué empleo tendrás? Intenta ser realista pero a la misma vez imaginativo. Después guarda muy bien estas páginas de tu diario para que lo abras de nuevo en veinte años. ¿Crees que sería muy diferente lo que escribiste a tu realidad futura?

¡Leamos!

Tesoros de la literatura contemporánea

H **Para anticipar.** Nuestra sociedad ha producido miles de familias tan pobres que no tienen dónde vivir y acaban por hospedarse donde puedan: en sus mismos autos, en la calle, a orillas de un río... En otros países esta situación es aún peor porque la sociedad allí ha producido un sinnúmero de niños pobres, sin familia. Por lo general, estos niños viven en las calles o en edificios abandonados de las grandes ciudades y se ven obligados a ganarse la vida tal como puedan. Piensa en esos pobres desafortunados al contestar estas preguntas.

1. ¿Hay familias que no tienen dónde vivir en tu comunidad o en alguna comunidad cercana? ¿Dónde se hospedan? ¿Qué hacen si llueve? ¿Si nieva o hace un frío intolerable?

2. ¿Qué crees que hacen los niños de estas familias? ¿Cómo pasarán el día? ¿Irán a la escuela? ¿Trabajarán?

3. ¿Habrá niños sin familias que viven en la calle en tu comunidad o en alguna comunidad cercana? ¿Cómo sobreviven?

Nombre ______________________________

Fecha ______________________________

4. ¿Qué tipo de trabajo podrían hacer estos niños que no han asistido a la escuela y no tienen ningún entrenamiento? ¿Los contrataría la gente o les tendría miedo por aparecer sucios y descuidados?

____

____

____

____

____

5. En algunas ciudades estos niños inventan trabajo en las calles principales. Lavan las ventanas de los autos y hacen otras cosas parecidas, con la esperanza de que se les dé algún dinerito. ¿Qué otras cosas pueden hacer estos niños en la calle para ganarse la vida? ¿Qué actividades peligrosas o ilegales hacen?

____

____

____

____

____

Lectura mexicana

El autor mexicano Tomás Chacón se inspiró a escribir el cuento "Los dragones" después de observar a los niños abandonados en las calles del D. F. en México. Para ganarse la vida estos niños, "los dragones", hacían actividades peligrosas para entretener a los que pasaran en carros y con la esperanza de que les dieran dinero.

Los dragones

Ellos se instalaron en la gran avenida, dispuestos a conquistar la atención de viandantes° y conductores. Herminio, el más bajo, llenó su boca con gasolina del galón, luego escupió en una varilla° con trapo encendido de fuego en la punta. Surgió una flama de fuego que se perdió en el viento. Ambrosio, que se decía más experto y conocedor del oficio, hizo la misma operación pero escupía varias flamas cada vez que cortaba la emisión del combustible°.

caminantes

vara, caña

líquido inflamable

Después del acto, Herminio corría entre los autos pidiendo monedas. Y Ambrosio se tiraba en el camellón° a esperar lo recolectado por su compañero.

lomo de tierra que divide la calle en dos

Mientras el flujo de autos los llenaba de humo, ellos se sentaban a esperar la ocasión. Pero Ambrosio bebía alcohol en los descansos y a Herminio ya le empezaban a gustar los tragos. Ellos hacían la misma rutina de dos horas cada día en esa esquina. Cuando Ambrosio se intoxicaba con rapidez, debido a su debilidad, presionaba a Herminio a expulsar el fuego y a recoger monedas.

Ambrosio entonces, se quedaba con la mirada perdida y de vez en cuando reaccionaba inconscientemente; tomaba la varilla, ponía en su boca gasolina y escupía una ligera flama de fuego. Él parecía un volcán que arrojaba insignificantes fragmentos de lava que lo hacían quemarse.

Siempre era así, Ambrosio se cansaba tan pronto que Herminio ya sabía realizar el doble trabajo. Los días malos, ambos se desanimaban y terminaban quedándose dormidos en los pequeños jardines.

Pero los días de suerte, Herminio tomaba fuerzas de lo más profundo y caminaba como un dragón, soltando fuego a diestra y siniestra°. A veces, su atracción hacia el fuego lo paralizaba y no miraba más que al cielo gris, entreteniendo sus sueños en la nada.

a la derecha y a la izquierda

A Herminio le gustaba sentirse importante cuando el alcohol se subía a su cabeza. Caminaba entre las líneas de autos como torero, luego parecía jinetear° su cuerpo para salirse de la calle cuando el verde del semáforo lo sorprendía. Pero de pronto se dirigía frente a los autos, tomaba una postura de rey, escupía el fuego y hasta emitía sonidos roncos como si fuera un dragón que dominara la situación.

montar a caballo

La adicción a la bebida les hacía perder consistencia en los actos. La última tarde que los vi, habían discutido y peleado tanto por una botella de ron, que Ambrosio terminó por quemarle los cabellos a Herminio.

En esa ocasión yo pensé que jugaban. Pero la cosa se puso seria cuando Ambrosio le quitó todas las monedas a su socio. Luego se liaron° a golpes en pleno camellón. Ambrosio dominó la situación y terminó por dejar en el suelo y sin sentido al pobre de Herminio.

se juntaron

Entonces se puso a trabajar él solo, se expuso tres o cuatro veces a los autos, pero la borrachera lo agotó y volvió con Herminio. Lo pateó para despertarlo y no reaccionaba. Después anduvo dando vueltas e insultándolo pero Herminio no reaccionaba.

Fue en ese momento cuando le chamuscó° los cabellos al compañero. Herminio se levantó angustiado y Ambrosio se atemorizó porque rápidamente lo auxilió.

quemó

A los pocos minutos, ambos compartían la misma botella. Después pusieron todos sus implementos en sendos morrales° y dejaron la avenida. Se fueron por las calzadas° antiguas de la inmensa ciudad. Eran un par de dragones inseparables que jugaban con el fuego y se divertían a perder el sentido juntos.

dos sacos
avenidas

Nombre ___________________________

Fecha ___________________________

Verifiquemos e interpretemos

I **A ver si comprendiste.** ¿Qué hacían Ambrosio y Herminio para entretener a los viandantes y conductores? En el siguiente cuadro escribe la rutina de los dos jóvenes durante las horas que pasaban en la calle. ¿Qué hacía cada uno?

LA RUTINA DE LOS DRAGONES EN LA CALLE	
Herminio	**Ambrosio**
1. ______	1. ______
2. ______	2. ______
3. ______	3. ______
4. ______	4. ______
5. ______	5. ______
6. ______	6. ______
7. ______	7. ______
8. ______	8. ______

J **¡A interpretar!** Contesta estas preguntas con dos compañeros de clase. Luego, compartan sus respuestas con el resto de la clase.

1. ¿Qué edad crees que tienen Ambrosio y Herminio? ¿Por qué crees que hacen lo de dragones en la calle? ¿Cuánto tiempo crees que han estado haciendo esto en la calle? ¿Por qué crees eso?

____

____

____

____

2. Lo que hacen es muy peligroso. ¿Por qué? ¿Qué puede pasarles?

3. ¿Qué daños han sufrido ya? ¿Qué crees que les espera en el futuro? Explica tu respuesta.

4. El cuento termina diciendo que "se divertían a perder el sentido juntos". Explica ese comentario. ¿Se divertían de veras? ¿Qué crees que el autor, Tomás Chacón, ve en el futuro de los dos jóvenes?

K **Escritura relacionada.** Imagínate que eres un(a) representante de tu colegio en un comité municipal que se interesa en ayudar a los jóvenes que viven en la calle. El comité ha decidido preparar anuncios comerciales que den buenos consejos a estos jóvenes en la radio y la televisión. Con uno(a) o dos compañeros escribe uno de estos anuncios en una hoja aparte. Presenten su anuncio a la clase.

Nombre ______________________________

Fecha ______________________________

¡Escuchemos!

A **¡El mundo al punto!** Escucha a los locutores de este programa de la radio hispana, quienes hablarán sobre la población de origen mexicano en Estados Unidos. Marca si cada oración que sigue es **cierta (C), falsa (F)** o si no tiene relación con lo que escuchaste **(N/R).** Si la oración es falsa, corrígela. Escucha una vez más para verificar tus respuestas.

C F N/R 1. La presencia de personas de origen mexicano en Estados Unidos se inicia en el siglo XX.

____

____

____

____

C F N/R 2. Según el censo de 1990 había casi 13 millones y medio de personas de origen mexicano en Estados Unidos.

____

____

____

____

C F N/R **3.** Los de origen mexicano forman el segundo grupo hispano más numeroso en Estados Unidos después de los puertorriqueños.

C F N/R **4.** Entre 1910 y 1930 más de un millón de mexicanos emigraron a Estados Unidos como resultado de una guerra civil en México.

C F N/R **5.** El Programa de Braceros trajo a cerca de tres millones de mexicanos a Estados Unidos a trabajar principalmente en la agricultura.

C F N/R **6.** La población de origen mexicano tiene el promedio más alto de ingresos anuales comparado con los otros grupos de origen hispano.

Nombre ____________________

Fecha ____________________

Pronunciación y ortografía

El sonido /x/ y la letra *x*

En la Unidad 5 aprendiste que el sonido **/x/** delante de las vocales se escribe **ja, jo, ju, je, ji, ge, gi.** La letra **x** también tiene este sonido en ciertas palabras. Observa el deletreo de este sonido en las siguientes palabras.

Mé**x**ico	di**j**imos	**g**igante
Te**x**as	**j**abón	**g**eneral

B **Práctica con el sonido /x/.** Ahora escucha a los narradores leer las siguientes palabras y escribe las letras que faltan en cada una.

1. C o s i ___ ___ e z a

2. O a ___ ___ c a

3. ___ ___ n t e

4. v i a ___ ___

5. ___ ___ c h i t á n

6. ___ ___ n e r a c i ó n

7. c a ___ ___ r o

8. ___ ___ v i e r

9. ___ ___ v e n

10. ___ ___ n e r a l i z a c i ó n

C **Dictado.** Escucha el siguiente dictado e intenta escribir lo más que puedas. El dictado se repetirá una vez más para que revises tu párrafo.

Los árboles de flores blancas
(fragmento)

¡Practiquemos!

7.7 El uso de *le* en oraciones de dos actores

D **Uno y uno.** Los siguientes pares de oraciones se dicen casi siempre con diferentes sustantivos personales de tercera persona, uno con **le** y otro con **lo**. Completa los espacios en blanco con **le** o **lo** según convenga. No puedes usar el mismo sustantivo en los dos pares. ¡Tiene que ser uno y uno!

1. El mes pasado __________ escribí, pero ahora se me ha perdido.

El mes pasado __________ escribí, pero no me contestó.

2. Aunque es cierto que __________ pegué, en seguida se desprendió del papel.

Aunque es cierto que __________ pegué, lo hice muy suavemente.

3. La verdad es que __________ hablé por teléfono, pero no estaba en casa.

La verdad es que __________ hablé cuando nos reunimos, pero luego no lo repetí.

4. Sr. Azurdia, __________ llamé ayer para darle un recado urgente.

Mi muy respetado Don Alfredo, __________ llamé ayer para pedirle un favor.

5. Es verdad que __________ tiré, pero no hubiera querido darle en la cabeza.

Es verdad que __________ tiré, pero no pensé que caería en medio de la clase.

7.8 La diferencia entre *tocar, jugar* y *actuar*

E **Sara, la seria, y el problema del dinero.** Los empleos y la experiencia se han convertido en temas muy importantes. Aquí, Sara, que es muy seria, se lamenta de lo que les está sucediendo a sus amigos. ¿Qué dice Sara en este monólogo? Completa los espacios en blanco con la forma correcta de **tocar**, **jugar** o **actuar**.

Desde que Mateo se compró el carro nuevo, todas las conversaciones tratan ahora del tema de cómo ganar dinero. Unos dicen que lo mejor es aprender a (1) ____________________ el piano y trabajar en una orquesta. Otros dicen que para dedicarse a la farándula, mejor sería (2) ____________________ en obras de teatro que (3) ____________________ en orquestas. Otros dicen que el mejor camino es el deporte, y que los que (4) ____________________ al fútbol o baloncesto viven muy cómodamente. ¡Qué alternativas más extrañas! Cuando éramos niños, (5) ____________________ a dedicarnos a profesiones serias, como médicos, maestros, abogados. Pero ya no se trata de esos temas. Todo el mundo quiere (6) ____________________ un deporte profesional, (7) ____________________ música o (8) ____________________ en un escenario. ¡Qué ilusos! La verdad es que teníamos más sentido común cuando éramos niños. Mis amigos no se dan cuenta de que están (9) ____________________ con su futuro, y que el mejor camino no es ni el teatro ni el deporte, sino la universidad.

Nombre ____

Fecha ____

7.9 Escribir con corrección: *b* - *v*

F

Los emisarios aztecas se llevaron la *b* y la *v*. Es el principio del relato sobre el rey zapoteca. Los emisarios del rey azteca se han llevado las **b** y las **v.** Tú tienes que preparar las flechas envenenadas, afilar tu lápiz y llenar los espacios en blanco con la letra **b** o con la letra **v.**

Esta leyenda mexicana _____iene de la región que hoy conocemos como el estado de Oaxaca.

En el siglo XV el jo_____en rey Cosijueza aca_____a de ocupar el trono de los zapotecas en la _____ella ciudad de Juchitán, en el actual estado de Oaxaca. Era _____ondadoso, sa_____io y _____aliente. Era tam_____ién un guerrero muy astuto que, a la _____ez, le gusta_____a gozar de la _____elleza de la naturaleza. Es sus jardines goza_____a en particular de unos ár_____oles de flores _____lancas, ár_____oles que solamente se encontra_____an en Juchitán.

Una tarde, cuando el jo_____en rey pasea_____a por los jardines, _____inieron unos emisarios de su enemigo, el rey azteca Ahuizotl. Los emisarios explicaron: "Nuestro rey quiere que le mandes unos ár_____oles de flores _____lancas. Quiere plantarlos a lo largo de los canales de su ciudad, Tenochtitlán". Después de pensarlo, el jo_____en rey dijo: "No es posi_____le, se prohi_____e sacar estos ár_____oles de mi reino".

Cosijoeza sa_____ía que su enemigo Ahuizotl mandaría a sus guerreros aztecas a apoderarse de los ár_____oles de las flores _____lancas y del reino zapoteca. Reunió a sus jefes guerreros y les dijo que otra _____ez tenían que pelear para sal_____ar sus _____idas y su reino del poder de los aztecas. Y los jefes prepararon las fortificaciones y las flechas en_____enenadas.

¡Leamos!

Tesoros de la literatura contemporánea

G **Para anticipar.** En "Los dragones" conociste a dos chicos que se ganaban la vida entreteniendo a los automovilistas en México. En esta lección vas a conocer algunos de los pensamientos de Lola, una niña que se pasa el día entero vendiéndoles chicles a viajeros que cruzan la frontera al regresar a Estados Unidos de México. ¿Qué serán algunos de sus pensamientos? ¿Qué opinión tendrá de la gente en los carros que se rehúsan a comprarle chicle? ¿De los otros niños que, como ella, tratan de ganarse la vida allí en el puente? ¿De la vida en general? En este diagrama de "mente abierta", anota algunas de las opiniones que crees que Lola ha de tener. Compara tus predicciones con las de dos compañeros. Luego lean la lectura para ver si acertaron.

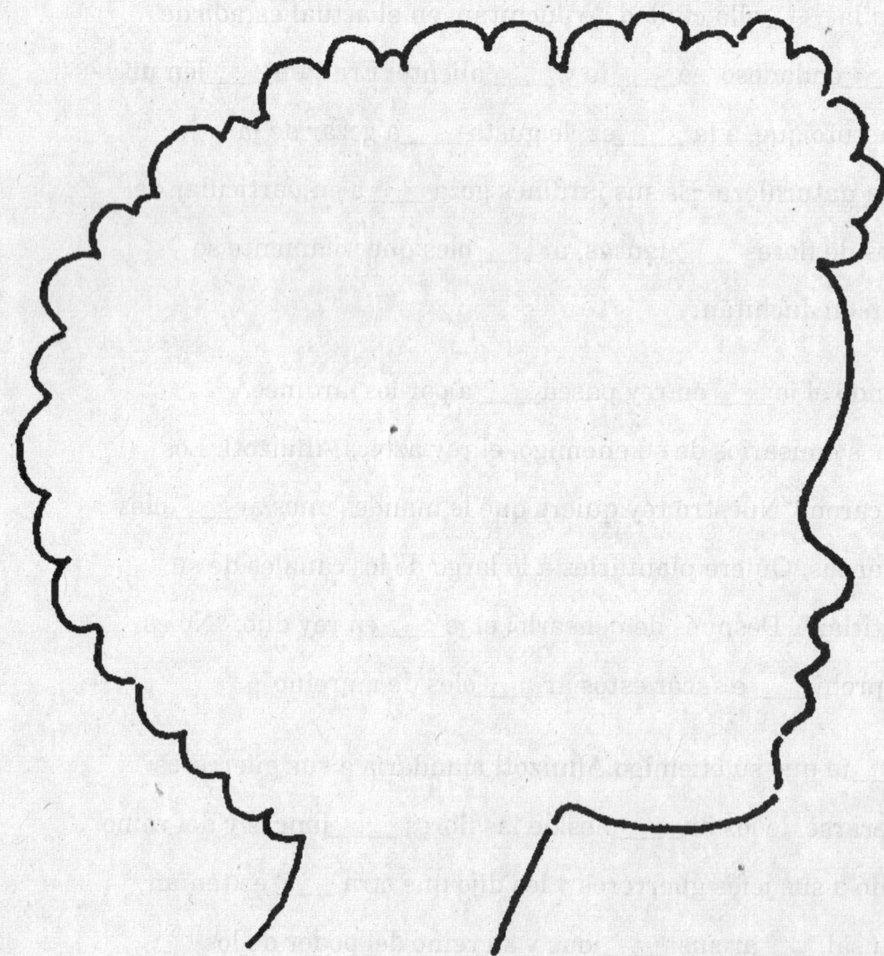

Nombre ______________________________

Fecha ______________________________

Lectura mexicana

Este fragmento viene de un cuento escrito por la autora mexicana Adriana Candia, quien se crió en México y ahora vive en Estados Unidos. La autora se inspiró a escribir este cuento en una niña que veía vendiendo chicle cada vez que pasaba la frontera por el puente internacional entre Ciudad Juárez y El Paso, Texas.

Mirador
(fragmento)

Los otros niños que venden chicles le dicen "Lola" simplemente. Aquí hasta los diminutivos pueden ser un lujo. Le gritan: "¡Eh, Lola, a que no me alcanzas!", mientras emprenden la carrera entre venta y venta, cruzando las filas de automóviles que avanzan como animales prehistóricos rugiendo lerdos° y lanzando sus vahos° apestosos por el puente internacional. Lola ya ni se limpia los mocos, a veces probablemente las costras grises que se amontonan sobre sus labios le producen comezón; y ella se soba bruscamente con el torso del brazo. Sabe cómo hacer su trabajo. Se pega a la ventanilla de mi auto, entorna° sus ojazos negros y sonríe. No hago caso y ella emprende la estrategia número dos: deja caer las cejas y las comisuras° de los labios. La espera y el escenario me atontan más que nunca. No bajo el cristal, ni siquiera le sonrío a Lola, no le compro ni un maldito chicle de a nuevo peso°. Me quedo pensando en cómo serían los rostros de mis hijos si estuvieran del otro lado del cristal; ¿en qué momento de mi vida di el paso que me separó de aquellas gentes? ¿Por qué no me estremezco° más como en mis tiempos de trabajadora social?; ¿por qué me separo de la humanidad para gruñir de rabia? Sé que soy capaz de odiar a esas mujeres tostadas, cuyas trenzas cenizas les crecen por años y se endurecen con el trajinar° o se esfuman° un invierno. Me encuentro en la profundidad de los ojos que me buscan del otro lado, pero en vez de contestar a la sonrisa "maldigo del alto cielo" a los políticos tramposos, a mi ingenua° fe de otros tiempos, a mis ganas de vivir mi propia vida, a todo lo que me permite sonreír en paz...

lerdos: lentamente
vahos: vapores
entorna: medio cierra
comisuras: la unión de
nuevo peso: México creó el nuevo peso en 1993
estremezco: conmuevo
trajinar: hacerlas día tras día
esfuman: desaparecen
ingenua: inocente

A veces como ahorita, Lola sueña con una catástrofe genial, guarda sus estrellas negras y desea con todas sus fuerzas que el puente se caiga de repente con todo y carros. Ella sueña con el momento en que todo se haga pedacitos cada vez más y más pequeños. Sueña con esas imágenes y trata de espantar el hambre y la sed, los ardores de sus pies. Goyo y El Toro la conocen bien y van a despertarla, pues siempre les ha dado mucho miedo el pensamiento de Lola... Hace poco Lola se quedó paralizada a medio puente en otro de sus pensamientos.

Esa vez quería de alguna forma transformar el infierno primaveral en algo diferente, pero lo pensó con tantas ganas que una horrible tormenta de granizo se abrió exactamente entre las dos banderas con rayos, centellas° y unos gotones semicongelados tan grandes, que niños y viejos vendedores acabaron en cinco minutos tan moreteados como si les hubiera pasado encima una estampida de caballos. Goyo despertó en el Hospital General y la abuela de El Toro no se volvió a ver jamás. Lo que no saben Goyo ni El Toro es cómo ellos se han salvado tantas veces ni por qué. Tal vez los deseos de algunas de las mujeres grandes, fueron diferentes y más fuertes.

°*flashes*

—Mugre señorona, ay sí, muy pintadita, vieja coda. ¡Ya pues! Deje de mirarme y cómpreme chicles, ¡un nuevo peso señorita! A ver vieja agarrada, a ver qué tal. ¿No le da cosa? ¡Mire cómo ando, vieja coda! ¿Que no se cansa de mirarme? Mejor cómpreme algo. No, no, mejor esta carita. No, no, no, mejor la de la risa, uhh, ¡vieja señorona, coda! Ni con nada, mira qué bonito brilla su pulsera... ¿Cómo cuántos chicles tengo que vender para comprarme esa pulsera? ¡Toro, Toro, Goyo! ¡venga, mira qué bonita pulsera, Toro!

—Ya Lola, vente. Vámonos pa' la otra fila, aquí todos son muy codos. Vente, Lola, del otro lado yo miré una muchacha bonita, bonita. Vente Lola, ésa sí que nos compra un chicle.

Verifiquemos e interpretemos

H **A ver si comprendiste.** Cuando Lola trata de venderle chicle a la señora las dos se ven cara a cara, como aparecen en estos dos diagramas de "mente abierta". ¿Qué estará pensando cada una? Anota sus pensamientos en los dos diagramas. Es importante que puedas indicar algo específico en el cuento que justifique cada pensamiento que anotas. Compara tus diagramas con los de dos compañeros de clase. Si no están de acuerdo con algunos pensamientos, consulten con la clase entera.

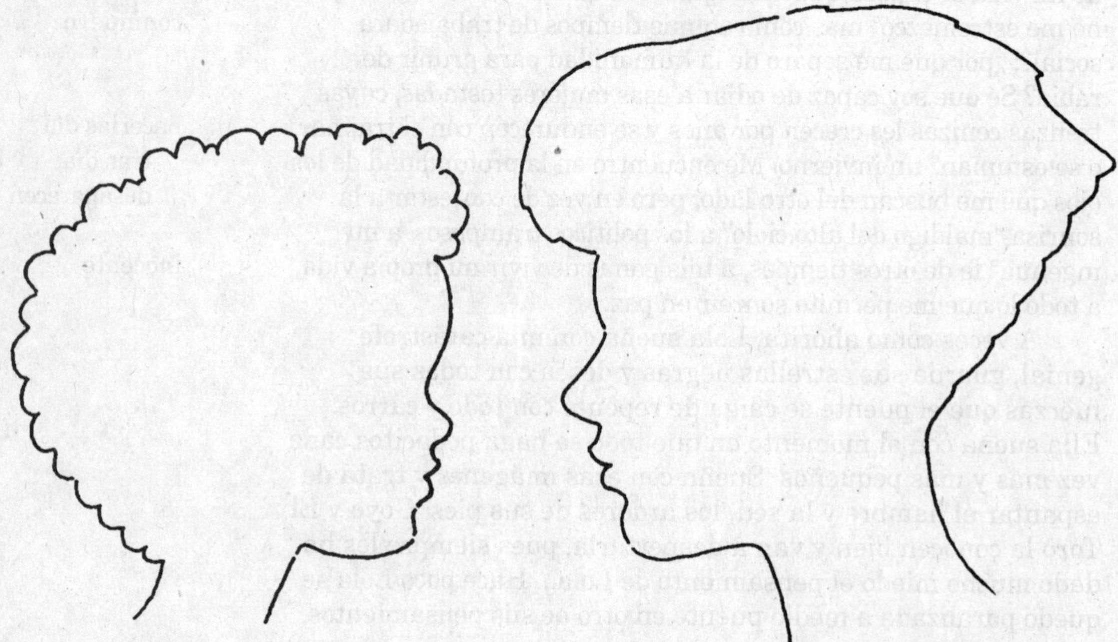

Nombre ______________________________

Fecha ______________________________

I **¡A interpretar!** Usa este cuadro para hacer una comparación de los niños en los tres cuentos que leíste en esta unidad. Compáralos en las categorías indicadas y en otras que te parezcan apropiadas.

	Los niños de "El juego de la puerta"	**Herminio y Ambrosio de "Los dragones"**	**Lola de "Mirador"**
1. Familia			
2. Dinero			
3. Amigos			
4. Empleo			
5. Talento			
6. ...			

J **Escritura relacionada.** En una hoja aparte escríbele una carta a Lola de "Mirador", a Herminio y Ambrosio de "Los dragones" o a los niños de "El juego de la puerta". Diles que sabes de su situación y ofréceles consejos para ayudarlos a evitar problemas y, tal vez, a mejorar su situación. Usa este espacio para organizar tus ideas antes de escribir tu carta.

Nombre ____________________

Fecha ____________________

¡Escuchemos!

A **¡El mundo al punto!** Escucha a los locutores de este programa de la radio hispana titulado "¡El mundo al punto!", quienes hablarán sobre la inmigración europea a Argentina. Luego, selecciona la opción correcta para completar las oraciones que aparecen a continuación. Escucha una vez más para verificar tus respuestas.

1. Argentina es el país hispanohablante que tiene...

a. la población indígena más numerosa.

b. la mayor extensión territorial.

c. la mayor población total.

2. Cuando Argentina se independizó de España, la mayoría de sus habitantes eran...

a. indios y mestizos.

b. blancos, negros y mulatos.

c. españoles, italianos y alemanes.

3. La población contemporánea de Argentina está formada...

a. principalmente por mestizos e indios.

b. en su mayoría por personas de origen africano.

c. predominantemente por descendientes de europeos.

4. Como Estados Unidos, Canadá y Australia, Argentina fue por más de un siglo un país...

   a. donde la mayoría eran de origen inglés.

   b. que recibía a millones de inmigrantes europeos.

   c. cuya población crecía muy lentamente.

5. La primera comunidad judía en número de personas fuera de Israel se halla concentrada en Nueva York, la segunda se encuentra en...

   a. Alemania.

   b. la ciudad de Buenos Aires.

   c. España.

6. El lunfardo es...

   a. un platillo típico argentino.

   b. una variedad lingüística coloquial que surge del contacto del español y el italiano.

   c. un tipo de vino muy popular en Argentina.

Pronunciación y ortografía

El sonido /a/ y las palabras *a, ah* y *ha*

Además de ser una vocal, el sonido **/a/** también es tres palabras distintas: **a, ah** y **ha.** Es fácil confundir estas tres palabras si no prestas atención a sus significados.

- La preposición **a** tiene varios usos. Algunos de los más comunes son:
  Dirección: Llegan **a** Lima el martes por la tarde.
  Movimiento: Camino **a** la escuela todos los días.
  Hora: La fiesta es el sábado **a** las nueve.

- La palabra **ah** es una exclamación de admiración, sorpresa o pena.
  ¡**Ah**! ¡Qué casa más grande!
  ¡**Ah**! ¡Perdón! No sabía que estabas aquí.
  ¡**Ah,** qué dolor de cabeza!

- La palabra **ha** es una forma del verbo auxiliar **haber.** Seguida de la preposición **de,** significa **deber de, ser necesario.**
  Un momento, por favor. Papá todavía no **ha** abierto la puerta.
  ¿Usted **ha** visitado México?
  Arturo **ha de** estar enfermo. Nunca falta a estas funciones.

Nombre ______________________

Fecha ______________________

B **Práctica con el sonido /a/.** Ahora, al escuchar a los narradores, indica si lo que oyes es la preposición **a,** la exclamación **ah** o el verbo **ha.**

1. a ah ha

2. a ah ha

3. a ah ha

4. a ah ha

5. a ah ha

C **Dictado.** Escucha el siguiente dictado e intenta escribir lo más que puedas. El dictado se repetirá una vez más para que revises tu párrafo.

Argentina: El país hispanohablante de mayor extensión

____

____

____

____

____

____

____

____

____

____

____

____

____

¡Practiquemos!

8.1 El sustantivo personal *se*

D **Tu amiga Imperio Impersonal.** Tu amiga Imperio Impersonal lo dice todo de forma borrosa y distante, sin especificar nunca nada. Todo lo dice con **se** en función de impersonal. Y peor todavía, Imperio repite todo lo que uno dice con la forma impersonal y con la frasesita **Ya veo,** que tanto les molesta a sus amigas. ¿Qué dice Imperio Impersonal cuando va con sus amigas a Stanton Street? Completa el renglón en blanco debajo de cada oración.

MODELO: Tina y Margarita encuentran cosas muy baratas en Stanton Street.

TÚ ESCRIBES: **Ya veo, se encuentran cosas muy baratas en Stanton Street.**

1. Voy a continuar trabajando durante el verano.

   ____

2. Podré comprar un carro en septiembre.

   ____

3. Podré hacer muchas cosas interesantes durante el día.

   ____

4. Necesitamos mucho dinero para poder comprar un carro.

   ____

5. Busco un pañuelo azul y verde.

   ____

E **¿Uso reflexivo o uso impersonal?** Al lado de cada una de las siguientes oraciones, escribe **Ref.** si el sustantivo personal **se** se ha usado como reflexivo o **Imp.** si se ha usado como impersonal.

1. __________ Los payasos se pintaron la cara con colorete rojo.
2. __________ En los concursos se dan muchos premios.
3. __________ En las tiendas de El Paso se habla mucho español.
4. __________ En México se conoce mucho la vida de Juárez.
5. __________ Margarita y Tina se peinaron y vistieron antes de ir a Stanton Street.

Nombre ______________________________

Fecha ______________________________

F **¿Con detalles o sin detalles?** El sustantivo personal **se** es el que da menos información de todos. En los espacios en blanco, pon **la** o **le** donde convenga dar detalles, y **se** donde no haga falta.

1. La mamá _______ peina, pero la niña en seguida se despeina.
2. La mamá _______ peina porque quiere lucir bien para la fiesta.
3. Los padres _______ compraron un carro a Daniel.
4. Los padres _______ compraron un carro nuevo y a veces Daniel lo usa.
5. Ayer _______ acordó posponer la graduación hasta el mes de junio.

8.2 La diferencia entre *funcionar* y *trabajar*

G **Funcionar y trabajar en Argentina.** En las siguientes oraciones, basadas en la lectura sobre Argentina, completa los espacios en blanco con la forma apropiada del verbo **funcionar** o **trabajar**.

1. Los gauchos vivían en las pampas y ____________________ de vez en cuando para los hacendados.
2. Cuando empezaron a ____________________ los grandes refrigeradores, comenzó la exportación en masa del ganado y disminuyó la importancia del gaucho.
3. En Argentina, ____________________ muy bien los programas de alfabetización.
4. En Argentina, los maestros ____________________ mucho para alfabetizar a la población.
5. Los emigrantes europeos llegaron a Argentina para ____________________ en las ciudades, no en el campo pampero.
6. A pesar del alto grado de alfabetización y de homogeneidad racial, en Argentina no siempre ha ____________________ la democracia.
7. Nos han contado que el metro de Buenos Aires ____________________ mejor que el de San Francisco, pero yo no lo puedo creer.

8. Los gauchos ya no son independientes. Ahora ________________ en las haciendas como cualquier otro empleado.

9. Las Madres de la Plaza de Mayo han ________________ incesantemente para denunciar a los militares argentinos por la muerte de sus hijos.

10. La guerra de las Malvinas fue otro proyecto de los militares argentinos que no ________________ en lo más mínimo y que por fin los llevó a perder el poder.

8.3 Escribir con corrección: *j - g - h*

H **Los _óvenes _auchos se robaron las letras de los _acendados**. ¡Otro robo de letras! En la siguiente lista de palabras, tomadas todas de la lectura sobre Argentina, hemos dejado en blanco los espacios donde debería haber una **j,** una **g,** una **h**... o ¡nada! Pues sí, cuidado. Hay espacios en blanco que se deben dejar en blanco porque no hubo ningún robo. En el renglón al lado de cada palabra, copia la palabra correctamente, poniendo la letra que falta, o dejándola como está.

1. Ar_____entina ________________
2. a_____ricultura ________________
3. _____anadería ________________
4. _____as natural ________________
5. _____andina ________________
6. _____emisferio ________________
7. _____autosuficiente ________________
8. _____idroeléctrica ________________
9. _____udía ________________
10. _____istoria ________________
11. indí_____ena ________________
12. _____aciendas ________________
13. mu_____eres ________________
14. _____acendados ________________
15. _____urbana ________________

Nombre ______________________________

Fecha ______________________________

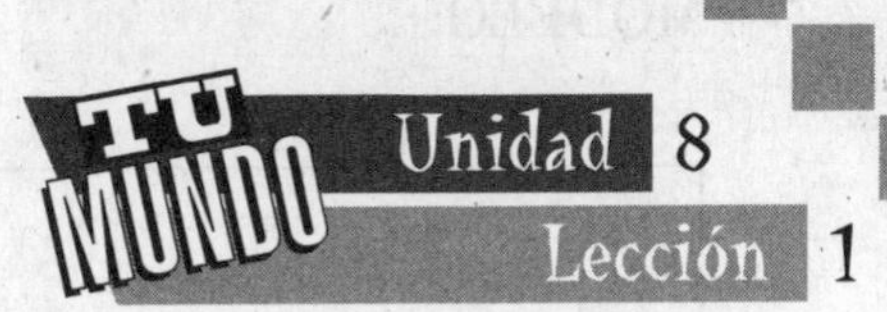

¡Escribamos!

Correspondencia práctica: Carta de solicitud de empleo. Ya sabes preparar un resumé, lo único que te falta es escribir una carta de solicitud de empleo. Las cartas de solicitud de empleo tienden a ser breves y formales. En ellas generalmente se menciona cómo se dio cuenta el o la solicitante de la vacante, se indica que en un adjunto está su resumé con todos los datos profesionales y personales y se agradece de antemano una rápida respuesta. A continuación se presentan algunas fórmulas de cortesía usadas en cartas de solicitud de empleo.

Para explicar por qué escribe

En respuesta a su aviso del día 15 de mayo en *El Hispano,* solicito el puesto de...

La presente responde a su anuncio en *Miami News* del día 26 de abril, donde solicitan...

Para indicar lo anexo

Les adjunto un resumé con mis datos profesionales y personales que hacen constar que estoy muy capacitado(a) para...

Adjunto les envío mis datos personales.

Para agradecer una rápida respuesta

En espera de su pronta respuesta, les saluda su S. S.

Les agradezco su atención a esta carta y quedo de Uds. su S. S.

MODELO:

7 de junio de 2002

Sra. Beatriz Guerrero, Gerente
La Tiendita Escondida
723 Catedral
Santa Fe, NM 87501

Muy estimada señora:

En respuesta a su aviso del día 6 de junio en El Hispano, solicito el puesto de vendedor que se anuncia. Le adjunto un resumé con mis datos personales que hacen constar que estoy muy capacitado para el puesto. Si llegara a necesitar cualquier otra información, no deje de comunicarse con su S. S., al teléfono 477-7395 o en la tienda misma donde trabajo de 4:00 a 7:00 todos los lunes a viernes.

En espera de su pronta respuesta, le saluda su S. S.

Joaquín Saldívar Apodaca

Adjuntos

Nombre ______________________________

Fecha ______________________________

I **Solicito empleo.** Cuando preparaste tu resumé tenías un puesto específico en mente. Escribe una carta de solicitud de empleo a ese lugar. Usa las fórmulas de cortesía y el modelo aquí presentados.

¡Leamos!

Tesoros de la literatura contemporánea

J **Para anticipar.** Has leído varios cuentos de inmigrantes que vienen a Estados Unidos y encuentran una lengua y una cultura muy extrañas. Lo mismo puede pasar con inmigrantes que no hablan español y llegan a un país como Argentina. Imagínate esa situación al contestar estas preguntas.

1. ¿Qué será lo primero que un inmigrante europeo (no de España) notará al llegar a Argentina? Explica tu respuesta.

____

____

____

____

2. ¿Qué problemas tendría tal inmigrante si no hablara español?

____

____

____

____

3. ¿Crees que los inmigrantes a un país deben dejar de hablar su idioma natal para poder dedicarse totalmente a aprender el idioma de su nuevo país? ¿Preferirías que en tu casa no se hablara español del todo, sólo inglés? ¿Por qué?

____

____

____

____

4. ¿Qué se pierde cuando deja de existir la lengua natal de una comunidad: por ejemplo, cuando los italianos en Argentina dejan de hablar italiano, o los hispanos en Estados Unidos dejan de hablar español? Explica tu respuesta.

____

____

____

____

Nombre ____________________________________

Fecha ____________________________________

Lectura argentina

Este cuento de la escritora argentina Ana María Shua forma parte de su colección de cuentos titulada *El libro de los recuerdos.* Aquí vas a leer de una familia que emigra a Argentina y de repente se ve con serios problemas con el idioma de su nuevo país.

El idioma

Cuando el mayor de los hijos del abuelo Gedalia y la babuela, el que llegaría a ser con el tiempo el tío Silvestre, empezó a ir a la escuela, todavía (como suele suceder° con los hijos mayores en las familias de inmigrantes pobres) no dominaba el idioma del país.

Esa desventaja con respecto a sus compañeros le produjo grandes sufrimientos morales. Tardó poco en poseer un vocabulario tan amplio como cualquiera de los demás chicos, modificó con gran rapidez sus errores sintácticos y gramaticales en castellano, pero le llevó años enteros llegar a pronunciar la terrible erre de la lengua española, la fricativa alveolar sonora°: la punta de su lengua se resistía a vibrar con ese sonido de motor que escuchaba y envidiaba en niños mucho más pequeños que él, vibración que era capaz de imitar con el labio superior pero no con la maldita punta de la lengua.

Pinche, el segundo de los varones, que aprendió a hablar imitándolo a Silvestre (como lo imitaba en todo lo demás), nunca pudo llegar a pronunciar la doble erre, que a Silvestre sólo se le entregó mucho después, ya en plena adolescencia.

Decí regalo, le decían los otros chicos. Decí erre con erre guitarra, le decían. Decí que rápido ruedan las ruedas, las ruedas del ferrocarril. Y cuando escribía, Silvestre confundía *teritorio* con *territorio* y la maestra se sorprendía de esa dificultad en un alumno tan bueno, tan brillante, tan reiteradamente abanderado.

Entonces, un día, llegó Silvestre enojado y decidido a la Casa Vieja y declaró que en esa casa no se iba a hablar nunca más el Otro Idioma, el que sus padres habían traído con ellos del otro lado del mar. Ese Idioma agonizante que tampoco en el país de donde los padres habían venido era la lengua de todos, la lengua de la mayoría, que ni siquiera era la lengua que los habían obligado a usar en la escuela pública, pero que sí había sido, en cambio, para ellos, el Idioma de sus padres y el de sus amigos y de sus juegos infantiles y las canciones de

suele suceder: acostumbra ocurrir

fricativa alveolar sonora: sonido que se produce con la vibración de la punta de lengua en la cavidad de los dientes superiores cuna y las primeras palabras de amor y los insultos, y para siempre, el idioma de los números: el único idioma en el que era posible hacer las cuentas. El Otro Idioma, el íntimo, el propio, el verdadero, el único, el Idioma que no era de ningún país, el idioma del que tantos se burlaban, al que muchos llamaban jerga°, el Idioma que nadie, salvo ellos y los que eran como ellos, respetaban y querían, el Idioma que estaba condenado a morir con su generación.

jerga: lenguaje especial de ciertas personas

Y sin embargo, cuando Silvestre llegó ese día de la escuela y sin sacarse el delantal declaró que la señorita había dado orden de que en su casa tenían que hablar solamente castellano, nadie se sorprendió.

Al abuelo Gedalia le gustó mucho la idea por dos razones: porque necesitaba, para su trabajo de kuentenik, es decir, de vendedor, mejorar todo lo posible su habilidad con la lengua del país en que vivía. Y también porque se le presentaba una oportunidad más de humillar a su mujer delante de sus hijos (esa actividad era una de sus diversiones preferidas).

A la babuela, que nunca había hablado de corrido la lengua de la mayoría, ni siquiera en su país de origen, el castellano le parecía un idioma brutal, inexpresivo, y sobre todo inaccesible, y hasta ese momento se las había rebuscado con gestos y sonrisas y algunas palabras para hacer las compras. Era la época en la que el carnicero regalaba el hígado para el gato de la casa. La babuela señalaba el trozo de hígado sangrante y sonreía muy avergonzada y el carnicero se lo envolvía en un pedazo grande de papel de diario.

Pero si así lo había dicho la señorita, así debía ser. La babuela le tenía un poco de miedo a la maestra, que era para ella casi un funcionario de control fronterizo, alguien destacado por las autoridades de inmigración para vigilar desde adentro a las familias inmigrantes y asegurarse de que se fundieran°, se disgregaran°, se derritieran correctamente hasta desaparecer en el crisol° de razas.

fundieran: se desaparecieran
disgregaran: dispersarse
crisol: el recipiente

Y así fue como el idioma de las canciones de cuna° y las palabras de amor y los insultos de los que con el tiempo llegaron a ser los abuelos, desapareció, al menos en la superficie, de la casa de la familia Rimetka, quedó para siempre encerrado en el dormitorio grande, y los hermanos menores (Pinche y Clarita) apenas lo entendían.

cuna: camita de un bebé

Fuera del dormitorio, el abuelo Gedalia se complacía en no entenderse con su mujer en castellano de manera más completa y al mismo tiempo más sutil que la que usaban para no entenderse en la que era para ambos su Lengua natal. Es por eso que en el Libro de los Recuerdos son muy pocas —o ninguna— las palabras que no aparecen en castellano.

Nombre ______________________________

Fecha ______________________________

Verifiquemos e interpretemos

K **A ver si comprendiste.** Indica en el cuadro el efecto que tenía el no hablar español o el hablarlo con mucha dificultad en la vida diaria de estos personajes y cita uno o dos ejemplos de la lectura.

	Efecto de no hablar español	Ejemplos del cuento
1. el abuelo Gedalia		
2. la babuela		
3. Silvestre		
4. Pinche		

L **¡A interpretar!** En este cuadro indica la reacción de cada personaje a la decisión de que sólo se permitiría hablar en español en la casa de los Rimetka y el efecto que tuvo el ya no hablar su lengua natal en casa en cada personaje.

	Reacción a la decisión de no permitir lengua natal en casa	Efecto de no hablar la lengua natal
1. el abuelo Gedalia		
2. la babuela		
3. Silvestre		
4. Pinche		

M **Libro de los recuerdos.** Si mantuvieras un libro de recuerdos, ¿cuáles son los cinco recuerdos más importantes que tendrías anotados allí en relación a tu niñez y a tu familia? Escríbelos aquí y luego escribe uno o dos párrafos indicando qué idioma, el inglés o el español, relacionas con cada recuerdo y por qué.

Nombre ____

Fecha ____

¡Escuchemos!

A **¡El mundo al punto!** Escucha a los locutores de este programa de la radio hispana titulado "¡El mundo al punto!", quienes hablarán sobre el tango. Luego, selecciona la opción correcta para completar las oraciones que aparecen a continuación. Escucha una vez más para verificar tus respuestas.

1. La zona geográfica conocida como la región del Río de la Plata incluye a...

a. Argentina y Brasil.

b. Argentina y Paraguay.

c. Argentina y Uruguay.

2. El tango se inicia como un baile popular en...

a. las fincas de la pampa argentina.

b. los bares de la zona del puerto de Buenos Aires.

c. en los salones de la aristocracia argentina.

3. El tango se deriva de la milonga, una canción y baile popular que a su vez asimiló...

a. ritmos y bailes franceses.

b. ritmos cubanos con bailes españoles.

c. ritmos italianos con bailes franceses.

4. Cuando el tango llegó a París...

a. fue inmediatamente prohibido por las autoridades francesas.

b. no logró mucha popularidad.

c. obtuvo un gran éxito y alcanzó una enorme popularidad.

5. A partir de los años 20, el tango se transformó acentuando...

a. un tono melancólico de decepción amorosa.

b. la alegría de un festival regional.

c. el amor ideal entre dos jóvenes pobres.

6. El cantante argentino que popularizó el tango por todo el mundo y murió trágicamente en un accidente aéreo en 1936 fue...

a. Tito Puente.

b. Julio Iglesias.

c. Carlos Gardel.

Pronunciación y ortografía

El sonido /ai/ y las palabras *ay* y *hay*

Aunque estas dos palabras se pronuncian de la misma manera, es fácil evitar confusión con **ay** y **hay** si no olvidas su significado.

- La palabra **ay** es una exclamación que puede indicar sorpresa o dolor físico o mental.

  ¡Ay! ¡Qué sorpresa!
  ¡Ay, ay, ay! ¡Me corté!
  ¡Ay! ¡Estela estuvo en un accidente!

- La palabra **hay** es un verbo que significa *there is* o *there are.*

  ¡Mira, **hay** un águila en el nopal!
  Dice que **hay** cuartos disponibles pero no **hay** ducha en los cuartos.

B **Práctica con el sonido /ai/.** Ahora, al escuchar a los narradores, indica con una **X** si lo que oyes es la exclamación **ay** o el verbo **hay.**

	ay	hay
1.	☐	☐
2.	☐	☐
3.	☐	☐
4.	☐	☐
5.	☐	☐

C **Dictado.** Escucha el siguiente dictado e intenta escribir lo más que puedas. El dictado se repetirá una vez más para que revises tu párrafo.

Alfonsina Storni, poeta argentina

¡Practiquemos!

8.4 Las perífrasis verbales y los gerundios

D **Las maletas y las perífrasis.** En las siguientes oraciones, basadas en la fotonovela de esta lección, se encuentran perífrasis verbales con infinitivos, perífrasis verbales con gerundio y verbos sencillos no perifrásticos. En el primer renglón debajo de cada oración, di si hay verbo sencillo (**V**), si hay perífrasis verbal con infinitivo (**PV-I**), o perífrasis verbal con gerundio (**PV-G**). En el segundo renglón, copia el verbo o la perífrasis verbal.

MODELOS: Los amigos están haciendo planes para el verano.

PV - G **están haciendo**

Daniel habla mucho de su viaje a Venezuela.

V **habla**

1. Daniel está haciendo la maleta con su hermana.

__________ ____________________

2. Necesitas ropa interior, calcetines, camisetas y pantalones.

__________ ____________________

3. ¿Podrías ayudarme en vez de estar ahí sin hacer nada?

__________ ____________________

4. Están tratando de cerrar las maletas.

__________ ____________________

5. No puedo poner más en esta maleta.

__________ ____________________

6. Te traje dos maletas, por si acaso.

__________ ____________________

7. ¿No debes llevar ropa para el frío?

__________ ____________________

8. En la escuela andan diciendo mentiras de la vida en Caracas.

__________ ____________________

Nombre ______________________________

Fecha ______________________________

8.5 La diferencia entre *querer* y *gustar*

E **Práctica con *querer* y *gustar*.** Completa las siguientes oraciones, poniendo al principio **quiero** o **me gusta**.

1. ____________________ hablar con Mateo ahora mismo.

2. ____________________ terminar de hacer las maletas esta tarde.

3. ____________________ mucho salir con mis amigos los sábados.

4. ____________________ comer arepas cuando estoy en Caracas.

5. ____________________ despedirme de mis amigos mañana por la mañana.

6. ____________________ mucho a mis padres.

7. ____________________ mucho la televisión venezolana.

8. ____________________ ahorrar para comprar un carro.

9. ____________________ mi novia.

10. ____________________ mucho a mi novia.

8.6 Escribir con corrección: *r - rr*

F **La *r*, la *rr*, la *l*, la *d*, los calcetines, las camisas, ¡qué líos tiene Daniel!** Las siguientes oraciones, basadas en los preparativos de Daniel para el viaje a Venezuela, tienen palabras a las que les falta una letra. Escribe la letra que falta en cada palabra. Tienes que poner **r, rr, d** o **l.** En el renglón que te ponemos debajo de cada oración, haz una oración original con una de las palabras.

1. La aleg_____ía de Daniel por el viaje a Venezuela se le ve en la ca_____a.

____

2. Daniel teme que e_____ ve_____ano en El Paso sea muy abu_____ido.

____

3. La mamá le dijo que no podía lleva_____ su guita_____a.

____

4. En Venezuela no se han ente_____ado que Juárez de_____otó a los franceses.

____

5. Daniel estudió que Juárez sabía maneja_____ las a_____mas pero también la pluma.

____

6. Dudo mucho que sea cie_____to que Colón esté ente_____ado en Caracas.

____

7. Daniel dice que su amigo En_____ique no va a esta_____ en Ca_____acas este ve_____ano.

____

8. La he_____mana de Daniel le trajo to_____a la _____opa que él pi_____ió.

____

Nombre ____________________

Fecha ____________________

¡Escribamos!

Diario interactivo

Tú y el curso de español. En tu diario interactivo anota la fecha que corresponda y escribe por lo menos una página y media desarrollando el tema general "Tú y el curso de español". Las preguntas que aquí aparecen son sólo para ayudar a enfocar el tema. No escribas siguiendo el formato de preguntas y respuestas sino que intenta responder con párrafos articulados.

Tú y el curso de español

Evaluar es una actividad muy importante en la vida escolar. Tú has sido evaluado a través del curso por tu maestro(a) pero en esta ocasión tú vas a evaluar el curso en general. ¿Qué es lo que te pareció más efectivo en este curso de español para hispanohablantes?

¿Qué parte de Tu mundo te impactó más? ¿Cómo explicas eso? ¿Cómo crees que este curso te ayudará a alcanzar tus metas personales y profesionales? ¿En que áreas progresaste más en este curso? ¿Tienes alguna sugerencia para mejorar este curso? ¿Cómo te imaginas que va a ser el siguiente curso de español para hispanohablantes?

¡Leamos!

Tesoros de la literatura contemporánea

H **Para anticipar.** Es interesante cómo, desde hace miles de años, a las personas nos gusta jugar con nuestras emociones. Basta con señalar un sinnúmero de cuentos y leyendas que todos los pueblos han inventado —unas para hacer reír, otras para hacer llorar y otras para dar miedo. ¿Te gustan los cuentos de terror? Piensa en por qué sí o por qué no al contestar estas preguntas.

1. ¿Escuchabas cuentos de terror cuando eras niño(a)? ¿Quién te los contaba? ¿Dónde te los contaba?

2. ¿Qué emociones sentías al escuchar cuentos de terror? ¿Tenías miedo de acostarte solo(a) después de escuchar estos cuentos? ¿Te hacían bromas tus hermanos o amigos para asustarte más? Explica tu respuesta.

3. ¿Por qué crees que los adultos les cuentan historias de terror a los niños? ¿Para asustarlos? ¿Para controlarlos? ¿Para desanimarlos a ir a ciertos lugares?

4. ¿Cómo terminan generalmente los cuentos de terror? ¿Resuelven siempre el misterio o dejan mucho sin explicar? ¿Tienen moralejas estos cuentos?

Nombre ______________________________

Fecha ______________________________

Lectura china

La autora argentina Ana María Shua coleccionó cuentos de varias partes del mundo para su libro *La fábrica del terror.* En las siguientes dos lecciones vas a leer uno de esos cuentos —la primera mitad en esta lección, la segunda en la siguiente.

Las siete hermanas
(Primera parte)

Había estrellas en todos los rincones del cielo, pero no había luna. Las estrellas embellecen la noche, pero no la iluminan.

En la noche oscura había una aldea°. En la aldea había una casa grande. En la casa había siete hermanas, jóvenes y solteras, que tejían en sus telares°. Los telares cantaban.

Golpearon la puerta. Los golpes eran muy fuertes. Y fuertes eran los que golpeaban. Y eran muchos.

Las hermanas miraron por la ventana. Siete jóvenes desconocidos querían entrar a la casa. Las siete hermanas tenían miedo de abrir la puerta.

—Salimos a cazar y estamos perdidos —dijeron los hombres—. Necesitamos refugio por esta noche.

—Nuestros padres no están en casa —dijeron las hermanas—. Vayan a otro lado. No podemos dejarlos entrar.

Pero los siete desconocidos repitieron:

—A nadie se le niega refugio por una noche. Por una sola noche.

Y era verdad.

—Ni siquiera pasaremos aquí la noche entera —dijeron los hombres—. Solamente queremos descansar.

Y cómo saber si era verdad. Entonces las hermanas tuvieron que abrir la puerta y los invitaron a entrar. A un cazador perdido no se le niega refugio. Cuando un visitante llega a una casa en la noche, hay que darle banco para sentarse, agua para beber, hay que lavarle los pies y ofrecerle pasteles.

La hermana mayor ofreció a los invitados los bancos para sentarse. Y se quedó cerca de ellos mientras se sentaban. Los siete hermanos se sentaron de forma extraña, acomodando hacia atrás una parte de su cuerpo sobre la que no querían sentarse.

Y cuando la hermana mayor los vio desde atrás, alcanzó a notar entre los pliegues° de la ropa algo peludo y colgante, algo que los hombres no tienen.

aldea°: pueblo

telares°: aparato para tejer

pliegues°: dobladuras

Sin decir nada, aterrada, escapó por la puerta de atrás.

La segunda hermana les ofreció agua. Los visitantes le agradecieron como se debe agradecer y con manos grandes y oscuras, con manos extrañas, tomaron los tazones para beber. La segunda hermana tuvo miedo. Y sin decir nada, escapó por la puerta de atrás.

La tercera hermana trajo el agua para que los invitados se lavaran los pies y se agachó junto a ellos para ayudarlos a quitarse las botas. Los invitados metían rápidamente sus pies en el agua, pero la tercera hermana vio los pelos largos, los pelos tupidos° y negros que cubrían los tobillos° de los hombres que no eran hombres, y tuvo miedo.

densos; huesos protuberantes del pie

Sin decir nada, sin avisar a sus hermanas, se escapó por la puerta de atrás.

La cuarta hermana convidó con pasteles, como se debe convidar a un visitante en la noche. Los invitados tomaron los pasteles con las dos manos y dejaron diez grandes agujeros en la crujiente corteza°. Porque sus manos eran garras°.

crust; claws

Espantada, la cuarta hermana dejó caer los pasteles al suelo.

—¿Qué significa esto? —rugieron los hermanos—. ¿Por qué tiraste nuestros pasteles de invitados?

La cuarta hermana quería escapar pero no pudo, quiso gritar pero no pudo. Levantó los pasteles caídos y sonrió.

—Mis manos están cansadas de trabajar en el telar —les dijo.

Les alcanzó otra vez los pasteles y volvió a tejer.

Los siete jóvenes se sentaron y siguieron bebiendo agua, lavándose los pies y comiendo pasteles, como debe ser.

El telar zumbaba como una mujer llorando.

La hermana cuarta se acercó a las tres hermanitas menores, y de sus ojos caían lágrimas.

Cuando las tres menores escucharon lo que la cuarta tenía que contarles, también lloraron. Pero aunque caían lágrimas de sus ojos, ningún sonido se les escapaba de la boca, porque tenían miedo de que los siete extraños las oyeran. Entonces la más pequeña le dijo a la sexta que por ser mayor que ella tenía que pensar un plan para salvarla. Y la sexta le dijo a la quinta que tenía que pensar un plan para salvar a las dos menores. Y la quinta le dijo a la cuarta que por ser mayor tenía que pensar un plan para salvarla a ella y a sus hermanitas. Y la cuarta les habló a las otras tres:

—Nuestras hermanas mayores escaparon sin decirnos nada, y nos dejaron en las garras° de estos desconocidos. No nos echemos la culpa entre nosotras y pensemos entre todas cómo salvarnos.

en el poder

Nombre ______________________________

Fecha ______________________________

Verifiquemos e interpretemos

I **A ver si comprendiste.** Contesta las siguientes preguntas del cuento.

1. En los cuentos de terror usualmente la noche se describe con el cielo nublado, lluvia, truenos y relámpagos. ¿Cómo era la noche en este cuento?

____

____

____

____

2. ¿Qué pasó que les causó miedo a las siete hermanas?

____

____

____

____

3. ¿Qué querían las personas que llamaron a la puerta? ¿Les habrías abierto la puerta tú? ¿Por qué los invitaron a entrar ellas? ¿Existe esa costumbre en tu cultura?

____

____

____

____

____

____

4. ¿Qué causó que la primera hermana decidiera escapar? ¿La segunda hermana? ¿La tercera? ¿Crees que hicieron bien en escapar? ¿Te habrías escapado tú si te hubieras visto en tal situación? ¿Por qué?

____

____

____

____

____

5. ¿Qué efecto tiene el uso de la repetición en este cuento? Explica tu respuesta.

____

____

____

____

J **¡A interpretar!** En el siguiente diagrama anota todas las posibles razones por qué los siete hermanos les dan miedo a las siete hermanas. Compara tu diagrama con el de dos compañeros.

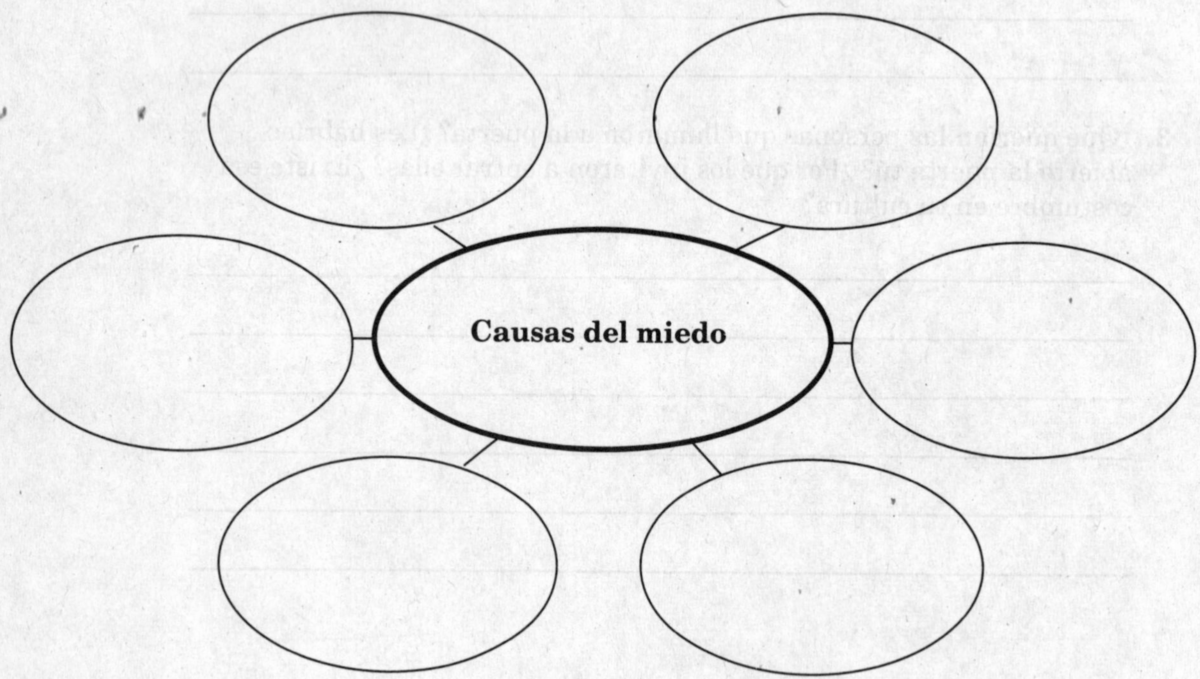

Nombre ____________________

Fecha ____________________

K **Escritura relacionada.** La primera parte del cuento termina con la cuarta hermana diciendo "pensemos entre todas cómo salvarnos". ¿Podrán salvarse las cuatro hermanas que todavía están en la casa o caerán víctimas a los siete hermanos? Discútelo con dos compañeros y luego escriban un final a este cuento. Léanselo a la clase entera y escuchen cómo otros grupos terminaron el cuento.

Nombre ____________________________

Fecha ____________________________

¡Escuchemos!

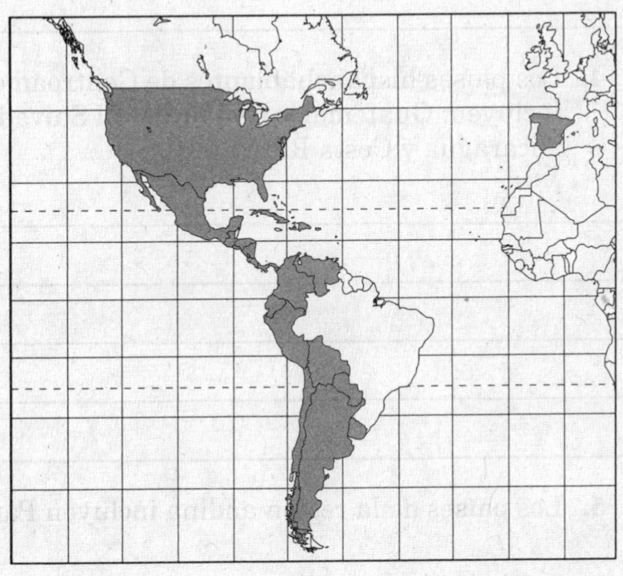

A **¡El mundo al punto!** Escucha a los locutores de este programa de la radio hispana, quienes hablarán sobre el Mundo 21. Marca si cada oración que sigue es **cierta (C), falsa (F)** o si no tiene relación con lo que escuchaste **(N/R).** Si la oración es falsa, corrígela. Escucha una vez más para verificar tus respuestas.

C F N/R 1. Mundo 21 hace referencia a las veintiuna naciones hispanohablantes que también incluyen Brasil.

____

____

____

____

C F N/R 2. Estados Unidos es la quinta nación en número de hispanohablantes en el mundo entero.

____

____

____

____

C F N/R 3. Los puertorriqueños forman el grupo hispanohablante más grande de Estados Unidos.

C F N/R 4. Los países hispanohablantes de Centroamérica incluyen: Guatemala, Honduras, El Salvador, Nicaragua y Costa Rica.

C F N/R 5. Los países de la región andina incluyen Panamá.

C F N/R 6. Chile, junto con Argentina y Uruguay, forman los países de la región del Río de la Plata.

Nombre ______________________________

Fecha ______________________________

Pronunciación y ortografía

La distinción entre *ésta, esta* y *está*

Estas tres palabras causan bastante confusión para muchos hispanohablantes debido a que se escriben y se pronuncian de una manera idéntica o casi idéntica. Para evitar esta confusión, hay que entender bien los significados de estas tres palabras.

- La palabra **ésta** es un pronombre demostrativo. Reemplaza un adjetivo demostrativo y su sustantivo.

  Mi primera carta fue muy corta, **ésta** en cambio, es larguísima.

  Me gusta nuestra vecindad, pero **ésta** es perfecta.

- La palabra **esta** es un adjetivo demostrativo que se usa para designar a una persona o cosa cercana.

  Esta arepa es de pollo, ésa es de queso.

  La excursión al Salto Ángel **esta** vez va a hacerse en dos días.

- La palabra **está** es una forma del verbo **estar.**

  ¿Dónde **está** El Hatillo?

  Luis **está** esperándome. Vamos a salir a correr.

B **Práctica con *ésta, esta* y *está*.** Ahora, al escuchar a los narradores, indica si lo que oyes es el pronombre demostrativo **ésta,** el adjetivo demostrativo **esta** o el verbo **está.**

	ésta	esta	está
1.	☐	☐	☐
2.	☐	☐	☐
3.	☐	☐	☐
4.	☐	☐	☐
5.	☐	☐	☐

C **Dictado.** Escucha el siguiente dictado e intenta escribir lo más que puedas. El dictado se repetirá una vez más para que revises tu párrafo.

Buenos Aires:
La cabeza coronada de Argentina

Nombre ______________________________

Fecha ______________________________

¡Practiquemos!

8.7 Para hacer preguntas

D **Preguntas sobre el sapo.** En las siguientes oraciones, tomadas de la historia del sapo, hemos puesto en negrilla una parte que contesta una pregunta. En el renglón que está debajo de cada oración, escribe la pregunta.

MODELO: El sapo **se metió en la guitarra** sin ser visto.

TÚ ESCRIBES: **¿En dónde se metió el sapo?**

MODELO: El señor Sapo lo encontró todo **muy divertido.**

TÚ ESCRIBES: **¿Cómo lo encontró todo el señor Sapo?**

1. **"Ah, sí",** respondió el sapo.

____

2. **El cuervo** se burló del sapo.

____

3. Lo único que inquietaba al sapo **fue la posibilidad que el cuervo lo viera.**

____

4. El aventurero sapo salió proyectado **por la boca de la guitarra.**

____

5. Y todavía hablan estos sapos **con orgullo.**

____

8.8 La diferencia entre *tratar* y *probar*

E **Tratando y probando en casa y en Stanton Street.** En las siguientes oraciones, completa los espacios en blanco con la forma apropiada de **tratar** o **probar**.

1. Tina y Margarita ______________________ de que los muchachos no las vieran.
2. Los muchachos estaban ______________________ una nueva grabadora.
3. Dice Daniel que en Venezuela no va a ______________________ las arepas.
4. Daniel ______________________ de cerrar las maletas, pero al principio no pudo.
5. ¿No estás seguro de la universidad? Bueno, ______________________ a ver si te gusta.

8.9 Escribir con corrección: *ll* - *y*

F **La *ll* y la *y* en la historia del sapo.** En las siguientes oraciones del cuento del sapo que leímos en esta lección hemos quitado las **ll** y las **y** para que tú las pongas otra vez. Escribe las letras que faltan en los espacios en blanco. No te confundas, escoge la **ll** o la **y** correctamente. Luego, en los renglones que aparecen debajo de cada oración, escribe una oración nueva con la palabra que completaste.

1. Esta le_____enda de la Argentina cuenta las aventuras del señor Sapo.

   ____

   ____

2. El cuento explica por qué los sapos de hoy _____evan manchas oscuras en la piel.

   ____

   ____

Nombre ____

Fecha ____

3. En seguida, cada una de e_____as empezó a hablar de lo que haría para participar en el programa.

____

____

4. El aventurero sapo salió pro_____ectado por la boca de la guitarra.

____

____

5. Por fin _____egó a la tierra y chocó fuertemente.

____

____

6. Y todavía hablan estos sapos con orgu_____o del viaje extraordinario de su antepasado ilustre.

____

____

¡Leamos!

Tesoros de la literatura contemporánea

G **Para anticipar.** Toda la clase anticipó el final de este cuento al terminar de leer la primera parte cuando escribieron distintas versiones de cómo podría terminar. Lean la segunda parte del cuento ahora y vean si acertaron o no.

Lectura china

Este cuento es parte de *La fábrica del terror,* una colección de cuentos de distintas partes del mundo que ha sido recopilada por Ana María Shua, una autora argentina. El cuento tiene su origen en la tradición oral de la China, de la nacionalidad heng. Es una historia campesina que probablemente fue creada para asustar a la gente que vive aislada en el campo, donde la oscuridad y la soledad predominan y donde lo único que se oye de noche es el aúllo de animales salvajes.

Las siete hermanas
(Segunda parte)

Y todas tejían en sus telares y hablaban en voz baja y los telares zumbaban y su canto ya no parecía un sollozo ni tampoco una alegre canción, sino un pensamiento zumbador. Y una vez que decidieron el plan, la cuarta hermana se levantó para enfrentar a los visitantes.

—Tenemos sueño, queremos dormir. ¿No es hora de irse ya?

—Es temprano —contestaron los siete—. Sus tres hermanas mayores salieron y todavía no volvieron. ¿Acaso se van a acostar dejándolas afuera? Calentémonos un rato delante del fuego. No será tarde para dormir después de calentarse.

—Buena idea —dijo la cuarta hermana—. Voy al piso de arriba para traer más leña.

Y un rato después, la cuarta llamó a sus hermanitas. —¡Hermanitas quinta, sexta y menor! No tengo fuerzas para levantar los troncos, mis manos están cansadas de trabajar en el telar, suban pronto para ayudarme.

Los siete hermanos ya se habían lavado, habían bebido y terminado los pasteles. En el medio de la casa estaba el foso de fuego, un pozo donde se encendía la leña, porque así eran las chimeneas en ese pueblo. Los siete invitados se sentaron alrededor del fuego, esperando que bajaran las cuatro hermanas, esperando con hambre y con las garras preparadas. Esperaron mucho tiempo, pero ellas no volvían. Y el hambre les volvió impacientes. Los pasteles eran poco para sus grandes bocas, para sus afilados dientes. Decidieron subir a buscar a las mujeres.

El mayor fue el primero en subir, y no volvió a bajar. El segundo trepó, y no regresó. El tercero los siguió y no bajaba. Y tampoco se escuchaban sus voces. Ni se escuchaban gritos de dolor, ni ruidos; sólo el silencio.

Nombre ______________________________

Fecha ______________________________

El cuarto, el quinto, el sexto y el séptimo se miraron unos a otros: algo andaba mal. No podían subir de a uno. Los cuatro comenzaron a trepar la escalera, pero como era tan angosta, por fuerza tenían que trepar de uno en fondo. Entonces cada uno sujetó con su boca la cola peluda del que iba adelante.

Cuando el cuarto, el que iba delante de todos, llegó arriba, vio que cada una de las cuatro hermanas levantaba un palo manchado de sangre.

Antes de que pudiera gritar, le destrozaron la cabeza a golpes. Al morir, sus garras volvieron a ser garras y su boca se transformó en hocico y asomaron sus orejas largas y peludas. Tal como sus hermanos, no era un hombre sino un chacal°. *un lobo asiático*

El chacal muerto rodó hacia abajo, arrastrando con él a los otros tres hasta el foso de fuego, donde se chamuscaron la piel. Gritaron de dolor, pero consiguieron escapar.

Las cuatro hermanas menores bajaron del piso de arriba y cerraron bien todas las puertas de la casa.

Los tres chacales quisieron vengar a sus hermanos muertos. Como chacales quisieron entrar por la ventana, pero todas estaban bien cerradas. Como hombres gritaron y golpearon y quisieron tirar la puerta abajo, pero no pudieron. Adentro, los telares zumbaban y el zumbido era como la risa de una mujer. Los tres chacales daban vueltas a la casa, aullando. El quinto chacal se encontró afuera con la caja para guardar pasteles, que no estaba bien tapada. De la caja asomaba una oreja con un aro. De un mordisco la arrancó y se fue. Así perdió su oreja la hermana mayor, que estaba allí escondida.

La hermana segunda se había trepado a un árbol sentada en una rama, una pierna le quedaba colgando y se le cayó el zapato. El sexto chacal vio un pie descalzo colgando de un árbol.

La hermana segunda vio al chacal y alcanzó a levantar el pie. Pero el chacal ya se había llevado un dedo de un mordisco. Con el dedo se fue, y nunca lo devolvió.

El séptimo chacal merodeó por aquí y por allá, y vio en un matorral° de plantas espinosas unas nalgas humanas. Allí estaba la tercera hermana, tan preocupada por su cabeza que se había olvidado de proteger la parte de atrás. *campo lleno de malezas*

El séptimo chacal, de un mordiscón, se llevó un buen pedazo de sus nalgas, y por mucho tiempo la hermana tercera no se pudo sentar.

Las cuatro hermanas menores tuvieron, cada una, una hermosa piel de chacal para su ajuar°. *para cuando se case*

Verifiquemos e interpretemos

H **A ver si comprendiste.** ¿Cómo engañaron las cuatro hermanas a los siete chacales? Indica en este diagrama lo que hicieron en el orden en que lo hicieron. El primer evento ya esta señalado.

Engaño de los siete chacales

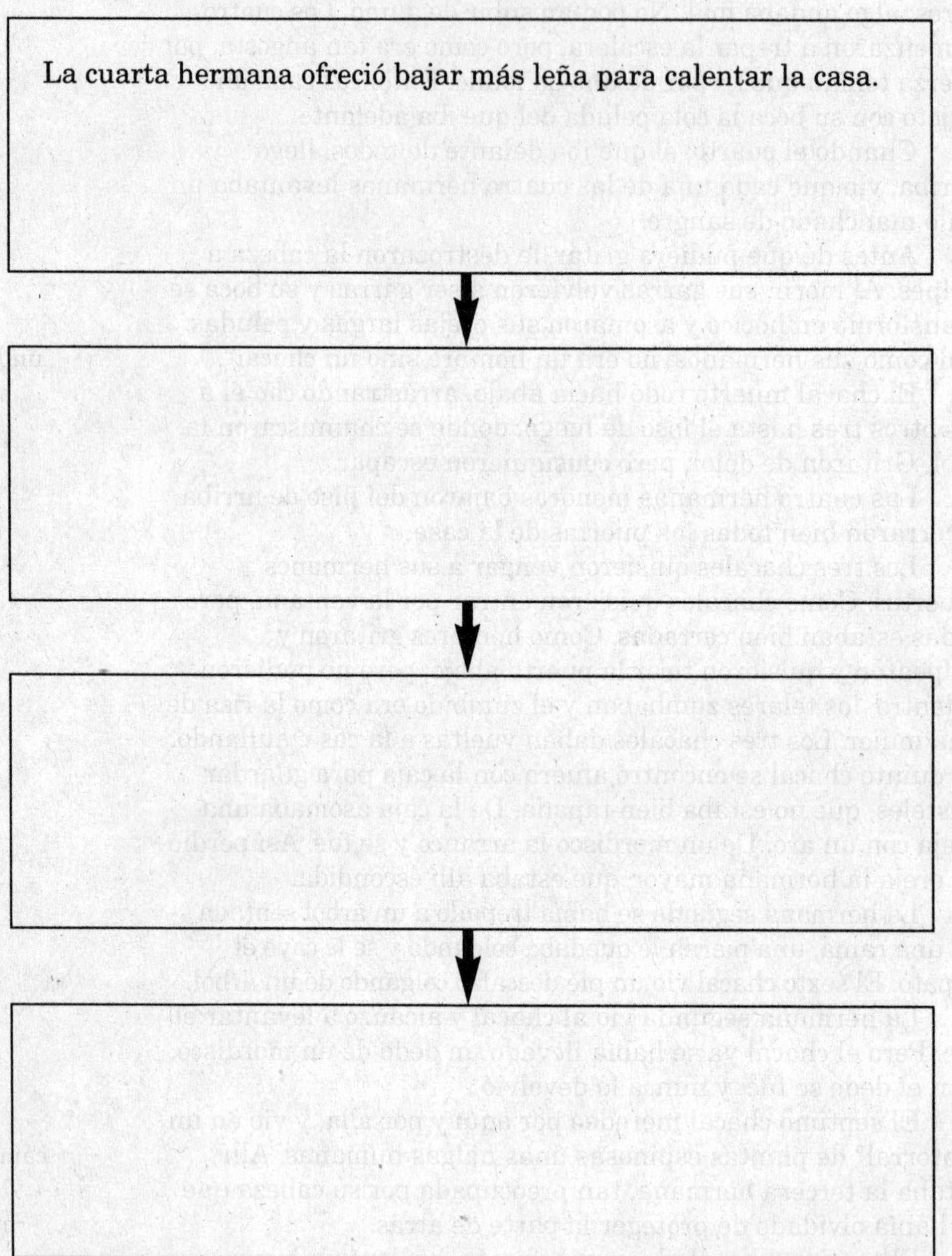

Nombre ______________________________

Fecha ______________________________

I **¡A interpretar!** Al final del cuento las tres hermanas mayores fueron castigadas por haber abandonado a sus hermanas menores cuando había peligro. En este cuadro, indica qué causó que cada hermana se asustara y decidiera huir y cómo fue castigada.

LAS TRES HERMANAS MAYORES		
	¿Qué las asustó?	**¿Cuál fue su castigo?**
Hermana mayor		
Hermana segunda		
Hermana tercera		

J **Escritura relacionada.** En muchas familias a través de las generaciones se han contado cuentos de terror. Escribe uno que se ha preservado en tu familia. Si no sabes de ninguno, pídele a un(a) pariente que te cuente detalladamente uno que él o ella recuerda. Escríbelo aquí para contárselo a unos compañeros de clase.

____

____

____

____

____

____

____

____

APÉNDICE A

CLAVE DE RESPUESTAS

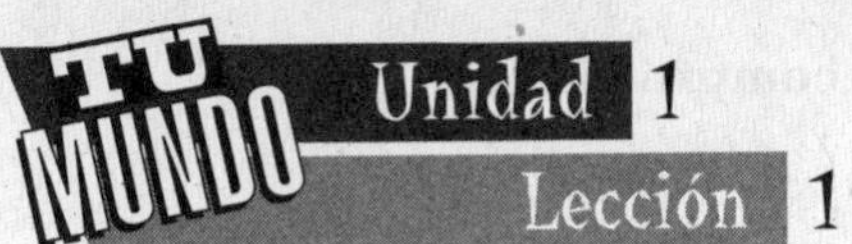

¡Escuchemos!

A ¡El mundo al punto!

1. F Son los locutores de un programa de radio.
2. F El primer poema de Estados Unidos se llama "La historia de la Nuevo México", escrito por Gaspar Pérez de Villagrá.
3. C
4. C
5. C
6. F Originalmente fue publicado en España en 1610. Recientemente fue publicado por la Universidad de Nuevo México.

B Número de sílabas.

1.	3	5.	4
2.	2	6.	3
3.	4	7.	1
4.	2	8.	4

C Sílabas.

1.	a/me/ri/ca/nas	5
2.	gran/de	2
3.	zo/na	2
4.	me/xi/ca/no	4
5.	con/ser/van	3
6.	mu/chas	2
7.	fran/cis/ca/nos	4
8.	con	1
9.	u/na	2
10.	par/te	2

D Dictado.

El Paso del Norte

Las líneas fronterizas que se trazan entre los países muchas veces no llegan a cumplir su función de separación. Éste es el caso del suroeste de Estados Unidos, donde muchas ciudades de esta región aún conservan lazos culturales, sociales y económicos con el país vecino del sur, México. Una de estas ciudades es El Paso, en el estado de Texas, que a pesar de diferentes hechos históricos y políticos, sigue fuertemente ligada a su ciudad gemela mexicana, Ciudad Juárez.

¡Practiquemos!

E Quiero presentarles a mi papá.

1. El Sr. Galindo recoge el correo.
   S V S
2. Papá, ven a conocer a unas amigas.
   S V V S
3. Yo soy Margarita Silva.
   V S
4. ¿Son compañeros de clase?
   V S S
5. Margarita y yo estamos en el mismo año y
   S V S
   Tina y Daniel están juntos.
   S S V
6. Tengo que ayudar a mi mamá a preparar la
   V V S V
   cena.
   S

F Conversaciones.

1. DANIEL: **El** problema es que **el** día que saqué **la** foto de Margarita en **el** tranvía, **el** cielo estaba muy nublado.

   MARTÍN: Sí, échale la culpa **al** clima. **¡La** verdad es que tú pusiste **la** mano frente **al**/a **la** lente de **la** cámara!

2. TINA: **El** poema que más me gusta **del** poeta Francisco Alarcón es el que presenta **el** problema de **la** hija que se rehúsa a meter **las** manos en **el** fregadero.

   MARGARITA: Pues, a mí generalmente no me gusta **el** tema de **la** liberación de **la** mujer. Pero **el** drama en **el** momento que ella dice "no" es muy especial.

3. MARTÍN: ¿Viste **la** película **del** atleta que se opuso **al** sistema y decidieron no darle **el** diploma?

CLAVE DE RESPUESTAS

TINA: ¡Claro que la vi! ¿No recuerdas que me llamaste anoche? Yo estaba viendo **el** programa de **los** seres **del** planeta Venus, quienes le robaron **la** moto a un policía y se la llevaron en **la** nave espacial.

G Historia de El Paso.

1. F
2. M
3. M
4. M
5. F
6. F
7. M
8. F

H Rescata las que se nos escaparon a nosotros.

El Paso es la ciudad gemela de Ciudad Juárez, México. Ambas ciudades comparten su pasado con la **historia** de México. **Hasta** el siglo XIX las dos ciudades, divididas sólo por el Río Bravo, o el Río Grande como lo llaman en **Estados** Unidos, fueron ocupadas primero por **indígenas** que vivían en "rancherías" o pequeños pueblos **dedicados** a la agricultura, y luego por los **españoles** y sus **descendientes. Después** de la independencia de México, empezó una ocupación gradual de **esta** región por angloamericanos. En 1848, **después** de la guerra con México, **Estados** Unidos compró casi la mitad del terreno que pertenecía a México por quince millones de **dólares.**

¡Escribamos!

I Correspondencia práctica: Mensajes.

Los comentarios van a variar.

¡Leamos!

J Para anticipar.

Las respuestas van a variar.

K A ver si comprendiste.

Los diagramas van a variar.

L Imágenes figurativas.

1. olfato
2. vista
3. oído / vista
4. tacto / vista

M ¡A interpretar!

Las interpretaciones van a variar.

N Los juegos de mi abuelito.

Los párrafos van a variar.

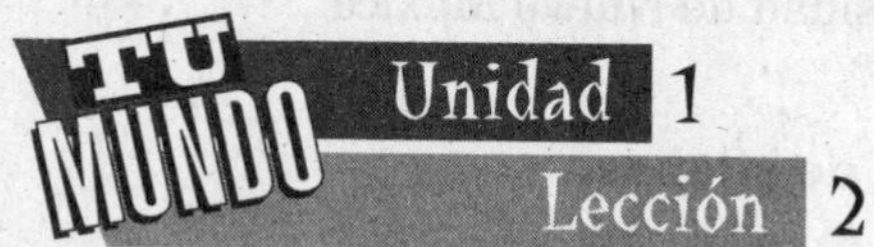

¡Escuchemos!

A ¡El mundo al punto!

1. c
2. c
3. b
4. a
5. b
6. a

B Silabeo.

1. per/fec/to
2. tem/pra/no
3. co/mer/cial
4. pue/blo
5. ins/tan/te
6. tris/te
7. cuan/do
8. mues/tra

C Dictado.

La casa en Mango Street

Éste es el primer libro de cuentos de la escritora chicana Sandra Cisneros. Escrito originalmente en inglés, este libro se publicó en 1983 y fue muy bien recibido tanto por los críticos como por el público en general. En 1994 se publicó la traducción al español de este libro con el título *La casa en Mango Street*. Los cuentos tocan diversos aspectos de la vida de Esperanza Cordero, una niña que vive en un barrio latino de Chicago. A través de los ojos de Esperanza, entramos a un mundo urbano lleno de desolación donde a pesar de pésimas condiciones circundantes finalmente triunfan las aspiraciones de una niña por una vida mejor. En verdad es un libro que todos deben leer.

¡Practiquemos!

D De compras.

1. Tú ya tienes todo, ¿no?
S V

2. Todavía tengo que buscarle un regalo a mi mamá. (yo)
V V

3. El lunes es su santo.
S V

4. Los collares están en oferta en esa joyería.
S V

5. ¿Qué piensas de estos collares? (tú)
V

6. Mamá prefiere el rojo.
S V

7. El azul combina bien con su vestido blanco, ¿no?
S V

8. El juego completo te sale en $24.00 más el impuesto.
S V

E Los fines de semana.

Tina y Margarita van de compras casi todos los fines de semana. Por lo general Tina no compra mucho pero Margarita quiere todo lo que ve. Con frecuencia se encuentran con sus amigos Martín, Daniel y Mateo en el centro comercial. Ellos las invitan con un refresco mientras hablan de las clases o de sus amigos. De los cinco jóvenes, Mateo es el más serio. Él siempre anda de mal humor. Se preocupa por todo. Daniel, al contrario, es un verdadero optimista. Siempre tiene buenas noticias y nada le preocupa. Pasamos los fines de semana muy bien en El Paso, ¿no?

1. iban
2. compraba
3. quería
4. veía
5. se encontraban
6. invitaban
7. hablaban
8. era
9. andaba
10. se preocupaba
11. era
12. tenía
13. preocupaba
14. pasábamos

F Conclusión de la fotonovela.

1. Mar-ga-ri-ta
2. con-ten-ta
3. mu-chí-si-mo
4. re-ba-ja-do
5. com-pras-te
6. li-bre
7. san-to
8. co-lla-res
9. par-ti-cu-lar
10. a-re-tes
11. pro-ble-ma
12. ves-ti-do
13. a-zul
14. blan-co
15. com-ple-to

¡Leamos!

H **Para anticipar**

Las respuestas van a variar.

I **A ver si comprendiste.**

Las respuestas van a variar.

J **¡A interpretar!**

Las interpretaciones van a variar.

K **Un retrato en verso.**

Los poemas van a variar.

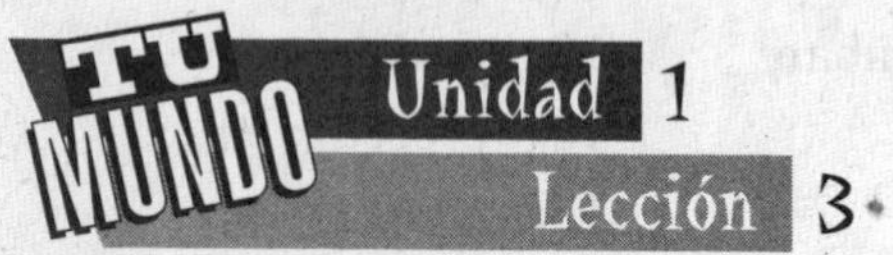

¡Escuchemos!

A **¡El mundo al punto!**

1. b
2. c
3. b
4. a
5. b
6. c

B **El "golpe".**

1. di/**bu**/jos
2. his/**pa**/na
3. tra/ba/ja/**dor**
4. es/pe/**cial**
5. cul/**tu**/ra
6. pe/re/**zo**/so
7. ta/**ca**/ño
8. di/fi/cul/**tad**
9. co/**llar**
10. **jo**/ven

C **El acento prosódico.**

1. **car**/ta
2. per/so/na/li/**dad**
3. re/sul/**ta**/do
4. a/cam/**par**
5. ba/lon/**ces**/to
6. lu/**ga**/res
7. prac/ti/**car**
8. her/**ma**/na
9. **na**/chos
10. ca/mi/**nar**

D **Dictado.**

Nuestros amigos dominicanos

Todos los años, los dominicanos que viven en Estados Unidos celebran su cultura en festivales que organizan en distintas ciudades. Estos festivales duran varios días. Hay desfiles de carrozas, de ropa típica y de máscaras gigantes. También hay desfiles de belleza y entrega de premios para los profesionales y estudiantes que participan en la comunidad. La deliciosa comida dominicana no puede faltar: las personas que tienen hambre pueden comer plátanos fritos y las que tienen sed pueden tomar ricos jugos de fruta. Y como nuestros amigos dominicanos son muy alegres, su música típica, el merengue, no deja de sonar.

¡Practiquemos!

E **Muchas "personas".**

1. 2ª S
2. 3ª S
3. 3ª P
4. 1ª S
5. 1ª S
6. 3ª S
7. 1ª S
8. 1ª P
9. 3ª S
10. 3ª S

F **Cambiamos de personas.**

1. están; 3ª P
2. empieza; 3ª S
3. tenemos; 1ª P
4. recoges; 2ª S
5. está; 3ª S

G **Conjugaciones.**

1. llegar, 1ª conjugación
   llego, llegas, llega, llegamos, (llegáis), llegan
2. empezar, 1ª conjugación
   empiezo, empiezas, empieza, empezamos, (empezáis), empiezan
3. ocurrir, 3ª conjugación
   ocurro, ocurres, ocurre, ocurrimos, (ocurrís), ocurren
4. poder, 2ª conjugación
   puedo, puedes, puede, podemos, (podéis), pueden
5. existir, 3ª conjugación
   existo, existes, existe, existimos, (existís), existen
6. haber utilizado, 2ª conjugación
   he utilizado, has utilizado, ha utilizado, hemos utilizado, (habéis utilizado), han utilizado
7. surgir, 3ª conjugación
   surjo, surges, surge, surgimos, (surgís), surgen

H **Éntrale a golpes.**

1. p u p i t r e
2. l á m p a r a
3. s i l l a
4. l á p i z
5. v e n t a n a
6. p i s o
7. p u e r t a
8. p i z a r r a
9. l i b r o
10. p a r e d
11. r e l o j
12. l i b r e t a
13. c u a d e r n o
14. m e s a

I **Tus propios golpes.**

Las palabras van a variar.

¡Leamos!

J **Para anticipar.**

Las respuestas van a variar.

K **A ver si comprendiste.**

Las respuestas van a variar.

L **¡A interpretar!**

Las interpretaciones van a variar.

M **Las costumbres que quiero conservar.**

Los párrafos van a variar.

¡Escuchemos!

A **¡El mundo al punto!**

1. a
2. b
3. c
4. b
5. a
6. c

B **Acentuación.**

1. Á / f r i / c a
2. s a / l ú / d a / l o
3. t r ó / p i / c o
4. c h é / v e / r e
5. c a r / b ó n
6. p o / l í / t i / c a
7. j ó / v e / n e s
8. t í / t u / l o
9. e / c o / n ó / m i / c o
10. a / z ú / c a r

C **Dictado.**

La economía venezolana

La economía venezolana está basada principalmente en petróleo. Se ha calculado que hasta un ochenta y cinco por ciento de la economía de la nación depende de la producción del petróleo. Por eso, cuando baja el precio de este producto el país tiene problemas económicos. Actualmente, Venezuela hace todo lo posible por aumentar la exportación de productos importantes en el mercado mundial, como el café, el cacao, el azúcar, las frutas tropicales, las maderas preciosas y el caucho. También Venezuela quiere aumentar su producción basada en la minería, como el hierro, el acero, el carbón, el aluminio, el oro y las piedras preciosas.

¡Practiquemos!

D El país de mis padres y Venezuela.

Indicativo: tiene, parece, tiene, creo, Dudo, hay, está, hace
Subjuntivo: tenga, haya, valga, haga

E Tienes ganas de discutir.

Las oraciones incluyen los siguientes verbos.

1. tenga
2. esté
3. sea
4. tenga
5. sea
6. encuentren
7. sea
8. sufran
9. vivan
10. baje, haya

F Los amigos de Venezuela.

1. Exp. las arepas
2. Imp.
3. Exp. tu hermano
4. Imp.
5. Exp. las clases
6. Exp. los profesores
7. Imp.
8. Exp. nosotros
9. Exp. Chela
10. Imp.

G Acentos en la Ocho y la Doce.

1. calle
2. ocho
3. doce
4. pequeña
5. Habana
6. gallos
7. aquí
8. atareada
9. carrito
10. inglés
11. casado
12. trajimos
13. verdad
14. caminar
15. mamá

¡Escribamos!

H Correspondencia práctica: Cartas informales.

Las cartas van a variar.

¡Leamos!

J Para anticipar.

Las respuestas van a variar.

K A ver si comprendiste.

1. "Presagiar" significa decir algo por anticipado. Es sinónimo de "predecir" y de "anunciar".
2. A la caída de las hojas. Sus hojas cambian de color.
3. golpes
4. perfume, loción
5. mendigos, mendicantes

L ¡A interpretar!

Las interpretaciones van a variar.

M Escritura relacionada.

Los poemas van a variar.

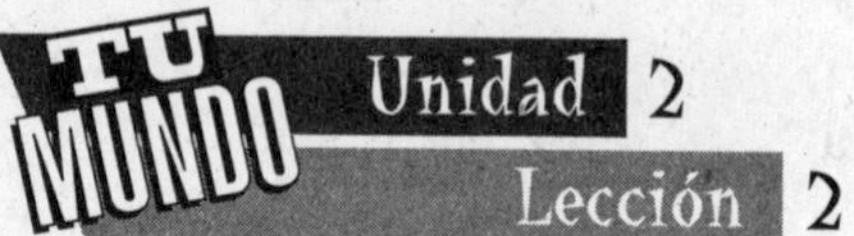

¡Escuchemos!

A ¡El mundo al punto!

1. b
2. a
3. c
4. b
5. a
6. c

CLAVE DE RESPUESTAS

B Práctica con los diptongos.

1. nues/tro
2. es/pe/cial
3. re/fle/xio/nar
4. dia/ria
5. quie/ro
6. cua/tro
7. res/tau/ran/te
8. i/ta/lia/no
9. re/a/li/dad
10. tiem/po

C Dictado.

"La llamada"

Éste es un cuento escrito por Roberto G. Fernández sobre un evento muy común a muchas familias cubanoamericanas que aún tienen familiares en la isla de Cuba. El título de este cuento hace referencia a una llamada que esta familia espera recibir de sus parientes en Cuba. Don Jesús, el padre de familia, está nervioso porque la llamada le va a costar alrededor de 50 dólares. Raúl y Marta, los hijos de la familia, se preparan para recibir la llamada. Raúl instala un amplificador al receptor y Marta prueba una grabadora. La madre, llamada Clara, y María, su hermana, son las personas que contestan y hablan por teléfono.

¡Practiquemos!

D Concordancia en el Amazonas.

1. 3ª S Mi padre
2. 3ª S Mi padre
3. 3ª S La selva
4. 1ª P Nosotros
5. 3ª S El río Negro
6. Imp. 1ª P
7. 3ª S La riqueza
8. 3ª P Los científicos
9. 3ª P Muchas especies
10. 3ª P Las prácticas

E La selva y los sujetos.

1. 3ª P son
2. 1ª S tuve
3. 3ª P producen
4. 2ª S desembarcaste
5. 3ª P desembocan
6. 3ª P vieron
7. 3ª P atraen
8. 1ª S me preocupo
9. 1ª P vivimos
10. 3ª S corta, quema

F Con dos amigos por la calle Ocho.

1. tiene
2. sabe
3. fue
4. escuche
5. quiere

G Los acentos escritos en El Paso del Norte.

Las respuestas van a variar.

H Ayuda a Chela a poner acentos escritos.

1. vacaciones
2. viaje
3. Amazonas
4. investigación
5. oxígeno
6. salud
7. desemboca
8. ciudad
9. región
10. indígenas
11. árbol
12. metal
13. piraña
14. negocio
15. selva

¡Leamos!

J Para anticipar.

Las respuestas van a variar.

K A ver si comprendiste.

1. c
2. b
3. b
4. b

CLAVE DE RESPUESTAS

L **¡A interpretar!**

Las respuestas van a variar.

M **Escritura relacionada.**

Los poemas van a variar.

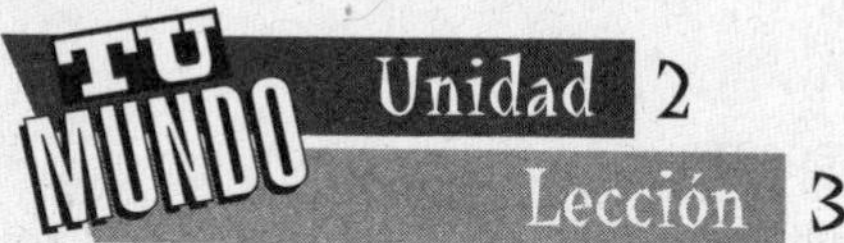

¡Escuchemos!

A **¡El mundo al punto!**

1. C
2. F Originalmente los manatíes vivían en una gran zona que cubría las costas del Atlántico de Estados Unidos, el Golfo de México, las islas del mar Caribe hasta el borde de Brasil.
3. C
4. F Son animales muy pacíficos, como las vacas.
5. C
6. C

B **Acentuación.**

1. extinción
2. ambiente
3. especies
4. explotación
5. tierra
6. religión
7. agua
8. puerto
9. destrucción
10. riqueza

C **Más práctica con los diptongos.**

1. me/dio/dí/a
2. ham/bur/gue/sa
3. co/le/gio
4. des/pués
5. lue/go
6. pro/pio
7. te/le/vi/sión
8. pa/pe/le/rí /a
9. res/pues/ta
10. la/bio

D **Dictado.**

La maravilla de Miami

La transformación latina de Miami la comenzaron en los años 60 los exiliados cubanos. Sus primeras huellas quedan en los barrios típicos, como La Pequeña Habana, dominada por la famosa Calle Ocho. La Calle Ocho es el escenario de una fabulosa fiesta en marzo. Hoy día, cubanos y otros latinoamericanos viven en todos los barrios residenciales de la ciudad. Miami se ha convertido en el principal puerto del comercio entre Estados Unidos y Latinoamérica. También aquí se localizan las oficinas centrales de muchas compañías orientadas al mercado latino como las cadenas de la televisión hispana en Estados Unidos. Los inmigrantes provenientes del Caribe, Centro y Sudamérica han hecho de Miami una ciudad latinoamericana.

¡Practiquemos!

E **Sujetos y objetos del león y las pulgas.**

1. Sujeto: los animales, 3ª P
   Objeto: miedo
2. Sujeto: una pequeña colonia, 3ª S
   Objeto: no hay
3. Sujeto: las pulgas, 3ª P
   Objeto: la noble sangre
4. Sujeto: el león, 3ª S
   Objeto: las picadas
5. Sujeto: el león, 3ª S
   Objeto: no hay
6. Sujeto: Imp., 1ª P
   Objeto: una moraleja
7. Sujeto: el león, 3ª S
   Objeto: no hay
8. Sujeto: las pulgas, 3ª P
   Objeto: una gran fiesta
9. Sujeto: Imp., 3ª P
   Objeto: el animal
10. Sujeto: las pulgas, 3ª P
    Objeto: el espléndido banquete

F Verbos en la selva.

1.	consiste 3ª S	consistir 3ª
2.	vienen 3ª P	venir 3ª
3.	pusiste 2ª S	poner 2ª
4.	tomas 2ª S	tomar 1ª
5.	pones 2ª S	poner 2ª
6.	son 3ª P	ser 2ª
7.	lleva 3ª S	llevar 1ª
8.	viaja 3ª S	viajar 1ª
9.	son 3ª P	ser 2ª
10.	llevas 2ª S	llevar 1ª

G ¿Qué hacer con lo que Meche encuentra?

1. Dáselo a Pablo.
2. Llévala al banco.
3. Muéstrala en tu casa.
4. Échala a la basura.
5. Póntelo en el bolsillo.

H Lista con esdrújulas.

Las respuestas van a variar.

I Esdrújulas de la lectura.

Las respuestas van a variar.

¡Leamos!

J Para anticipar.

Las respuestas van a variar.

K A ver si comprendiste.

1. A
2. M
3. A
4. M
5. A
6. P
7. P

L ¡A interpretar!

1. El azúcar.
2. Unos pocos cubanos y los americanos.
3. El invierno.
4. Rara vez podían escapar del hambre.
5. Los presos políticos.
6. Los católicos son perseguidos, tratados como perros.
7. Para ella, el dinero es el fondo de todas las cosas.
8. La buganvilla, los flamboyanes y las jacarandás, las orquídeas que crecen sobre los troncos de las ceibas.
9. Uno de los balcones de hierro forjado.
10. Nueva York.

M Escritura relacionada.

Las respuestas van a variar.

¡Escuchemos!

A ¡El mundo al punto!

1. c
2. b
3. b
4. b
5. c
6. a

B Silabeo con vocales fuertes.

1. o/e/s/te
2. ce/re/al
3. cua/tro
4. ca/ca/o
5. eu/ro/pe/a
6. co/re/a/no
7. bo/a
8. pa/se/ar
9. de/sier/to
10. re/a/lis/ta

C Dictado.

Gabriela Mistral

La poeta chilena conocida por todo el mundo como Gabriela Mistral se llamaba originalmente Lucila Godoy Alcayaga y nació en 1889 en un pueblo situado en el norte central de Chile. Además de escribir poesía, fue una educadora que alcanzó mucha fama. Su primer triunfo

CLAVE DE RESPUESTAS

literario lo obtuvo en 1914 cuando recibió el primer premio de los Juegos Florales de Santiago por "Los sonetos de la muerte". Este libro lo escribió en memoria de un hombre que amó a los diecisiete años y que se había suicidado. En 1922 publicó su mejor libro, titulado *Desolación.* Después de una vida dedicada a la poesía y la enseñanza, Gabriela Mistral recibió el Premio Nóbel de Literatura en 1945.

¡Practiquemos!

D Verbos para hablar de Mistral.

1. Nacer, 2ª
   Irregular: nazco, naces, nace, nacemos, nacen
2. Dedicar, 1ª
   Regular: dedico, dedicas, dedica, dedicamos, dedican
3. Servir, 3ª
   Irregular: sirvo, sirves, sirve, servimos, sirven
4. Tener, 2ª
   Irregular: tengo, tienes, tiene, tenemos, tienen
5. Invitar, 1ª
   Regular: invito, invitas, invita, invitamos, invitan
6. Sentir, 3ª
   Irregular: siento, sientes, siente, sentimos, sienten
7. Recibir, 3ª
   Regular: recibo, recibes, recibe, recibimos, reciben

E Los cambios en Mateo.

1. compraba
2. estudió
3. salió
4. tuvo
5. arreglaba

F Vocales adyacentes.

1.	pro - vin - cia	provincia	D
2.	ma - es - tra	maestra	2S
3.	pri - ma - rias	primarias	D
4.	te - ní - a	tenía	2S
5.	pa - ís	país	2S
6.	e - du - ca - ción	educación	D
7.	sen - tí - a	sentía	2S
8.	po - e - sí - a	poesía	2S; 2S
9.	li - te - ra - rio	literario	D
10.	triun - fo	triunfo	D

¡Escribamos!

G Correspondencia práctica: Nota formal.

Las cartas van a variar.

¡Leamos!

H Para anticipar.

Las respuestas van a variar.

I A ver si comprendiste.

Los diagramas van a variar.

J ¡A interpretar!

Las interpretaciones van a variar.

K Escritura relacionada.

Las cartas van a variar.

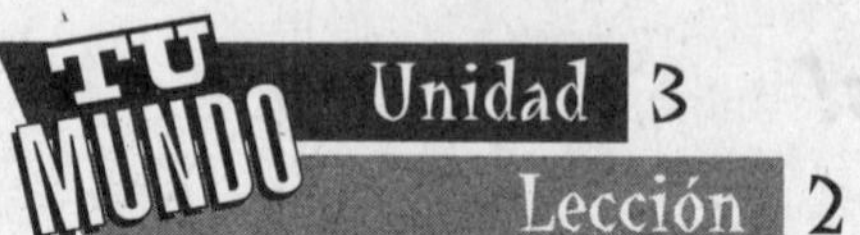

¡Escuchemos!

A ¡El mundo al punto!

1. b
2. c
3. c
4. b
5. a
6. c

B Práctica con palabras parecidas.

1. Dónde; cuándo
   donde
2. Qué; cómo
   cuando; sólo; si

3. Cuándo cuando; el
4. Qué el
5. Qué; tú mi; sola

C **Dictado.**

Pablo Neruda

Pablo Neruda es uno de los poetas latinoamericanos más reconocidos de nuestra época. Nació en 1904, en Parral, Chile, de una familia humilde. Su nombre verdadero era Neftalí Ricardo Reyes pero al inicio de su carrera como poeta, usó el nombre de Pablo Neruda tomado de un poeta checo. Su libro titulado *Veinte poemas de amor y una canción desesperada*, publicado cuando sólo tenía veinte años, lo hizo uno de los escritores chilenos más conocidos. En 1971 recibió el Premio Nóbel de Literatura. Pablo Neruda murió en 1973 en la residencia que había construido en Isla Negra, Chile.

¡Practiquemos!

D **La decisión de Miranda.**

Miranda está considerando seriamente renunciar a su puesto. Quiere buscar trabajo en otra estación de televisión. Ha consultado con su esposa. **Ella** opina que no debe hacerlo, porque cree que no hay ningún problema y **él** tiene ya muy buena reputación en la estación. Pero **él** dice que el jefe le tiene mala voluntad desde el día del problema con Irene y los cables. Claro, **Irene** está muy arrepentida, y **él** también pidió muchísimas excusas al director. **El director** aceptó sus explicaciones, pero de hecho todavía está disgustado. **Miranda** insiste que en el futuro le va a ir mal. **Irene** dice que quiere seguir yendo a la estación. **Su esposa** sostiene que es un problema sin importancia. Pero **Miranda** piensa que no es así. **Él** opina que hay que preocuparse de lo que va a suceder en el futuro.

E **El pasado y la pobreza.**

Pretérito

1. nací
2. seguiste (x2)
3. alquilé
4. encontré
5. enfermé
6. tocaron
7. vi
8. fuiste
9. llamaron
10. veneraron
11. alimentaron
12. desaparecieron

Imperfecto

1. mirabas
2. eran
3. miraban
4. repetían
5. advertían
6. estaban
7. estabas
8. esperabas
9. era
10. entraba
11. dejaban
12. ibas
13. recogías

F **Cambiando tiempos.**

Los verbos van a variar.

G **La sensibilidad de Margarita.**

1. tú
2. él
3. el
4. tu
5. El
6. Él
7. tú
8. tu
9. el
10. el
11. él
12. tu
13. tú
14. tu
15. él
16. Tú
17. Tú
18. él
19. el
20. tú
21. tu
22. él

¡Leamos!

I **Para anticipar.**

Las respuestas van a variar.

CLAVE DE RESPUESTAS

J **A ver si comprendiste.**

Las citas van a variar.

K **¡A interpretar!**

Las respuestas van a variar.

L **Escritura relacionada.**

Las respuestas van a variar.

¡Escuchemos!

A **¡El mundo al punto!**

1. **F** El Día de los Muertos tiene raíces indígenas que se originan en México.
2. **C**
3. **C**
4. **F** Las ofrendas consisten en las comidas, las bebidas y las frutas favoritas de los difuntos cuando estaban vivos.
5. **F** En el Día de los Muertos no hay monstruos ni brujas. Es una celebración espiritual para recordar a los seres queridos que han muerto.
6. **N/R**

B **Práctica con el sonido /k/.**

1. correr
2. aquel
3. kilómetro
4. encontrar
5. contestar
6. cuestionario
7. ketchup
8. bosque
9. cajero
10. bancos

C **Dictado.**

Chile: tierra de contrastes

Chile es un país que mide unas dos mil seiscientas millas de largo ó sea, una distancia mayor que la que hay entre las ciudades norteamericanas de Chicago y San Francisco. El territorio chileno se extiende desde la frontera con Perú y Bolivia en el norte hasta la Tierra del Fuego en el punto más al sur de Sudamérica. En el este, su frontera con Argentina esta formada por la majestuosa cordillera de los Andes, y la del oeste por el océano Pacífico. El clima de Chile se ha comparado con el de California. Ambas regiones han desarrollado una gran producción agrícola y producen excelentes vinos.

¡Practiquemos!

D **Instrucciones en Miami**

1. William, llama a tus padres por teléfono; Norberto, avísele a su hija que en seguida volvemos.
2. William, compra una guayabera; Norberto, descanse un poco antes de seguir.
3. William, mira bien los letreros en español; Norberto, cómprese un periódico en español.
4. William, dime qué más quieres ver; Norberto, explíqueme qué cosas le interesan.
5. William, cruza la calle y saluda a otro compañero de Nueva York; Norberto, quédese un rato más conversando con esa señora de su pueblo.

E **El Sombrerón y el actor secundario.**

1. Celina siempre **la** ayudaba a hacer tortillas.
2. "¡Debemos esconder**las**!"
3. Celina ya no podía controlar**la**.
4. Tenía que conocer**lo**.
5. La madre de Celina **los** consultó.
6. El Sombrerón no **la** encontró en ninguna parte.
7. Todos **lo** oyeron.
8. La gente del pueblo **la** vio.

F **Margarita y Tere de muy buen humor.**

1. Sí, vamos a aprenderlos.
2. Sí, voy a leerlas.
3. Sí, quiero escucharla.
4. Sí, pienso visitarlo.
5. Sí, tengo que escribirla.

G **Celina y los acentos.**

1. que, cuando
2. Cuanto
3. que
4. que
5. que, que
6. Quiénes, qué
7. que
8. Dónde
9. Cuando
10. Qué

¡Leamos!

H **Para anticipar.**

Las respuestas van a variar.

I **A ver si comprendiste.**

Los cuadros van a variar.

J **¡A interpretar!**

Las respuestas van a variar.

K **Escritura relacionada.**

Las conclusiones van a variar.

¡Escuchemos!

A **¡El mundo al punto!**

1. c
2. b
3. b
4. c
5. c
6. a

B **Práctica con el sonido /s/.**

1. nervioso
2. tristeza
3. suponer
4. universidad
5. museo
6. supervisar
7. utilizar
8. televisor
9. ratoncitos
10. sueños

C **Dictado.**

El imperio de los incas

El imperio de los incas empezó con Manco Capac, el primer Inca, en el año 1100 y terminó con la muerte de Atahualpa en el año 1533. Se extendió por los Andes hasta alcanzar una distancia de más de 2.500 millas. Incluía los actuales territorios de Ecuador, Perú, Bolivia, Chile y Argentina. Cuando llegaron los españoles, el imperio incaico tenía entre 3,5 y 7 millones de habitantes. Entre ellos, había muchas tribus diferentes que habían sido conquistadas por los incas. Todas las tribus en el imperio incaico tenían que aprender a hablar quechua, la lengua oficial de los incas. En efecto, Inca era el nombre del rey y quechua el nombre de su lengua y su gente.

¡Practiquemos!

D **Calificativos y atributivos en casa de la abuela.**

1. mayor: **Cal.**
2. mayor: **Atr.**
3. joven: **Atr.**
4. viejo: **Cal.**
5. vieja: **Atr.** orgullosa: **Atr.**

E **Adjetivos y sustantivos del imperio inca.**

1. gran: **A,** imperio: **S**
2. primer: **A,** Inca: **S,** poderoso: **A,** imperio: **S**
3. españoles: **S,** imperio: **S,** incaico: **A**
4. autoridad: **S,** imperial: **A,** muchos: **A,** territorios: **S**
5. lengua: **S,** oficial: **A,** difícil: **A**
6. arquitectos: **S,** incas: **S,** excelentes: **A**

F **La misma palabra con dos funciones.**

Las palabras van a variar. Palabras posibles: mayor, joven, viejo, peruanos, quechua, españoles.

G Concordancia.

1. peruanos
2. buenas
3. interesante
4. interesantes
5. flaco
6. quechua
7. viejo, largas
8. cansados, nueva
9. contenta
10. enfermo

H Todo para Saturnino.

1. No se lo entregues a María, entrégaselo a Saturnino.
2. No se lo traigas al profesor, tráeselo a Saturnino.
3. No me lo prestes a mí, préstaselo a Saturnino.
4. No se lo pidas a Mateo, pídeselo a Saturnino.
5. No se lo compres al dueño de la tienda, cómpraselo a Saturnino.
6. No le insistas a Meche, insístele a Saturnino.
7. No lleves a Chelo, lleva a Saturnino.
8. No se lo digas a Margarita, díselo a Saturnino.

¡Escribamos!

I Malas noticias.

Las notas van a variar.

¡Leamos!

J Para anticipar.

Las respuestas van a variar.

K A ver si comprendiste.

Las respuestas van a variar.

L ¡A interpretar!

Las respuestas van a variar.

M Masa.

Las respuestas van a variar.

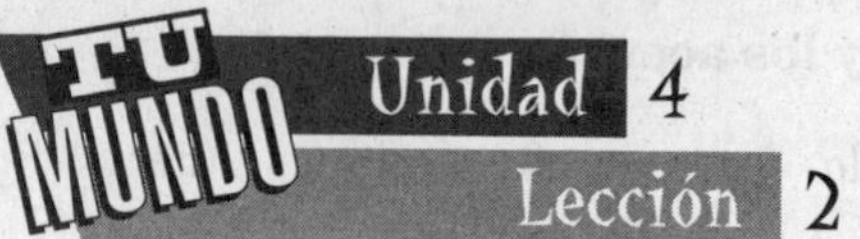

¡Escuchemos!

A ¡El mundo al punto!

1. b
2. c
3. b
4. a
5. c
6. b

B Repaso de los sonidos /k/ y /s/ y las letras *c, q, k, s* y *z*.

1. anciano
2. asombrado
3. sabio
4. campo
5. aquí
6. conocer
7. esconderse
8. cochino
9. aunque
10. edificio

C Dictado.

Francisco Izquierdo Ríos

Francisco Izquierdo Ríos es un autor peruano que nació en 1910 en Saposoa, Perú. Se dedicó a la enseñanza como maestro rural y en el aula desarrolló una gran afición para la literatura infantil peruana. Con frecuencia les dedicó sus libros a los niños. Los temas de sus cuentos y novelas siempre tienen que ver con la selva. Sus personajes principales con frecuencia son niños, como es el caso en el cuento titulado "Tito y el caimán". Entre las obras más conocidas de este escritor peruano están las novelas *Gregorillo* y *Días oscuros,* y el volumen de cuentos *En la tierra de los árboles.*

¡Practiquemos!

D Los verbos del caimán.

1. **Ecu.**
2. **Ecu.**
3. **Tr.**
4. **Ecu.**
5. **Tr., Tr.**
6. **Ecu., Tr.**

E ¿Qué encuentras con los verbos ecuativos?

1. era: manco
2. era: el más travieso
3. estaba: quieto
4. era: estrecho

F ¿Qué encuentras con los verbos transitivos?

1. golpeaba	todo el mundo
2. relató	la acción
3. perdió	la mano
4. chicoteaban	la canoa

G Arponeamos los artículos.

Tito era manco de **la** mano derecha. Sin embargo era **el** más travieso del pueblo. Un gran pendenciero; con **el** muñón golpeaba a todo **el** mundo. Nunca estaba quieto.
—¡Manco! ¡Manco! —le decían sus camaradas de **la** escuela en son de insulto, de burla, hasta que una tarde **el** maestro les relató en **el** patio **la** acción en que Tito perdió **la** mano.
Tito y Vero fueron a arponear paiche, ese pez gigante de **los** ríos y lagos de la Amazonia. Iban por **el** río en una pequeña canoa: Tito en **la** proa y Vero en **la** popa. Con **los** remos impulsaban **la** embarcación río abajo, pasando con velocidad de flecha en **los** sectores correntosos.

H Los acentos y el ratoncito de papá.

1. sé	**13.** si
2. se	**14.** más
3. aún	**15.** sé
4. Sólo	**16.** si
5. se	**17.** se
6. Si	**18.** si
7. más	**19.** si
8. Sólo	**20.** Más
9. sé	**21.** más
10. sólo	**22.** Sé
11. Más	**23.** si
12. sé	**24.** más

¡Leamos!

J Para anticipar.

Las respuestas van a variar.

K A ver si comprendiste.

Las respuestas van a variar.

L ¡A interpretar!

1. La acción ocurre hace mucho tiempo.
2. Los indios aguarunas mataban a las boas de agua con lanzas, cerbatanas con virotes envenenados y con arpones.
3. La panki atemorizaba a los animales resoplando y los devoraba a montones.
4. Yacuma metió su cabeza y parte del cuerpo en una olla que coció para protegerse y, una vez devorado por la serpiente, comenzó a darle recios tajos a su corazón palpitante hasta destrozarlo.
5. No pudo sobrevivir muchos días porque los líquidos de la boa de agua le rajaron las carnes, y acabó desangrado.
6. Porque venció a la más grande y feroz panki, aunque eso le costó la vida.

M Leyenda fantástica.

Las respuestas van a variar.

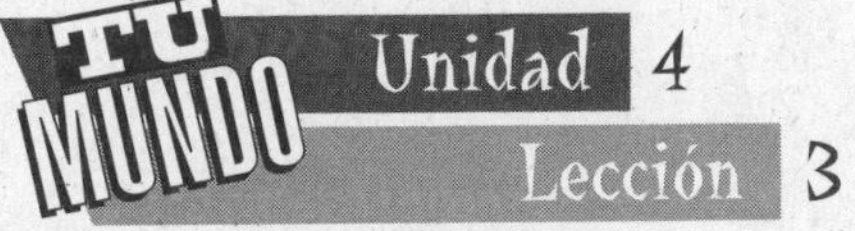

¡Escuchemos!

A ¡El mundo al punto!

1. **F** La música afroperuana tiene raíces en el Perú que datan de varios siglos.
2. **C**
3. **N/R**
4. **F** Lucila Campos es la cantante afroperuana que interpretó la canción “Toro Mata”.
5. **C**
6. **F** Inventaron el cajón porque los tambores estaban prohibidos por las autoridades españolas.

CLAVE DE RESPUESTAS

B Práctica con el sonido /g/.

1. entregar
2. Miguelín
3. triángulo
4. luego
5. irrigación
6. gabinete
7. sinvergüenza
8. guardar
9. Margarita
10. noruego

C Dictado.

El valle de Nasca

Sabemos que el pueblo nasca, como las grandes civilizaciones precolombinas de regiones situadas más al norte, los mochicas, los mayas y los aztecas, fue caracterizado por la construcción de templos, pirámides y complejos acueductos subterráneos. Sabemos también que sus habitantes crearon cerámicas que son obras de exquisita belleza y a la vez fueron feroces guerreros. Pero no es por eso que recordamos la cultura nasca. Es por los fabulosos diseños trazados en las rocas y arenas del desierto que cubren grandes extensiones de una tierra tan árida como la de un paisaje lunar.

¡Practiquemos!

D Los adverbios de Margarita Pareja.

1. Adj.
2. Adj.
3. Adv., Adv., Adj.
4. Adj., Adj., Adv.
5. Adv.
6. Adv., Adj.
7. Adj., Adj.
8. Adv., Adj.

E Los adjetivos de Margarita Pareja.

1. puro, oro y plata
2. enamorado, Luis Alcázar
3. enorme, fortuna
4. ricos, jóvenes
5. nobles, jóvenes
6. pobretón, yerno
7. negativa, reacción
8. furiosa, Margarita
9. famosa, camisa

F Más adverbios.

1. pobremente, vivía
2. siempre, esperando
3. constantemente, se enamoraban
4. siempre, había soñado
5. nunca, hubiera querido tener
6. todavía, se habla

G Preposiciones en el valle de Nasca.

1. por la construcción, de templos y acueductos
2. de exquisita belleza
3. por los fabulosos diseños, en las rocas
4. de una tierra sumamente árida
5. en el desierto, en 1926
6. desde un avión

H Frases preposicionales.

1. del valle, líneas
2. por la construcción, se caracterizó
3. de templos y acueductos, construcción
4. de exquisita belleza, obras
5. por los fabulosos diseños, recordamos
6. en las rocas, trazados
7. de una tierra sumamente árida, hectáreas
8. en el desierto, líneas
9. en 1926, observaron
10. desde un avión, pueden contemplarse

I Acentos del Perú.

1. consultó, médicos
2. tío, insistió, condición, difícil
3. tendría, sólo, más
4. pidió
5. arqueóloga, índole
6. dependió, tecnológicas
7. Dónde, qué, Perú
8. triángulos

J Reglas de acentuación.

consultó, insistió, condición, pidió, dependió, Perú

sólo, más, dónde, qué

médicos, arqueóloga, índole, tecnológicas, triángulos

tío, tendría

difícil

¡Leamos!

K Para anticipar.

Las respuestas van a variar.

L A ver si comprendiste.

Los diagramas van a variar.

M ¡A interpretar!

1. c
2. a
3. c
4. b
5. c
6. b

N La Navidad según Simona.

Las respuestas van a variar.

¡Escuchemos!

A ¡El mundo al punto!

1. c
2. b
3. c
4. a
5. b
6. c

B Práctica con el sonido /x/.

1. dijeron
2. viejita
3. jaula
4. generación
5. jirafa
6. gigante
7. Juanita
8. consejo
9. juguete
10. genealógico

C Dictado.

España, tierra de moros

Grupos musulmanes provenientes de Asia y África invadieron y conquistaron la Península Ibérica en el año 711 trayendo con ellos su gran cultura, sin duda una de las más extraordinarias en la historia del mundo. En el largo período que duró ocho siglos, es decir, hasta 1492, los árabes dejaron en España una riquísima herencia de conocimientos científicos, filosóficos y artísticos. Durante este período se fundaron en España las primeras universidades de Europa. De esta manera varias ciudades españolas, como Granada, Sevilla y Toledo, se convirtieron en las ciudades más avanzadas del continente europeo.

¡Practiquemos!

D ¡Qué ganas de esclarecerlo todo!

1. ¡Claro que los niños se molestaron conmigo!
2. ¡Claro que confío demasiado en ustedes!
3. ¡Claro que compraste los libros para mí!
4. ¡Claro que se acuerdan mucho de mí!
5. ¡Claro que se alejaron de ellos!
6. ¡Claro que me acuerdo de ellas!
7. ¡Claro que Mateo espera demasiado de ti!
8. ¡Claro que no nos ocupamos lo suficiente de él!
9. ¡Claro que ella quiere ir contigo!
10. ¡Claro que salimos con ellos!

E Tierra de moros.

1. Obj.
2. Atr.
3. Obj.
4. Atr.
5. Atr.

F ¿Cómo son?

Las respuestas van a variar.

G ¡Qué criticones!

Las oraciones van a variar.

H Palabras con *z*.

Las respuestas van a variar.

¡Escribamos!

I ¡A redactar!

Las cartas van a variar.

¡Leamos!

J Para anticipar.

1. Andalucía
2. Sevilla
3. Granada
4. Sierra Nevada
5. Océano Atlántico
6. Río Guadalquivir
7. Río Darro
8. Río Genil

K A ver si comprendiste.

Los diagramas van a variar.

L ¡A interpretar!

Las respuestas van a variar.

M Poema sobre tu región.

Los poemas van a variar.

¡Escuchemos!

A ¡El mundo al punto!

1. c
2. b
3. a
4. c
5. b
6. a

B Práctica con los sonidos /g/ y /x/.

1. pregunta
2. corregir
3. relajado
4. guardar
5. ungüento
6. salvaje
7. pulga
8. trágico
9. paja
10. gozar

C Dictado.

Juan Ramón Jiménez

Juan Ramón Jiménez es uno de los poetas españoles más reconocidos del siglo XX. Nació en Moguer, en la provincia andaluza de Huelva, en 1881. Su infancia en Moguer lo inspiraría después a escribir el bello relato autobiográfico *Platero y yo* (1914). Este libro está narrado por un niño que se acuerda de su burrito llamado Platero. La obra poética de Juan Ramón Jiménez encuentra gran belleza en una forma sencilla llena de musicalidad. En 1936 abandonó España y vivió por años en Cuba, Estados Unidos y Puerto Rico. Murió en San Juan, Puerto Rico en 1958, dos años después de ser galardonado con el Premio Nóbel de Literatura.

¡Practiquemos!

D Oraciones platerescas.

1. Obj.
2. FP
3. Obj.
4. FP
5. FP
6. Obj.
7. FP
8. Obj.
9. FP
10. FP

E Modificaciones platerescas.

1. a la barrigota, van
2. al prado, va
3. a mí, viene
4. al arroyo, han ido
5. a su alcance, ponía
6. a la cuadra, fui

F *Ser* y *estar* en el gimnasio.

1. sea
2. estará
3. es
4. es
5. están
6. está
7. es
8. es
9. es
10. está

G Platero y yo.

Las oraciones van a variar.

¡Leamos!

I Para anticipar.

Las respuestas van a variar.

J A ver si comprendiste.

Las respuestas van a variar.

K ¡A interpretar!

Las respuestas van a variar.

L Consejos de un poeta con experiencia.

Los poemas van a variar.

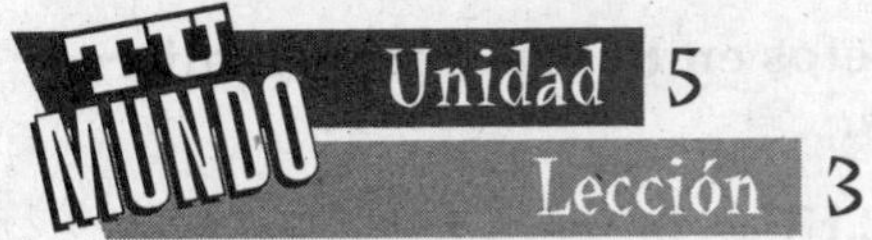

¡Escuchemos!

A ¡El mundo al punto!

1. **C**
2. **F** Pedro Almodóvar nació en 1951 en La Mancha, pero a los 16 años se mudó a Madrid a trabajar y estudiar.
3. **F** Las películas de Pedro Almodóvar reflejan la sociedad moderna en transformación que desafiaba la intolerancia del pasado.
4. **C**
5. **N/R**
6. **F** Antonio Banderas es un actor español que se ha convertido en uno de los galanes más atractivos del cine norteamericano.

B Práctica con los sonidos de la *b* y la *v*.

1. obligado	**6.** convencer
2. noviembre	**7.** hebreo
3. invención	**8.** problema
4. hombre	**9.** pobrecito
5. invierno	**10.** intercambio

C Dictado.

La España de hoy

La España contemporánea es muy diferente a la España que el Generalísimo Francisco Franco gobernó de 1939 hasta su muerte en 1975. Cuando Franco murió, Juan Carlos I fue proclamado rey de España. Bajo su dirección España se convirtió en un país democrático y volvió a abrir sus puertas al mundo. Ahora España está integrada a la Unión Europea, el bloque de naciones democráticas de la Europa Occidental. España se ha modernizado rápidamente y la tolerancia se ha instituido como norma entre los españoles. Las Olimpiadas de 1992 celebradas en Barcelona reflejan el gran progreso logrado por España en menos de dos décadas.

¡Practiquemos!

D Así lo quiso el maestro.

1. El maestro insiste en que los muchachos dejen de comer comida con grasa.
2. El maestro ordena que los ayudantes den una clase suplementaria.
3. El maestro manda que los estudiantes lleguen a tiempo.
4. El maestro pide que Carlos le dé la tarea a Mateo.
5. El maestro solicita que la clase reciba permiso para visitar la fábrica.

E Contestando con la otra opinión.

1. Es muy poco probable que ya no haya que ponerles sellos a las cartas.
2. Es difícil creer que Diana sepa mucho de ejercicios.
3. Estoy completamente convencido de que los muchachos quieren hacer ejercicios.
4. Dudo mucho que las frutas sean malas para la salud.
5. Estoy seguro de que Carlos sabe mucho de computadoras.

F Ser y estar.

1. son	**6.** está
2. está	**7.** está
3. es	**8.** es
4. está	**9.** está
5. es	**10.** es

CLAVE DE RESPUESTAS

G Palabras en plural.

1. felices
2. paces
3. arroces
4. fugaces
5. andaluces

Las oraciones van a variar.

¡Leamos!

H Para anticipar.

Las respuestas van a variar.

I A ver si comprendiste.

Las respuestas van a variar.

J ¡A interpretar!

Los diagramas van a variar.

K Guión para una película de ciencia ficción.

Los guiones van a variar.

¡Escuchemos!

A ¡El mundo al punto!

1. c
2. b
3. b
4. c
5. a
6. c

B Práctica con los sonidos de la *b* y la *v*.

1. absurdo
2. adventista
3. invención
4. observador
5. absolver
6. obsceno
7. investigar
8. abrigar
9. obsesión
10. invariable

C Dictado.

Puerto Rico: Isla del Caribe

Puerto Rico es una isla que forma parte de las Antillas Mayores, en el mar Caribe. Tiene un clima cálido durante todo el año y también hay temporadas de huracanes. Entre sus bellezas naturales se encuentra el famoso bosque tropical El Yunque, además de montañas y hermosas playas. Entre la población se puede ver la influencia española, taína y africana. La música que se escucha en la isla tiene mucho ritmo, como la bomba y la plena. Puerto Rico es parte de Estados Unidos, formando un Estado Libre Asociado, es decir que tiene gobierno autónomo y administración federal.

¡Practiquemos!

D Los objetos en Puerto Rico y Aguirre Springs.

1. Sujeto: **EE.UU.**
   Objeto directo: **la ciudadanía**
   Objeto indirecto: **los habitantes**
2. Sujeto: **implícito (yo)**
   Objeto directo: **permiso**
   Objeto indirecto: **mis papás**

E ¿Qué hace la *a*?

1. a María: **OI**, a las cinco: **FP**
2. a los niños: **OI**, a la fuerza: **FP**
3. a la mañana siguiente: **FP**, a la puerta: **OI**
4. a la vez: **FP**, a Mario y a Diego: **OI**
5. al dueño: **OI**, al atardecer: **FP**
6. a propósito: **FP**, a Sebastián: **OI**

F Más sujetos y objetos.

1. Meche: **S**, el libro: **OD**, Diana: **OI**
2. Chela: **S**, su amiga: **OI**, la verdad: **OD**
3. El director: **S**, público: **OI**, los reglamentos: **OD**
4. Los maestros: **S**, los resultados: **OD**, los padres: **OI**

CLAVE DE RESPUESTAS

5. permiso: **OD**, las autoridades: **OI**, nosotros mismos: **S**
6. los pintores: **S**, el papel: **OD**, las paredes: **OI**
7. Los muchachos: **S**, café: **OD**, los invitados: **OI**
8. Yo: **S**, mis zapatos nuevos: **OD**, Mateo: **OI**

G Pedidos y preguntas en Aguirre Springs.

1. pregunta
2. pide
3. pide
4. preguntar
5. pregunta
6. pregunta
7. pide
8. pedirles
9. preguntan
10. pide
11. pregunta
12. pide

H Le quitamos la *k*, la *c*, y la *qu* a todo Puerto Rico.

Puerto Rico es la isla menor de las Antillas Mayores en el mar **C**aribe, **c**on po**c**o más de 9.000 **k**ilómetros **c**uadrados. Las islas de Vie**qu**es y **C**ulebra también son parte del territorio. La geografía in**c**luye **c**ostas, la **C**ordillera Central y el bos**qu**e tropical El Yun**qu**e. Los taínos fueron los habitantes pre**c**olombinos de la isla. En la a**c**tualidad usamos palabras **c**omo hama**c**a, taba**c**o, **c**anoa y hura**c**án, **qu**e son de origen taíno. El nombre taíno de Puerto Ri**c**o es Borin**qu**en. La herencia española se ve en el idioma, en los medios de **c**omuni**c**ación y en la ar**qu**itectura. Puerto Ri**c**o pasó de ser **c**olonia española a ser territorio estadounidense.

¡Escribamos!

I Correspondencia práctica: ¡Qué susto!

Las cartas van a variar.

¡Leamos!

J Para anticipar.

Las respuestas van a variar.

K A ver si comprendiste.

Las respuestas van a variar.

L ¡A interpretar!

Las respuestas van a variar.

M Escritura relacionada.

Los diálogos van a variar.

¡Escuchemos!

A ¡El mundo al punto!

1. C
2. C
3. C
4. F Los puertorriqueños eran el segundo grupo de latinos en Chicago después de los méxicoamericanos.
5. N/R
6. F Tito Puentes es un puertorriqueño que nació en el barrio latino de Harlem.

B Práctica con el sonido /y/.

1. lleno
2. yo
3. gallo
4. calle
5. yeso
6. ayudar
7. llamada
8. yodo
9. llorar
10. construyó

CLAVE DE RESPUESTAS

C **Dictado.**

Cuento puertorriqueño lleno de humor

Alfredo Villanueva-Collado nació en Puerto Rico en 1944 pero desde 1966 ha vivido en los Estados Unidos. Es uno de los autores latinos de Estados Unidos que escriben en español. Su obra literaria muchas veces presenta una crítica implícita de la realidad. Por ejemplo, su cuento,"El día que fuimos a mirar la nieve", relata un evento tomado de la vida real. En los años 50, la alcaldesa de San Juan de Puerto Rico mandó llevar dos aviones llenos de nieve a la capital para que los niños puertorriqueños pudieran jugar en la nieve durante las Navidades. Este cuento permite dar un vistazo humorístico a lo que una familia puertorriqueña sufrió camino a la nieve y a sus reacciones cuando les tocó ver y jugar en la nieve.

¡Practiquemos!

D **Artículos y sustantivos personales en el campamento.**

1. tú: **SP**, las: **Art.**, Yo: **SP**, las: **SP**, la: **Art.**
2. Yo: **SP**, las: **SP**, la: **Art.**, Te: **SP**, las: **SP**
3. -me: **SP**, la: **Art.**, te: **SP**, -mela: **SP-SP**
4. me: **SP**, lo: **SP**, la: **SP**
5. la: **Art.**, la: **Art.**, la: **SP**
6. la: **Art.**
7. nos: **SP**, la: **Art.**
8. el: **Art.**, Te: **SP**, lo: **SP**, la: **Art.**

E **Pumas, personas y objetos en Aguirre Springs.**

1. Yo: **S1**, las: **O3**, Te: **O2**, las: **O3**
2. me: **O1**, te: **O2**, me: **O1**, la: **O3**
3. me: **O1**, lo: **O3**, la: **O3**
4. la: **O3**
5. me: **O1**
6. nos: **O1**
7. Te: **O2**, lo: **O3**
8. Yo: **S1**, lo: **O3**

F **Llevando y trayendo, en casa y en Aguirre Springs.**

1. lleva
2. lleves
3. trajo
4. traigan
5. llevar
6. trajo
7. llevar
8. llevar
9. traer
10. llevar

G **¡Se derritieron!**

1. golpe
2. agarrado
3. guerra
4. gavetas
5. guiando
6. gruesas
7. guisando
8. gruñido
9. agregó
10. ganar
11. manguera
12. jueguito
13. pegajoso
14. vago
15. juego

¡Leamos!

I **Para anticipar.**

Las respuestas van a variar.

J **A ver si comprendiste.**

Las respuestas van a variar.

K **¡A interpretar!**

Las respuestas van a variar.

L **Escritura relacionada.**

Los párrafos van a variar.

¡Escuchemos!

A ¡El mundo al punto!

1. **C**
2. **N/R**
3. **F** Rita Moreno es la única persona que ha ganado los cuatro premios: el "Óscar", el "Tony", el "Grammy" y dos "Emmys".
4. **C**
5. **C**
6. **C**

B Práctica con el sonido /i/.

1. Uruguay
2. divertimos
3. soy
4. excéntrico
5. instalar
6. misma
7. inventar
8. ley
9. historia
10. supimos

C Dictado.

Puerto Rico: Estado Libre Asociado

En 1952 Puerto Rico se convirtió en Estado Libre Asociado. Desde entonces existe un gobierno puertorriqueño autónomo en muchas áreas gubernamentales aunque no tiene ejército propio ni mantiene embajadas en otros países. El sistema monetario es el dólar estadounidense e igualmente comparte con Estados Unidos el mismo sistema de correos. La ventaja del Estado Libre Asociado es que los puertorriqueños gozan de todos los derechos como ciudadanos estadounidenses sólo que no pueden votar para presidente de Estados Unidos si residen en la isla, pero tampoco pagan impuestos federales.

¡Practiquemos!

D El Padremonte y los sustantivos personales de objeto.

1. Todas las culturas del mundo las tienen.
2. El compadre Chico le ofreció su pipa.
3. El compadre Chico la ofreció.
4. El Caipora le pidió su pipa.
5. Toño cortaba con cuidado para no lastimarlos.

E ¡Qué mañanas!

1. le
2. ella
3. ella
4. le
5. nos
6. me
7. me
8. lo
9. lo
10. le
11. le
12. te
13. tú
14. tú
15. me
16. -le
17. le
18. nos
19. nos
20. te
21. nos
22. nos
23. te
24. te
25. te

F La obra de Hernandes Aquino y el ruido del coquí.

1. dio cuenta de
2. realizado
3. dado cuenta de
4. realizaba
5. realizar

G Los sonidos de /s/ del Padremonte.

Palabras con *c*

parece, necesidad, veces, pareció, parecían, parecía, aparición, hacia, experiencia, proceso, decidió, ofreció, codicia, enfureció, entonces, codicioso, apareció

Palabras con *s*

necesidad, caso, brasileño, se, mariposas, siempre, temerosos, sentía, misterioso, espantosa, gruesos, casi, suelo, su, secó, sudor, ese, siguiente, usó, supo, insistió, saber, secreto, simplemente, pienso, seguro, salían, codicioso, sin, sólo, solo, sí, proceso, suerte, causa, seguida, casi, sus

¡Leamos!

H Para anticipar.

Las respuestas van a variar.

I A ver si comprendiste.

Las respuestas van a variar.

J ¡A interpretar!

Las respuestas van a variar.

K Escritura relacionada.

Los diálogos van a variar.

¡Escuchemos!

A El mundo al punto.

1. a
2. b
3. c
4. c
5. b
6. c

B Práctica con los sonidos /r̆/ y /r̃/.

1. /r̆/
2. /r̃/
3. /r̃/
4. /r̆/
5. /r̃/
6. /r̃/
7. /r̆/
8. /r̃/
9. /r̃/
10. /r̆/

C Dictado.

Benito Juárez: El gran héroe de México

Por muchas razones, se dice que Benito Juárez es el Abraham Lincoln de México. Ambos fueron presidentes de sus respectivos países en períodos muy difíciles durante la misma época. Abraham Lincoln fue el presidente que salvó la Unión Americana durante la Guerra Civil y abolió la esclavitud. Benito Juárez fue un indígena zapoteca que sólo aprendió español cuando tenía doce años y después llegó a ser elegido presidente de México. Como Abraham Lincoln, Juárez estudió leyes y recibió el título de abogado. Juárez defendió con éxito a su país frente a la intervención francesa. También instituyó muchas reformas que ayudaron a modernizar a México.

¡Practiquemos!

D Danilo Detalles.

1. Pues sí, los tíos le van a traer un regalo a Tina.
2. Pues sí, un amigo del padre le vendió un carro a Mateo.
3. Pues sí, lo tiene.
4. Pues sí, mis padres me prestaron dinero a mí para un carro.
5. Pues sí, el padre le prestó dinero a Mateo.
6. Pues sí, los va a limpiar.
7. Pues sí, la mamá le va a pagar a Tina por los quehaceres.
8. Pues sí, Tina los va a sacudir.
9. Pues sí, a ti te van a dar dinero para un carro.
10. Pues sí, Margarita le dice a Tina que puede conseguirle a ella un buen puesto.

E Saber conocer a Benito Juárez.

1. conoces, sepa
2. saber
3. saben
4. sabes
5. sabía
6. conoce/sabe
7. saber
8. conoció
9. conocía
10. sabía

F **La *z* y el Caipora.**

naturaleza, belleza, paralizado, cabeza, brazos, zorro, hizo, riqueza

Las oraciones van a variar.

¡Escribamos!

G **Mi *resumé*.**

Los resumés *van a variar.*

¡Leamos!

H **Para anticipar.**

Las respuestas van a variar.

I **A ver si comprendiste.**

Los cuadros van a variar.

J **¡A interpretar!**

Los cuadros van a variar.

K **Escritura relacionada.**

Las cartas van a variar.

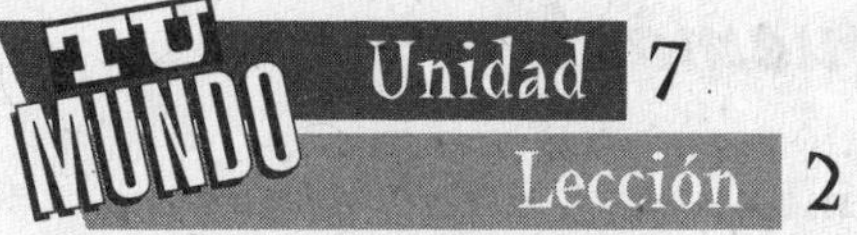

¡Escuchemos!

A **¡El mundo al punto!**

1. b
2. c
3. c
4. b
5. a
6. b

B **Práctica con los sonidos /r̃/ y /r̃/.**

1. separado
2. ritmo
3. Enriqueta
4. borrego
5. contra
6. franceses
7. robusto
8. seminario
9. honrar
10. entierro

C **Dictado.**

Elena Poniatowska da testimonio de la realidad mexicana

Elena Poniatowska es una escritora mexicana que nació en París en 1933, de padre francés de origen polaco y madre mexicana. Además de ser cuentista, novelista y traductora, esta escritora se ha dedicado al periodismo y ha publicado varios libros que dan testimonio de importantes eventos en la historia contemporánea de México. Uno de estos libros es *La noche de Tlatelolco* (1970) que trata sobre la masacre de más de 300 estudiantes en la Ciudad de México el 2 de octubre de 1968. En su libro titulado *Nada, nadie: Las voces del temblor* (1988) aparecen los testimonios personales de muchas personas que vivieron el terrible terremoto del 19 de septiembre de 1985 y vieron sus vidas afectadas para siempre por sus consecuencias.

¡Practiquemos!

D **Justo y la justicia.**

1. Está bien, es justo que se lo dé.
2. Está bien, es justo que se la preste.
3. Está bien, es justo que se los enseñe.
4. Está bien, es justo que se lo prometa.
5. Está bien, es justo que se las enseñe.

E **Nuestros amigos asisten y a veces atienden.**

1. asisten
2. asistir
3. atiende
4. asistieron
5. asistió, atendería
6. atendieron
7. asistimos
8. atendimos
9. atender
10. asistiendo

F Suenan igual pero no se escriben igual.

1. casa / caza
2. abrazar / abrasar
3. ciento / siento
4. sierra / cierra
5. ceda / seda

Los ejemplos van a variar.

¡Leamos!

H Para anticipar.

Las respuestas van a variar.

I A ver si comprendiste.

Las respuestas van a variar.

J ¡A interpretar!

Las respuestas van a variar.

K Escritura relacionada.

Los anuncios van a variar.

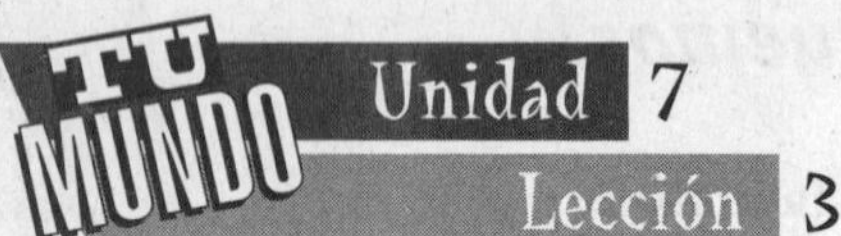

¡Escuchemos!

A ¡El mundo al punto!

1. **F** Se inicia con la exploración y la colonización del suroeste en el siglo XVI.
2. **C**
3. **F** Forman el grupo hispano más numeroso. Los puertorriqueños forman el segundo grupo en número de personas.
4. **C**
5. **C**
6. **C**

B Práctica con el sonido /x/.

1. Cosijoeza
2. Oaxaca
3. gente
4. viaje
5. Juchitán
6. generación
7. cajero
8. Javier o Xavier
9. joven
10. generalización

C Dictado.

Los árboles de flores blancas
(fragmento)

Las bodas de la princesa azteca y el rey zapoteca se celebraron con gran esplendor y alegría en la capital zapoteca, y el rey se sintió el más feliz de todos los hombres. Pero como el plan del rey azteca pedía, la princesa poco a poco iba descubriendo los secretos del ejército zapoteca. Pero la princesa también descubrió que amaba con todo su corazón a su esposo y a los zapotecas y sabía que nunca sería capaz de traicionarlos. Finalmente, con lágrimas de amor le contó todo a su esposo. El joven rey, con palabras muy cariñosas, perdonó a su esposa, y en gratitud por su lealtad, envió como regalo al rey azteca unos árboles de flores blancas. Hoy día se pueden ver árboles de esta clase en Tenochtitlán, la vieja capital de los aztecas, que ahora se llama Ciudad de México.

¡Practiquemos!

D Uno y uno.

1. lo, le
2. lo, le
3. le, lo
4. lo, le
5. le, lo

E Sara, la seria, y el problema del dinero.

1. tocar
2. actuar
3. tocar
4. juegan
5. jugábamos
6. jugar
7. tocar
8. actuar
9. jugando

F **Los emisarios aztecas se llevaron la *b* y la *v*.**

Esta leyenda mexicana **v**iene de la región que hoy conocemos como el estado de Oaxaca.
En el siglo XV el jo**v**en rey Cosijueza aca**b**a de ocupar el trono de los zapotecas en la **b**ella ciudad de Juchitán, en el actual estado de Oaxaca. Era **b**ondadoso, sa**b**io y **v**aliente. Era tam**b**ién un guerrero muy astuto que, a la **v**ez, le gusta**b**a gozar de la **b**elleza de la naturaleza. Es sus jardines goza**b**a en particular de unos ár**b**oles de flores **b**lancas, ár**b**oles que solamente se encontra**b**an en Juchitán.
Una tarde, cuando el jo**v**en rey pasea**b**a por los jardines, **v**inieron unos emisarios de su enemigo, el rey azteca Ahuizotl. Los emisarios explicaron: "Nuestro rey quiere que le mandes unos ár**b**oles de flores **b**lancas. Quiere plantarlos a lo largo de los canales de su ciudad, Tenochitlán". Después de pensarlo, el jo**v**en rey dijo: "No es posi**b**le, se prohi**b**e sacar estos ár**b**oles de mi reino".
Cosijoeza sa**b**ía que su enemigo Ahuizotl mandaría a sus guerreros aztecas a apoderarse de los ár**b**oles de las flores **b**lancas y del reino zapoteca. Reunió a sus jefes guerreros y les dijo que otra **v**ez tenían que pelear para salvar sus **v**idas y su reino del poder de los aztecas. Y los jefes prepararon las fortificaciones y las flechas envenenadas.

¡Leamos!

G **Para anticipar.**

Las respuestas van a variar.

H **A ver si comprendiste.**

Las comparaciones van a variar.

I **¡A interpretar!**

Las comparaciones van a variar.

J **Escritura relacionada.**

Las cartas van a variar.

¡Escuchemos!

A **¡El mundo al punto!**

1. b	**4.** b
2. a	**5.** b
3. c	**6.** b

B **Práctica con el sonido /a/.**

1. ha	**4.** a
2. ah	**5.** ha
3. ha	

C **Dictado.**

Argentina:
El país hispanohablante de mayor extensión

Situado al extremo sudeste del continente americano, el territorio de Argentina es el de mayor extensión entre los países hispanohablantes. Está compuesto en su mayor parte por fértiles tierras bajas llamadas **pampas.** Éstas son ideales para la agricultura y la ganadería. En su área andina, donde se levanta el Aconcagua, la cumbre más alta del hemisferio, hay extensos depósitos de minerales y reservas de gas natural. También es autosuficiente en petróleo, ha desarrollado significativamente su capacidad hidroeléctrica y posee uno de los más desarrollados programas de energía nuclear.

¡Practiquemos!

D **Tu amiga Imperio Impersonal.**

1. Ya veo, se va a continuar trabajando durante el verano.
2. Ya veo, se podrá comprar un carro en septiembre.

3. Ya veo, se podrán hacer muchas cosas interesantes durante el día.
4. Ya veo, se necesita mucho dinero para poder comprar un carro.
5. Ya veo, se busca un pañuelo azul y verde.

E ¿Uso reflexivo o uso impersonal?

1. Ref.
2. Imp.
3. Imp.
4. Imp.
5. Ref.

F ¿Con detalles o sin detalles?

1. la
2. se
3. le
4. se
5. se

G Funcionar y trabajar en Argentina.

1. trabajaban
2. funcionar
3. funcionaron
4. trabajaron
5. trabajar
6. funcionado
7. funciona
8. trabajan
9. trabajado
10. funcionó

H Los _óvenes _auchos se robaron las letras de los _acendados.

1. Argentina
2. agricultura
3. ganadería
4. gas natural
5. andina
6. hemisferio
7. autosuficiente
8. hidroeléctrica
9. judía
10. historia
11. indígena
12. haciendas
13. mujeres
14. hacendados
15. urbana

¡Escribamos!

I Solicito empleo.

Las cartas van a variar.

¡Leamos!

J Para anticipar.

Las respuestas van a variar.

K A ver si comprendiste.

Los cuadros van a variar.

L ¡A interpretar!

Los cuadros van a variar.

M Libro de los recuerdos.

Los recuerdos van a variar.

¡Escuchemos!

A ¡El mundo al punto!

1. c
2. b
3. b
4. c
5. a
6. c

B Práctica con el sonido /ai/.

1. hay
2. ay
3. hay
4. hay
5. ay

C Dictado.

Alfonsina Storni, poeta argentina

Alfonsina Storni fue una poeta argentina y es una de las figuras más populares de la literatura latinoamericana. Nació en 1892 en Suiza pero de niña se mudó a Argentina. Después de completar sus estudios de magisterio se estableció en 1913 en Buenos Aires, donde trabajó como profesora y redactora del periódico *La Nación*. Inició su carrera como poeta con la publicación de *La inquietud del rosal* (1916), el primero de siete libros de poemas. Uno de sus temas principales es el sentimiento de rebeldía que surge debido a la marginación de la mujer a manos del hombre. La poesía de Storni, inicialmente llena de romanticismo, evoluciona hasta alcanzar una expresión poética menos subjetiva y más simbólica. Enferma de cáncer, la poeta se suicidó en Mar del Plata, Argentina, en 1938.

¡Practiquemos!

D Las maletas y las perífrasis.

1. PV - G está haciendo
2. V necesitas
3. PV - I podrías ayudarme
4. PV - G están tratando
5. PV - I puedo poner
6. V traje
7. PV - I debes llevar
8. PV - G andan diciendo

E Práctica con *querer* y *gustar*.

1. Quiero
2. Quiero
3. Me gusta
4. Me gusta
5. Quiero
6. Quiero
7. Me gusta
8. Quiero
9. Me gusta
10. Quiero

F La *r*, la *rr*, la *l*, la *d*, los calcetines, las camisas, ¡qué líos tiene Daniel!

1. La alegría de Daniel por el viaje a Venezuela se le ve en la cara.
2. Daniel teme que el verano en El Paso sea muy aburrido.
3. La mamá le dijo que no podía llevar su guitarra.
4. En Venezuela no se han enterado que Juárez derrotó a los franceses.
5. Daniel estudió que Juárez sabía manejar las armas pero también la pluma.
6. Dudo mucho que sea cierto que Colón esté enterrado en Caracas.
7. Daniel dice que su amigo Enrique no va a estar en Caracas este verano.
8. La hermana de Daniel le trajo toda la ropa que él pidió.

Las oraciones van a variar.

¡Leamos!

H Para anticipar.

Las respuestas van a variar

I A ver si comprendiste.

Las respuestas van a variar.

J ¡A interpretar!

Las razones van a variar.

K Escritura relacionada.

Las respuestas van a variar.

¡Escuchemos!

A ¡El mundo al punto!

1. F En Brasil se habla portugués.
2. C
3. F Los mexicanos y sus descendientes forman el grupo hispanohablante más grande de Estados Unidos.
4. C
5. F Panamá no es país de la región andina.
6. F Chile no es parte de la región del Río de la Plata.

B Práctica con *ésta, esta* y *está*.

1. ésta
2. ésta
3. esta
4. está
5. está

C Dictado.

Buenos Aires:
La cabeza coronada de Argentina

Buenos Aires es la capital de la República Argentina y es la segunda ciudad hispanohablante del mundo en número de habitantes después de la Ciudad de México. Se calculaba que en 1990 el área metropolitana de Buenos Aires congregaba a más de diez millones de personas, lo que constituía una tercera parte de la población total argentina. Los bonaerenses suelen denominarse porteños y son muy conscientes de que su ciudad es una de las más bellas del mundo. El centro de la ciudad es la Plaza de Mayo, frente a la cual se encuentran importantes edificios: la sede del gobierno o Casa Rosada, la catedral, el Banco Nacional y el cabildo, ahora convertido en museo.

¡Practiquemos!

D Preguntas sobre el sapo.

1. ¿Qué respondió el sapo?
2. ¿Quién se burló del sapo?
3. ¿Qué fue lo único que inquietaba al sapo?
4. ¿Por dónde salió proyectado el aventurero sapo?
5. ¿Cómo hablan estos sapos todavía?

E Tratando y probando en casa y en Stanton Street.

1. trataron
2. probando
3. probar
4. trató
5. prueba

F La *ll* y la y en la historia del sapo

1. Esta leyenda de la Argentina cuenta las aventuras del señor Sapo.
2. El cuento explica por qué los sapos de hoy llevan manchas oscuras en la piel.
3. En seguida, cada una de ellas empezó a hablar de lo que haría para participar en el programa.
4. El aventurero sapo salió proyectado por la boca de la guitarra.
5. Pòr fin llegó a la tierra y chocó fuertemente.
6. Y todavía hablan estos sapos con orgullo del viaje extraordinario de su antepasado ilustre.

¡Leamos!

G Para anticipar.

Las respuestas van a variar.

H A ver si comprendiste.

Los diagramas van a variar.

I ¡A interpretar!

Los cuadros van a variar.

J Escritura relacionada.

Los cuentos van a variar.

APÉNDICE B

REGLAS DE ACENTUACIÓN EN ESPAÑOL

REGLAS DE ACENTUACIÓN EN ESPAÑOL

1. Las palabras que terminan en vocal, **n** o **s,** llevan "el golpe" o énfasis en la penúltima sílaba:

libro: **li**-bro   corren: **co**-rren   armas: **ar**-mas

2. Las palabras que terminan en consonante, excepto **n** o **s,** llevan "el golpe" o énfasis en la última sílaba:

papel: pa-**pel**   mirar: mi-**rar**   verdad: ver-**dad**

3. Todas las demás palabras que no siguen estas dos reglas llevan acento escrito:

razon: ra-**zón**   arbol: **ár**-bol   jamas: ja-**más**

Siguiendo las primeras dos reglas, todas las palabras esdrújulas (las palabras que llevan el "golpe" en la antepenúltima sílaba) siempre llevan acento escrito:

timido: **tí**-mi-do   Mexico: **Mé**-xi-co   ultimo: **úl**-ti-mo

Excepciones a las reglas de acentuación

a. Para romper diptongos:

Maria: Ma-**rí**-a   tenia: te-**ní**-a

b. Para distinguir las palabras homófonas:

el *(the)*	él *(he)*
tu *(your)*	tú *(you)*
mi *(my)*	mí *(me)*
de *(of)*	dé *(de "dar")*
se *(pron.)*	sé *(de "saber"; de "ser")*
mas *(but)*	más *(more)*
te *(you)*	té *(tea)*
si *(if)*	sí *(yes)*
solo *(alone)*	sólo *(only)*
aun *(even)*	aún *(still, yet)*

c. Para distinguir los pronombres demostrativos de los adjetivos demostrativos:

ese, esa *(that, adj.)*	ése, ésa *(that one, pron.)*
esos, esas *(those, adj.)*	ésos, ésas *(those, pron.)*
este, esta *(this, adj.)*	éste, ésta *(this one, pron.)*
estos, estas *(these, adj.)*	éstos, éstas *(these, pron.)*
aquel, aquella *(that, adj.)*	aquél, aquélla *(that one, pron.)*
aquellos, aquellas *(those, adj.)*	aquéllos, aquéllas *(those, pron.)*

Los pronombres neutros **esto, eso** y **aquello** nunca llevan acento escrito.

d. Para distinguir las palabras interrogativas y exclamativas:

como (like, as)	por qué *(why)*
cómo *(how)*	que *(that)*
porque *(because)*	qué *(what)*

cuál, cuáles, cuándo, cuánto, cuántos, cómo, dónde, adónde, quién, quiénes, qué, por qué

e. Los adverbios terminados en **-mente** conservan el acento escrito si lo llevan como adjetivos. (Éstas son las únicas palabras en español que llevan dos "golpes" en la misma palabra):

fácil + mente = **fá**-cil-**men**-te

rápida + mente = **rá**-pi-da-**men**-te

Sin embargo, si el adjetivo no lleva acento escrito tampoco lo lleva el adverbio.

lenta + mente = **len**-ta-**men**-te

APÉNDICE C

FORMULARIO DIAGNÓSTICO

ANOTACIONES PARA MEJORAR EL DELETREO

Usa esta tabla para anotar errores de deletreo que sigues repitiendo. En cada caso, escribe el deletreo formal, el error que tú tiendes a repetir, la razón por la cual crees que te confundes y algo que te ayude a recordar el deletreo formal en el futuro. Sigue el modelo. Este proceso debe ayudarte a superar los errores más comunes.

Nombre: ______________________________ **Fecha:** ____________

Tabla de anotaciones para mejorar mi deletreo

Deletreo normativo	Mi deletreo	Razones por confusión	Lo que me ayuda a recordar el deletreo normativo
asistí	assistí	Escribí dos eses como la palabra en inglés	En español nunca se usan dos eses

ANOTACIONES PARA MEJORAR EL DELETREO

Usa esta tabla para anotar errores de deletreo que sigues repitiendo. En cada caso, escribe el deletreo formal, el error que tú tiendes a repetir, la razón por la cual crees que te confundes y algo que te ayude a recordar el deletreo formal en el futuro. Sigue el modelo. Este proceso debe ayudarte a superar los errores más comunes.

Nombre: ______________________________ **Fecha:** ______________

Tabla de anotaciones para mejorar mi deletreo

Deletreo normativo	Mi deletreo	Razones por confusión	Lo que me ayuda a recordar el deletreo normativo
asistí	assistí	Escribí dos eses como la palabra en inglés	En español nunca se usan dos eses

ANOTACIONES PARA MEJORAR EL DELETREO

Usa esta tabla para anotar errores de deletreo que sigues repitiendo. En cada caso, escribe el deletreo formal, el error que tú tiendes a repetir, la razón por la cual crees que te confundes y algo que te ayude a recordar el deletreo formal en el futuro. Sigue el modelo. Este proceso debe ayudarte a superar los errores más comunes.

Nombre: ______________________________ **Fecha:** ______________

Tabla de anotaciones para mejorar mi deletreo

Deletreo normativo	Mi deletreo	Razones por confusión	Lo que me ayuda a recordar el deletreo normativo
asistí	assistí	Escribí dos eses como la palabra en inglés	En español nunca se usan dos eses

CRÉDITOS

Every effort has been made to locate the copyright holders; D.C. Heath will provide appropriate acknowledgments in all future reprints.

Unit 1

"Desde que se fue" by Ricardo Aguilar Melantzón excerpted from *Madreselvas en flor* by permission of the author.
"Abuelo de mi alma" by Julia Bencomo Lobaco printed by permission of author.
"Me fui con Coché" by Jim Sagel excerpted from *Tu nomás Honey* by permission of Bilingual Press / Editorial Bilingüe, Tempe, AZ.

Unit 2

"Tren de New Haven" by Emilio Bejel reprinted from *Veinte años de literatura cubanoamericana* by permission of Bilingual Press / Editorial Bilingüe, Tempe, AZ.
"Declaración" by Uva A. Clavijo reprinted from *Veinte años de literatura cubanoamericana* by permission of Bilingual Press / Editorial Bilingüe, Tempe, AZ.
"Soñar en cubano" by Cristina García, translation by Marisol Palés Castro, excerpted by permission of Espasa-Calpe, S.A., Madrid, Spain.

Unit 3

"El delantal blanco" by Sergio Vodanovic adapted from *Literatura revolucionaria hispanoamericana, Antología* by Mirza L. González by permission of Editorial Betania, Madrid, Spain.

Unit 4

"Masa" by César Vallejo reprinted from *Antología de la poesía hispanoamericana comtemporánea, 1914–1970,* by permission of Alianza Editorial, S.A., Madrid, Spain.
"Panki y el guerrero" by Ciro Alegría reprinted from *Cuentos peruanos* by permission of Editorial Universo S.A., Lima, Peru.
"Fue en el Perú" by Ventura García Calderón reprinted from *Cuentos peruanos* by permission of Editorial Universo S.A., Lima, Peru.

Unit 5

"Baladilla de los tres ríos" by Federico García Lorca reprinted from *Poema del cante jondo,* Madrid: Ulises.
"Sobre el oficio de escribir" by Luis Rosales excerpted from *Mundo abreviado* by permission of Ámbito ediciones, S.A., Valladolid, Spain.
"El arrebato" by Rosa Montero reprinted from *El País Semanal* by permission of *El País,* Madrid, Spain.

Unit 6

"Cuando era puertorriqueña" by Esmeralda Santiago reprinted by permission.
"Los esclavos y el papelito" and "El perro y el gato" reprinted from the collection *De arañas, conejos y tortugas: presencia de África en la cuentística de tradición oral en Puerto Rico* by Julia Cristina Ortiz Lugo by permission of Centro de Estudios Avanzados de Puerto Rico y el Caribe, San Juan, Puerto Rico.

Unit 7

"El juego de la puerta" by Humberto Payán Fierro printed by permission of author.
"Los dragones" by Tomás Chacón printed by permission of author.
Excerpt from "Mirador" by Adriana Candia printed by permission of author.

Unit 8

"El idioma" by Ana María Shua excerpted from *El libro de los recuerdos* by permission of Editorial Sudamericana S.A., Buenos Aires, Argentina.
"Las siete hermanas" by Ana María Shua excerpted from *La fábrica del terror* by permission of Editorial Sudamericana S.A., Buenos Aires, Argentina.